中國學術思想 研究輯刊

三二編

林慶彰 主編

第14冊

熊十力與「體用不二」論（上）

林世榮 著

花木蘭文化事業有限公司

國家圖書館出版品預行編目資料

熊十力與「體用不二」論（上）／林世榮 著 -- 初版 -- 新北市：
花木蘭文化事業有限公司，2020〔民109〕
目 2+156 面；19×26 公分
（中國學術思想研究輯刊 三二編；第 14 冊）
ISBN 978-986-518-286-1（精裝）
1. 熊十力 2. 學術思想 3. 哲學
030.8   109011249

ISBN-978-986-518-286-1

9 789865 182861

中國學術思想研究輯刊
三二編　第十四冊   ISBN：978-986-518-286-1

熊十力與「體用不二」論（上）

作　　者　林世榮
主　　編　林慶彰
總 編 輯　杜潔祥
副總編輯　楊嘉樂
編　　輯　許郁翎、張雅淋　美術編輯　陳逸婷
出　　版　花木蘭文化事業有限公司
發 行 人　高小娟
聯絡地址　235 新北市中和區中安街七二號十三樓
　　　　　電話：02-2923-1455／傳真：02-2923-1452
網　　址　http://www.huamulan.tw 信箱 hml 810518@gmail.com
印　　刷　普羅文化出版廣告事業
封面設計　劉開工作室
初　　版　2020 年 9 月
全書字數　357477 字
定　　價　三二編 24 冊（精裝）新台幣 60,000 元

熊十力與「體用不二」論（上）

林世榮　著

作者簡介

林世榮，中央大學中文所博士，現為龍華科大文創系教授。著有《熊十力《新唯識論》研究》、《熊十力春秋外王學研究》、《熊十力與「體用不二」論》，及單篇論文〈朱熹《周易本義》發微——以乾坤二卦為示例的探討〉、〈程朱「復其見天地之心乎」說研究〉、〈李光地《周易折中》屯六二「乘馬班如，匪寇婚媾」研究〉、〈李光地《周易折中》發微——以乾坤二卦為示例的探討〉、〈禪宗公案演變探討〉、〈王陽明成學與立教平議〉、〈姚永概《孟子講義》「救民」說研究〉、〈朱熹《周易本義》夬〈大象〉「居德則忌」研究〉、《論語·陽貨》「宰我問三年之喪章」研究〉、〈《易》「用九用六」解〉、〈「原泉混混」與「必志於轂」〉、〈繆協即繆播否考〉、〈《易》「爻位貴賤」論〉、〈讀程頤〈讀論語孟子法〉〉、〈《易》「卦畫」說〉、〈《易》「元亨利貞」辨〉、〈原「原筮」〉、〈小貞吉，大貞凶〉等數十篇。

提　要

　　本書以《乾坤衍》為探討對象，闡明熊十力直從《大易》入手，對乾坤兩〈象傳〉反覆推釋，以昌明「體用不二」之說。自《新唯識論》起，熊氏即言「體用不二」，以至《乾坤衍》，仍是如此，但其中心思想益圓融，表述方式更見條理。有辨偽、有廣義，於本體論、宇宙論及人生論皆予詳析，且強調內聖、外王兼而賅之，即在此內聖與外王亦不二上，才是真正有體有用之「體用不二」論也。

目

次

上　冊

第一章　最後定論 …………………………………… 1

　第一節　前言 ………………………………………… 1

　第二節　典範轉移 ………………………………… 5

　第三節　歸本《大易》 …………………………… 14

　第四節　體用六義 ……………………………… 23

　第五節　結語 …………………………………… 31

第二章　《易》學辨正（上）…………………… 33

　第一節　前言 …………………………………… 33

　第二節　溯源 …………………………………… 36

　第三節　宗孔 …………………………………… 52

第三章　《易》學辨正（下）…………………… 75

　第四節　辨流 …………………………………… 75

　　一、對漢《易》之批評 ……………………… 75

　　二、對宋《易》之批評 ……………………… 84

　　三、對明、清《易》之批評 ………………… 96

　第五節　結語 …………………………………… 113

第四章　理論設準 ……………………………… 117

　第一節　前言 …………………………………… 117

　第二節　以乾元取代天帝 …………………… 119

第三節　以乾坤兩大勢用取代陰陽二氣 …………130
第四節　象與義例 ……………………………………141
第五節　結語 …………………………………………154

下　冊

第五章　體用不二 ……………………………………157
第一節　前言 …………………………………………157
第二節　「體」、「用」釋義 ………………………159
第三節　「體用不二」要旨 …………………………173
第四節　反對佛、道、西洋哲學本體之說 ………187
第五節　結語 …………………………………………199

第六章　乾元性海 ……………………………………201
第一節　前言 …………………………………………201
第二節　本體含藏複雜性 ……………………………203
第三節　肯定萬物有一元 ……………………………215
第四節　天人不二 ……………………………………227
第五節　結語 …………………………………………239

第七章　大用流行 ……………………………………241
第一節　前言 …………………………………………241
第二節　肯定大用 ……………………………………242
第三節　用分翕闢 ……………………………………254
第四節　心物不二 ……………………………………266
第五節　結語 …………………………………………278

第八章　《易》外王學 ………………………………281
第一節　前言 …………………………………………281
第二節　《春秋》：張三世 …………………………285
第三節　《周官》：領導作動民眾 …………………297
第四節　〈禮運〉：歸本天下一家 …………………307
第五節　結語 …………………………………………317

第九章　結　論 ………………………………………321
第一節　總回顧 ………………………………………321
第二節　接著講 ………………………………………329

參考書目 ………………………………………………339

第一章　最後定論

第一節　前言

「講先秦諸子，當今只有我熊某能講，其他的都是胡說！」〔註1〕

　　熊十力（1885～1968年）作此師子吼時，時為1932年，年四十八，正是其提出「體用不二」論之《新唯識論》（後簡稱《新論》）剛出不久。《新論》不僅對佛家空有二宗，即使對先秦儒學、宋明儒學亦予批判，並加詮釋，開出一條既承接而又超越之之新儒學之路，更被視為當代新儒家之扛鼎力作，而熊氏亦因之被尊為開山祖之一。熊氏對《新論》之重視，從《新論》共有三本：〈文言文本〉（1932年）、〈語體文本〉（1944年）及〈刪定本〉（1953年）即可見。《新論（刪定本）‧壬辰刪定記》曰：

> 《新論》於本體論方面，則以體用不二為宗極。佛家生滅不生滅折
> 成二片，西哲則實體與現象終欠圓融，《新論》確救其失。於宇宙論
> 方面，以翕闢成變為樞要。西洋唯心唯物，其短長茲不及論，非心
> 非物，不窮變化之原，余尤惡其矯亂。《新論》翕闢義，蓋以流行有
> 象謂之物，流行中有主宰謂之心，自是實際理地。……於人生論方
> 面，以天人不二為究竟。西哲對此問題，殊不可解決，吾國漢儒言
> 天人，亦是隔截，宋儒亦有承漢人之誤，明季王船山更嚴辨天人層

─────────────────

〔註1〕見牟宗三〈熊十力先生追念會講話〉（《時代與感受》，《牟宗三先生全集》23，
　　　　頁277）；又牟氏《五十自述》（同上32，頁76）亦早已述及，唯字句略有不同。

級，其誤尤甚。(《全集》六，頁 19～20)〔註2〕

此益可見熊氏對《新論》之自信，「於本體論方面，則以體用不二為宗極」，體即是用，即本體必顯發為大用的，而用即是體，於大用流行上即識得本體，是以即體即用，即用即體，故無佛家與西哲體用斷為兩橛之失；「於宇宙論方面，以翕闢成變為樞要」，即本體顯發為翕闢兩大勢用，乾闢主動以開導坤，坤翕則承乾而起化，是以翕闢成變、乾統坤承，故而大用流行而顯現為繁然萬殊之宇宙萬有；「於人生論方面，以天人不二為究竟」，蓋天命既下貫於吾人，吾人亦唯於心性上盡力於道德實踐，以上達天命，而盡人道亦即盡天道，是以本體論、宇宙論必落實於人生論上，方顯其真實不虛，故無天人二分，甚至天人對立之虞。是以熊氏自信《新論》當可救佛家、西哲，甚至吾國儒學之失。後人對熊氏之研究，亦圍繞在《新論》，而於其晚年著作《原儒》(1956年)、《體用論》(1958年)、《明心篇》(1959年)及《乾坤衍》(1961年)等，大抵視為《新論》之同語重複，不免拖拉冗複，常有意地忽略〔註3〕，且因考據不精，斷以己意，輒亦施予詬罵〔註4〕。故熊氏與《新論》幾已劃上等號，

〔註2〕案所採用熊氏著作之版本，以武漢湖北教育出版社所出版《熊十力全集》(2001年8月第1版第1次印刷)為主，共十卷十冊(案一卷一冊)，前八冊共八卷乃熊氏著作，後兩冊附卷(分上、下卷)乃後人評論熊氏思想之集粹。引用時，如《熊十力全集》第一卷，即簡稱《全集》一，餘仿此。又《全集》偶有個別字句之錯、衍、脫、奪及倒轉等，以其甚為明顯，茲據台北學生書局、明文書局、廣文書局、里仁書局、史地教育出版社、洪氏出版社、文津出版社、鵝湖出版社及北京中華書局等熊氏單行著作逕予校改，不出校記，唯若有重大錯誤，方加注釋以說明之；至於標點符號，因熊氏原文所用，即非今之新式標點，《全集》已稍予逕改，唯受限熊氏原文故，未能一貫，筆者引用時亦然，唯於數處略予調整，餘則一仍其舊，尊重故也。又熊氏行文喜用夾註，則以〔 〕示之，甚至夾註中又有夾註，則以( )示之，於引用時自以正文為主，若必要時方連帶引及夾註與夾註中之夾註，但亦有直接引夾註者，而有必要亦連帶引及夾註中之夾註，甚至亦有只直接引夾註中之夾註者。又凡引及未新式標點之古籍時，則以己意加以新式標點。

〔註3〕案通讀熊氏全部著作，確有似曾相識之感，然誠如《乾坤衍》曰：「余疏釋乾坤兩〈象傳〉之前，反反覆覆費了不少的言辭。〔……董仲舒曰：『言之重複，其中必有不得已者焉。』云云。非好學深思者，不能道此。《大般若》六百卷，乍讀之幾乎皆重複之辭，學者每厭倦而不獲讀竟。近見滬上有劉靜窗苦心讀畢，又加溫習。謂乍讀亦覺重複，深玩則每一大段文中，皆有特殊的新意。此其自得之言。〕」(《全集》七，頁592)所謂「言之重複，其中必有不得已者焉」、「深玩則每一大段文中，皆有特殊的新意」，正是熊氏著作之最佳寫照，萬勿以其同語重複，即謂之拖拉冗複，而忽略之。

〔註4〕請參閱筆者《熊十力春秋外王學研究》(頁242～245)。

其餘著作反被忽略。然實際情況為何？熊氏是否亦如此認為？是又不然！否則，其亦無須於晚年衰病之時，仍寫出那幾部大著！《體用論・贅語》曰：

> 此書實依據舊撰《新唯識論》而改作。《新論》有兩本。一、文言本，寫於病中，極簡略。二、語體文本，值國難，寫於流亡中。此書既成，《新論》兩本俱毀棄，無保存之必要。〔……《新論》語體本草於流亡中，太不精檢。前所以印存者，則以體用不二之根本義存於其間耳。今得成此小冊，故《新論》宜廢。余之學宗主《易經》，以體用不二立宗。就用上而言，心主動以開物，此乾坤大義也。與佛氏唯識之論，根本無相近處。《新論》不須存。〕（《全集》七，頁 7）

案《新論》三本，〈文言文本〉成書最早，熊氏之思想體系可謂畢具於此，然亦因最早，故內容上稍顯不夠廣博周密，誠如所言：「寫於病中，極簡略」，《新論（刪定本）・壬辰刪定記》即曰：「然文言本，在久病之餘急就成章，殊嫌簡略」（《全集》六，頁 6）。其次為〈語體文本〉，〈語體文本〉表面看似將〈文言文本〉重新以語體述之，其實在內容之廣博、思想之深度及體系之周密上，皆遠越之，然誠如所言：「草於流亡中，太不精檢」，《新論（刪定本）・壬辰刪定記》即曰：「語體文本寫於川，……文字甚無精采」（《全集》六，頁 22），又〈與劉靜窗〉（一九五二年十一月十七日）亦曰：「《新論》文字寫於川，極不好」（《全集》八，頁 674）。至於最後出之〈刪定本〉，乃就〈語體文本〉加以刪定改寫，論者或謂有〈文言文本〉之精密與〈語體文本〉之深廣，文字更見洗練，內容益加充實，堪稱《新論》最佳定本。然此本只刪無增，實為一濃縮版，故基本上可與前兩本一律視之；且《新論（刪定本）・節錄原本緒言》即曰：「又文字之役，全憑興會，老來殊少嘉趣，頗難暢意；復為撙節印費計，時有新悟亦不增加，但依原本削其煩蕪而已」（《全集》六，頁 25），顯然地，熊氏對此本仍不滿意。一則在文字方面，依舊「頗難暢意」；而最要者，即因「撙節印費」，以致縱使「時有新悟」，但亦只能「亦不增加」。故此本與前二本，在中心思想上，實無不同，只是在文字方面，有精簡、煩蕪之異而已。而究其實，實不只文字方面之因素而已，蓋《新論》乃順唯識之說以言，仍不脫援佛入儒之跡，猶擺盪於兩者之間，而未能定於一是，而尤須予以注意者，即其整個理論系統，恐亦未臻完善圓融，是以熊氏至晚年認為「《新論》兩本俱毀棄，無保存之必要」、「《新論》宜廢」、「《新論》不須存」，此正可見

其對於《新論》，最終仍是予以否定〔註5〕。而《體用論》既依《新論》而改作，則後後勝於前前，熊氏自是對《新論》有所不滿，方有此舉。可見熊氏對其成名之作《新論》，雖頗重視，但至晚年，實已對之有所揚棄。其所棄者，雖誠如其所言：「極簡略」、「太不精檢」，而細究之，蓋《新論》乃援佛入儒，融儒佛而折衷於《易》之作，即通過佛學而透顯儒家，尤其透過唯識學以彰顯其理論，此抉發佛學中可資利用之深層意蘊，加以轉化以建立其儒學規模，若純從學術立場看，實不免不夠客觀公允之嫌。且熊氏以儒學改造、取代佛學，是者取之，非者棄之，取捨任意，褒貶在我，縱有其創造性，然此創造性，乃基於兩不相同體系之學說加以融冶接合，其能穩貼無失否？而此創造性是就那一方面而言，是就佛學抑或儒學？且其究屬正面抑或負面意義？此皆不能令人無疑〔註6〕。是以《新論》一出，即引起佛教中人全面之反擊，引發近代學術史上儒佛論爭之一大公案〔註7〕。至於其所取者，誠如其所言：「則以體用不二之根本義存於其間」，此「體用不二」之義，乃熊氏一生一以貫之之思想也。熊氏晚年著作，不僅《體用論》據《新論》而改作，即使《原儒》、《明心篇》及《乾坤衍》等，亦是發揮「體用不二」此一根本義。雖然，但與《新論》之所宗主與論證方式已有不同。《新論》雖因評判佛家空有二宗大義，而折衷於《易》，然誠如《新論（刪定本）·壬辰刪定記》所言：「《新論》文言本猶融《易》以入佛，至語體本則宗主在《易》，惟繩佛之短而融其長」（《全集》六，頁19），案〈文言文本〉「猶融《易》以入佛」，則以佛學為主，而〈語體文本〉雖已「宗主在《易》」，然猶「惟繩佛之短而融其長」，對佛之短予以繩正，而於其長則仍加以融攝，至〈刪定本〉當亦如是。可見《新論》之所宗主，猶在儒佛之間擺盪，未能無疑。至其晚年著作，則誠如其所言：「余

〔註5〕請參閱筆者〈熊十力早年思想研究──以體用義為核心的展開〉（《第四屆近代中國學術研討會論文集》，頁158）。又蔡仁厚《熊十力先生學行年表》曰：「今按、據先生此意，新論之所以宜廢者，蓋順唯識之路以造新論，猶不脫援佛入儒之迹；今既歸本大易，以體用不二立宗，則新論繁複之辯解，可有可無。故曰『宜廢』。宜者，或然之辭也」（頁62），案蔡氏所謂「宜者，或然之辭也」，亦可供參考。

〔註6〕傅偉勳〈批判的繼承與創造的發展〉即曰：「加上對於佛教思想的無謂偏見，到目前為止沒有一個中國思想家能夠積極地開創包括佛教在內的現代化中國哲學與宗教思想出來，熊十力以『儒家完全取代佛教』的片面性思想創造，便是一個負面的例子。」（《批判的繼承與創造的發展》，頁8）

〔註7〕筆者《熊十力《新唯識論》研究──以《新唯識論》所引發儒佛之爭為進路的探討》即是針對此一公案之專門探究，請參閱。

之學宗主《易經》」，已大量刊落佛學內容，無須資乎佛家，純從儒學而言，一以《易經》為主，尤其《乾坤衍》更是只就乾坤二卦而言。而其論證理據，誠如其所言：「就用上而言，心主動以開物」，即翕闢成變、乾統坤承，乾闢主動以開導坤，坤翕則承乾而起化，此誠與佛家唯識宗種現熏習、轉識成智之說，八識種子各各獨立之論，根本無相近處，可見從內在義理之邏輯性言，既不須從佛家唯識學轉手，而由儒學著手，尤其從《易經》入手，仍是可以言「體用不二」。是以熊氏認為《體用論》既成，而《新論》宜廢，不須存矣！誠然，此非意謂《新論》即無價值。作為提出「體用不二」思想之著作而言，《新論》自有其不可取代之經典地位。然《新論》之表述方式，乃由批判佛家唯識之說，從而建立己說，此由破而立也；此既藉助佛家唯識之概念、命題等，卻又駁斥其內容，從而添入己意，雖云思想家對名詞之使用，可依自己思想系統而予定義，但若稍一不慎，則易引起混淆，尤其佛家之名相，有其一定而不可易之義，誠不容隨意變更。而其晚年著作則大量刊落佛學內容，純從《易經》入手，以建立己說，此直接立說也；此既純就《大易》乾元性海、生生不息而直言，洵可避免假手他人之嫌，以免有兩不搭軋之失，更可有根有本，直抒胸臆所見。且思想家之所以成為思想家，其著作縱使宏富，而中心理念必定只有一、兩個，甚至只是唯一的一個，其全部著作即從各個方面加以表述、論證，故其晚年著作雖是發揮早年之見，但因表述方式之不同，論證內容之加強，誠所謂「後出轉精」，則後後勝於前前亦必矣。是以綜觀熊氏一生思想，實不可以《新論》即與之劃上等號；而論其最後定論，即其一生思想之最終歸宿，更不可只據《新論》而言。〔註8〕

第二節　典範轉移

　　由上節可知，熊氏於《新論》乃有所揚棄，絕不可以之為最後定論。況其於《新論（刪定本）・贅語》曰：

〔註8〕熊氏著述宏富，各書成書年代及其思想分期，請參閱筆者《熊十力春秋外王學研究》（頁5註7）。關於其早年及中年思想，筆者〈熊十力早年思想研究〉及《熊十力《新唯識論》研究》已予以探究，至其晚年思想，亦已有《熊十力春秋外王學研究》予以探究，今則再以《熊十力與「體用不二」論》為題，對其晚年思想作一綜合探究，庶幾對其一生思想有一全盤論述，並對其思想之中心所在有所衡定。

　　擬別為一小冊，詳本論未盡之意。(《全集》六，頁4)

可見《新論》猶有「未盡之意」在，故熊氏「擬別為一小冊」。此一小冊究為何種性質之書，深值探究。案《新論（文言文本）》本擬為二部，即部甲〈境論〉與部乙〈量論〉，〈境論〉專言本體論，〈量論〉專言知識論，誠如《新論（文言文本）‧緒言》曰：「本書纔成〈境論〉，而〈量論〉尚付闕如」(《全集》二，頁9)，即熊氏只完成〈境論〉，徒存〈量論〉之目，顯然《新論》是有所不足。至〈語體文本〉、〈刪定本〉，猶是如此，《新論（語體文本）‧初印上中卷序言》曰：「原本擬為二部：曰〈境論〉，曰〈量論〉。只成〈境論〉一部分，〈量論〉猶未及作。今本則不欲承原本之規畫，如將來得成〈量論〉時，即別為單行本，故今本亦不存〈境論〉之目。以〈境〉〈量〉二論相待立名，今〈量論〉既不屬本書組織之內，則〈境論〉之名亦不容孤立故」(《全集》三，頁6)〔註9〕，案熊氏屢屢提及欲著〈量論〉之意，然終其一生，只完成〈境論〉，〈量論〉究成未竟之作〔註10〕。誠如熊氏所言，若〈量論〉得成，「即別

〔註9〕《新論（刪定本）‧節錄印存上中卷初稿記》(《全集》六，頁23~24)亦再重申此意。

〔註10〕熊氏對於〈量論〉，可謂無時或忘，誠如《新論（文言文本）》曰：「云何分別智、慧？智義云者，自性覺故，本無倚故。慧義云者，分別事物故，經驗起故。此二當辨，詳在〈量論〉」、「明儒王陽明黃梨洲譏世儒為『求理於外』，在他底玄學方面說，確有特見。……但此義詳談，當在〈量論〉」、「吾宗方量既空，〔本無實方，俟詳〈量論〉。〕時量亦幻，〔吾宗所言刹那，非世俗時間義，亦詳〈量論〉〕、「夫析理誠妄，咨於二諦：曰真、曰俗。詳在〈量論〉」、「此云刹那，原依妄相遷流假為之名，而實非世俗時間義故。〔〈量論〉詳之。〕」「上來因舉唯識舊師分析心識之過，而論及分析術於玄學不為首務，終乃歸功體認。……乃若其詳，當俟〈量論〉矣」(《全集》二，頁10、頁12、頁46、頁70、頁74、頁94)，《新論（語體文本）》亦曰：「即此真己，在〈量論〉中說名覺悟，即所謂性智」、「我們須知道，心的知境，就因為心上必現似所知境的一種相，否則不成為知。這種道理，我想在〈量論〉裏詳說，……此意，猶待〈量論〉再詳。……說到此，有好多問題要留在〈量論〉再說」、「關於理的問題，至為奧折，當俟〈量論〉詳談」、「本論和舊師立說的體系，完全不同。故所緣緣，雖不妨分別親疏，但疏緣的意義，自與舊師所說，截然不同。留待〈量論〉方詳」、「所以說，總計無全是一種迷謬的觀念。關於無和有，我欲俟〈量論〉中詳說」、「如何得到證會，〈量論〉當詳」、「說到這裏，我有無限的幽奧的意思，很難說出，且待寫〈量論〉時再談。……這個道理，我將來作〈量論〉時，便要詳說」、「同時，玄學也要超過知識而趣歸證會。這個意思，俟〈量論〉再詳」、「體用義別故，故不一；即用即體故，故不異。析理期詳，俟諸〈量論〉」、「此中尚有許多意思，俟〈量論〉當詳。……這裏還有好多話，須詳之〈量論〉」、「頗欲於〈量論〉中詳認理智，老來精力乏，

為單行本」，自成一書；而其往後著作，雖亦常提及欲撰〈量論〉之意，然〈量論〉終是不出也。且熊氏於〈語體文本〉即因〈量論〉未成，是以取消〈境論〉之名，直以「新唯識論」立名，故此處所云：「擬別為一小冊」，當非指〈量論〉，顯應另有所指。案與《新論（刪定本）》同時稍前不久，熊氏〈答張其昀〉（約一九四九年二、三月間）曰：

> 於是乎續《變經》而造《新唯識論》，〔晉人稱《易經》曰《變經》。〕又欲撰〈量論〉，以成立吾哲學上之知識論。更欲別為一書，衡論儒、道、佛三家大要，與其得失之影響於吾社會者。繼此，欲為《化道》一書，以儒家思想為主，參以法、墨、道、農諸子思想之略可徵者，西洋思想亦當和會，以求至當備將來人類之需，非為目前作計。（《全集》八，頁536）

可見熊氏除「又欲撰〈量論〉」外，而〈量論〉終是不出也，其「更欲別為一書」，而此則非單純只是有關知識論而已，其乃「衡論儒、道、佛三家大要，與其得失之影響於吾社會者」，蓋對各家思想之客觀疏解，提其綱、挈其領，以便繼此而寫出其心中所欲寫之書。其所欲寫之書，即「以儒家思想為主，參以法、墨、道、農諸子思想之略可徵者，西洋思想亦當和會」，而亦必如此，

未知能否執筆耳」（《全集》三，頁15、頁32～33、頁44、頁67、頁89、頁147、頁163、頁244、頁247、頁328、頁429），而「附錄」之〈答謝幼偉〉亦曰：「又〈量論〉未作，則吾之意思隱而不彰者實多，……吾三十年來含蓄許多意思，欲俟〈量論〉暢發。……吾時默而不言，因〈量論〉未作，此話無從說起。……《新論》主於顯體，立言自有分際，〈量論〉意思，此中固多有不便涉及者」（《全集》三，頁526～530），《新論（刪定本）》於正文及附錄亦曰：「即此自性本來貞明，在〈量論〉中說名明解，所謂性智」、「故量智畢竟不即是性智。此二之辨當詳諸〈量論〉」、「此中有無限意思，須作〈量論〉時別立〈證量〉一篇」、「學者多不許感覺為知識，余不然，俟〈量論〉詳之」、「故本章論及此，頃思此項文字以移入〈量論〉為是。倘〈量論〉不復作，將來當存之雜錄」、「余於哲學，主張思辨與體認二者交修，惜〈量論〉未能寫出，今精力不堪用矣」、「原擬作〈量論〉時，於〈證量〉一篇中論及之」、「此種意思，原擬為〈量論〉時詳說，茲恐不及」（《全集》六，頁28、頁29、頁128、頁129、頁173、頁300、頁300、頁302），《讀經示要》亦曰：「余言哲學以證量為歸，安得解人而與之言，即〈量論〉能作，恐會心者寡耳」（《全集》三，頁823），《十力語要》卷二〈韓裕文記〉亦曰：「誠欲別寫一部〈量論〉，恐環境益厄，精力日差，終是難寫出也」（《全集》四，頁295）、卷三〈答牟宗三〉亦曰：「〈量論〉於中印西洋三方面，當兼綜博究」（《全集》四，頁356），此皆可見熊氏對〈量論〉極為重視，欲從各方面加以論述，而其未克完成所流露出之傷感，誠令人動容矣。

始克「以求至當備將來人類之需」，方足以符《新論（刪定本）》所云：「詳本論未竟之意」。此書，即《化道》也。衡諸熊氏往後著作，雖無《化道》一書，但其欲於《新論》之外別撰一書，以儒家思想為主，尤其根本於《易》以立論，則昭然可見。誠如熊氏於《新論（刪定本）》之〈贅語〉言「擬別為一小冊」，隨即於〈壬辰刪定記〉曰：

> 《新論》談體用，在《易》則為內聖學之方面，而於外王學不便涉及，此書立言有領域故。嘗欲造《大易廣傳》一書，通論內聖外王而尤致詳於太平大同之條理，未知暮年精力能遂此願否？（《全集》六，頁21）

由上可知，《新論》重在內聖方面，而於外王猶有所缺，故熊氏所欲擬撰之書，當與《易》有關，包含內聖與外王，由此以致詳於太平大同，其即《大易廣傳》乎！蓋亦前所云之《化道》也。《原儒》亦曰：

> 《原儒》書成，祇印二百部儲存。欲俟五六年內，《易經新疏》、《周官經檢論》寫定，方可聚而公之於世，此余之本願也。（〈原儒再印記〉，《全集》六，頁309）

> 竊嘆佛玄而誕，儒大而正，卒歸本儒家《大易》。批判佛法，援入於儒，遂造《新論》。更擬撰兩書，為《新論》羽翼。曰《量論》，曰《大易廣傳》。兩書若成，儒學規模始粗備。（〈緒言〉，《全集》六，頁315）

> 然道家在諸子中，自昔稱其深遠，自有不可湮沒處，此中猶未及發，惜乎吾《大易廣傳》未能作也。（〈原內聖〉，《全集》六，頁625）

綜上所言，熊氏所欲撰之書，計有《易經新疏》、《周官經檢論》、《量論》及《大易廣傳》。《量論》既專於知識論，又本為《新論》之一目，實與之為一體，且又終未成書，故可無論〔註11〕；幸而，熊門高弟牟宗三在此方面頗有

〔註11〕《量論》雖未成，但誠如《十力語要初續·仲光記》曰：「《量論》雖未及作，而吾之意思於《新論》及《語要》中時有散見，若細心人自可看出」（《全集》五，頁205），而《原儒·緒言》實已勾勒大概：「《量論》早有端緒，原擬為二篇：曰〈比量篇〉，曰〈證量篇〉。〈比量篇〉復分上下。上篇論辨物正辭，實測以堅其據，推理以盡其用。若實測可據而逞臆推演，鮮不墮於虛妄。此學者所宜謹也。……下篇論窮神知化。神者，不測之稱，所以形容變化之妙。……〈證量篇〉論涵養性智。性智者，人初出母胎墮地一號，隱然呈露

建樹，所著《邏輯典範》、《理則學》、《認識心之批判》及《現象與物自身》諸書，確如其〈客觀的了解與中國文化之再造〉所言：「後來我寫成《認識心之批判》及《現象與物自身》，大體可以稍補熊先生之缺憾──『量論』方面之缺憾」（《牟宗三先生晚期文集》，《牟宗三先生全集》27，頁 433）。而《周官經檢論》雖亦未成，但《論六經》、《原儒‧原外王》及《乾坤衍》皆略言及，然畢竟偏重外王治法方面，於內聖學猶有所缺，亦姑勿論。此中最值注意者，自是《易經新疏》與《大易廣傳》，而此二書，蓋為一書，只是書名有異而已，且提及次數亦最多，可見其乃熊氏所最欲撰者。即使《新論》既出，更擬撰《量論》、《大易廣傳》為之羽翼，而後「儒學規模始粗備」，而《原儒》書成，猶欲俟《易經新疏》（蓋即《大易廣傳》）、《周官經檢論》寫定，「方可聚而公之於世」。要之，《新論》、《原儒》既皆有待於《大易廣傳》之成，即此可見其重要。《大易廣傳》既如此重要，誠乃熊氏一生之所最欲撰述者，而此書若成，應可視為其代表作。

　　且熊氏對之亦有所說，《原儒‧緒言》曰：

　　《大易廣傳》原擬分〈內聖〉、〈外王〉二篇，宗主《大易》，貫穿《春

其乍接宇宙萬象之靈感。此一靈感決非從無生有，足徵人性本來潛備無窮無盡德用，是大寶藏，是一切明解之源泉，即依此明解之源說名性智。問：『云何證量？』答：吾人唯於性智內證時，大明洞徹，外緣不起，夐然無對，默然自了，是謂證量。吾人須有證量之境，方可於小體而識大體。於相對而悟絕對，於有限而入無限，是乃即人即天也。人生不獲證量境界，恒自視其在天地間渺小如太倉之一粒，莊生所以有『人生若是芒乎』之嘆。……吾原擬作《量論》，當立證量一篇者，蓋有二意：一、中國先哲如孔子與道家及自印度來之佛家，其學皆歸本證量，但諸家雖同主證量，而義旨各有不同，余欲明其所以異，而辨其得失，不得不有此篇。二、余平生之學不主張反對理智或知識，而亦深感哲學當於向外求知之餘，更有凝神息慮，默然自識之一境。《禮記》曰：『不能反躬，天理滅矣。』鄭玄注：『反躬，反己也。』《論語》錄孔子之言，以默而識之，與學而不厭，分作兩項說。學者，即物窮理，知識之事；默識者，默然反己自識也。此所云己者，非小己之謂，乃通天地萬物為一體之真己也。默然之際，記憶、想像、思維、推度等等作用一切不起，而大明炯然自識。陽明所謂『無聲無臭獨知時』，正是此境。莊子云：『尸居而龍見，淵默而雷聲。』差可形容孔子默識境界。陽明恐未到此。余談證量，自以孔子之道為依歸，深感為哲學者，不可無此向上一著，未知將來有同斯意者否？」（《全集》六，頁 315～326）案熊氏既將大意略說如上，實已指示門徑，故亦無須感慨，而應為之完成理論系統。又景海峰《熊十力》第六章〈量論索迹〉及郭齊勇《熊十力思想研究》第三章〈熊十力的「量論」〉皆論及之，請參閱。

秋》以逮群經，旁通諸子百氏，斟酌飽滿，發揮《易》道，當為一
巨著。(《全集》六，頁 326)

所謂「宗主《大易》，貫穿《春秋》以逮群經，旁通諸子百氏」，此其內容大
概也；而「當為一巨著」，此其自信、期望也。惜乎一因「遭逢日寇，負疾流
亡」，再則「腦悶微疼。長夜失眠」(《全集》六，頁 326)，《大易廣傳》仍不
獲脩。故先撰《原儒》，於《大易》內聖外王之道，可謂粗具提要，誠可視為
《大易廣傳》之綱要。幸天假以天年，此後熊氏著作源源而出，《體用論》、《明
心篇》及《乾坤衍》相繼問世，雖無《易經新疏》或《大易廣傳》之目，然
《乾坤衍》一書，直就《大易》乾坤二卦予以發揮，雖非對全《易》加以「新
疏」、「廣傳」，然乾坤為六十四卦之首，乾坤通，則全《易》通，是以《乾坤
衍》無異即《易經新疏》或《大易廣傳》。又熊氏於《乾坤衍》第一分〈辨偽〉
之結尾曰：「今當依據兩〈象傳〉而廣衍其義，無暇疏辨二卦之全文也。〔……
原欲別為《乾坤疏辨》一書，今已衰甚，無暇及此。〕」(《全集》七，頁 496)
案「當依據兩〈象傳〉而廣衍其義」，乃指第二分〈廣義〉，即《乾坤衍》主
要部分；而「無暇疏辨二卦之全文」，則所欲為之《乾坤疏辨》也。且細究之，
《乾坤疏辨》實即《乾坤衍》之詳細說明，《乾坤衍》則為《乾坤疏辨》之精
要大綱。今《乾坤疏辨》亦如《易經新疏》及《大易廣傳》，皆未成書，而《乾
坤衍》無異即是此三書，故《乾坤衍》實可視為熊氏思想之最後定論。論者
或謂《乾坤衍》是否即可視為《新論（刪定本）》所言「擬別為一小冊」之書？
亦即熊氏為學歷程之中年階段時，已具備晚年階段之思想內容，並至此才予
完成，而此階段所完成之思想作品，乃同於中年階段，然卻又對《新論》予
以否定？案《乾坤衍》是否即為此一小冊，或是盡可含括此小冊之立意，誠
不無疑問，但此實亦無關緊要。據熊氏之意，其於《新論（刪定本）》之後所
著之書，唯《乾坤衍》最為滿意，並視為代表著作，蓋《乾坤衍》已超越原
先規模，不僅可含括之，更可取而代之；且晚年階段所完成之書，縱使立意
於中年階段，亦不意味即與此階段之作品完全相同，而相反地其可能截然有
別，蓋思想愈趨成熟故也。誠然，熊氏此為學歷程，在其思想上是否構成一
種轉向，甚且在整個學術史上是否有所突破，則可進一步好好探討。《乾坤衍》
於第二分〈廣義〉最後結尾曰：

余之思想，變遷頗繁。惟於儒佛二家學術，各詳其體系，用力尤深。
本書寫於危病之中，而心地坦然，神思弗亂，此為余之衰年定論。

此書之前有《體用論》，雖小冊，而余為學之經歷，及由佛而儒之故，略見此小冊中。又有《原儒》，自信大體已備。而近年回憶，其中枝節處，猶多未暢發。又有雜染舊聞〔註12〕，未曾刊落。欲再刪定，而無餘力。然此書要不可廢也。（《全集》七，頁677）

首先，熊氏言：「余之思想，變遷頗繁」，對於此語，須善予體會，切勿誤解。其所謂「變遷頗繁」，並非就其中心思想之「體用不二」而言，蓋此「體用不二」之根本義，乃其一生一以貫之之思想，何可動搖。故此所謂「變遷頗繁」，當另尋他義。熊氏對其為學經過，曾多次述及，誠如《乾坤衍》曰：「據佛氏說，法相〔現象〕與法性〔實體〕截然破作兩重世界，互不相通。如何可說不生不滅法是生滅法之實體？……況復法相如幻，法性寂滅。是其為道，反人生，毀宇宙，不可以為訓。余始於懷疑，終乃堅決反對。久之，放棄一切舊聞。蕩然，仰觀俯察，遠取諸物，近取諸身。漸悟體用不可離而為二。實體、現象不可離而為二。法性、法相不可離而為二。……忽然回憶偽五經中之《周易》，溫習乾、坤二卦，遂於兩〈彖傳〉領會獨深，堅信其為孔子之言。……余自是歸宗孔子。潛心玩《易》」（《全集》七，頁529）〔註13〕，案熊氏之悟得體用不二，其時甚早，大概於辛亥而後，即清末民初鼎革之際，至其晚年仍是堅持此義，不曾動搖。且此義乃其自有所悟、自有所獲，而其悟獲此義之最主要因緣，乃因不敢苟同佛法，對於有宗，則覺其種種支離破碎，而於空宗性、相皆空，亦難以印可。要之，熊氏對佛學終究不敢苟同，即因其將「法相〔現象〕與法性〔實體〕截然破作兩重世界」，反人生，毀宇宙，然亦幸因有此因緣，對於空、有二宗由入而出，疑而後通，困而後獲，故而由佛返儒，才能「漸悟體用不可離而為二。實體、現象不可離而為二。法性、法相不可離而為二」。而熊氏之悟得此義之前後，其所從事之學問及其憑藉之經籍，則由最初嘗孔子為宗法、封建思想，以至後來專心佛學多年，最終深知

〔註12〕關於「雜染舊聞」，其意甚顯，乃指《原儒》猶未精純而言，非謂熊氏另有此一專著。然郭齊勇《熊十力與中國傳統文化》曰：「先生還寫有《雜染舊聞》一部書，可惜毀於文革」（頁44），景海峰、王守常〈熊十力先生論著考略〉亦以之為一書名，唯景海峰之《熊十力》及郭齊勇《熊十力思想研究》即不再以之為書名，而蔡仁厚《熊十力先生學行年表・著作出版年次表》之「附記：關於『雜染舊聞』之誤解」（頁91～93）則予以辨正，請參閱。

〔註13〕案《原儒・原內聖》（《全集》六，頁586～587）、《體用論》（《全集》七，頁35、頁73～74、頁94～95）及《乾坤衍》（《全集》七，頁344、頁485～486）亦述及之，請參閱。

六經是孔子晚年創明大道，領導革命之作，是以「余自是歸宗孔子」，而孔子六經中，又以《大易》最為重要，故而「潛心玩《易》」，即以《大易》為宗主。是以《乾坤衍》曰：「余年三十左右，傾向出世法之意頗盛。四十歲後，捨佛而學《易》。平生思想變遷，以此番為最重大」（《全集》七，頁529），此益可見熊氏對孔子之歸心，而其時則又甚早也〔註14〕。故此所謂「變遷頗繁」，乃針對其早年專事於唯識，中年由佛返儒，擺盪於儒佛之間，至晚年則折衷於《易》、宗主於《易》而言。

其次，《乾坤衍》雖非就《周易》全經予以疏解，然於乾坤二卦，尤其是兩〈象傳〉，加以推演開擴，發揮衍繹，有「辨偽」、有「廣義」，且又特詳於內聖，而於外王亦兼及之，所論誠極精至深。姑先勿論其所言是否合乎本義，然其自成一家之言，則無可疑。而熊氏既於兩〈象傳〉領會獨深，堅信此乃孔子之言，是以《乾坤衍》雖「寫於危病之中」，然其「神思弗亂」，故吾人於熊氏自信「此為余之衰年定論」，即其晚年定論，亦其一生思想之最後定論，自應認同。且《乾坤衍》之後，熊氏唯成《存齋隨筆》一書，本是隨筆性質，不期而成專書，主在略釋佛教十二緣生之義，批評佛家性相兩分之說，既與內聖外王不相干，更非《乾坤衍》之比，故不可視為其最後定論。是以論及熊氏之最後定論，自當仍以《乾坤衍》為準。論者或謂熊氏三、四十年來之著作要旨及理論系統，既無改變，只是所宗主與論證方式益見純熟圓融，則又何來「最後定論」之說？且論證方式之異，亦可能蘊涵著觀點、理解視域、建構次第，乃至對道體此根源性問題等等重要見解之更革，則又何可謂其思想無所改變？案此雖成說，但亦不可太過執實。凡思想之變動或轉向，是否即會造成中心主旨之改易，此有多種情況，非可一概而論。有急遽變動，不

〔註14〕誠如《原儒‧原內聖》曰：「年三十五，深念舊文化崩潰之勢日劇，誓以身心奉諸先聖」「迨固自年三十而後，誓以身心，奉諸先聖」（《全集》六，頁586、頁731），而〈六經是孔子晚年定論〉亦曰：「六十歲左右，深有感於孔子內聖外王之道，誓以身心奉諸先聖」（《原儒‧附錄》，《全集》六，頁773），案熊氏一曰：「年三十五」、「年三十而後」，一曰：「六十歲左右」，似相矛盾，實則亦無所矛盾。蓋年三十左右即已「誓以身心奉諸先聖」，此時見道未明，故傾向出世法之意頗盛，猶於佛學多所涉及；四十歲後，則捨佛而學《易》，以至年六十左右，則已見道分明，益加「誓以身心奉諸先聖」，完全信奉於孔子。然此非謂熊氏對於佛陀，即有所不敬，誠如《新論（刪定本）‧壬辰刪定記》曰：「平生學在求真，始而學佛，終乃由疑而至于攻難，然對于釋尊及諸菩薩之敬仰則垂老不渝」（《全集》六，頁11），可見熊氏對孔子與佛陀同樣尊敬，而於人生歸向及道德踐履上，則以孔子為宗主也。

惜以今日之說改易昨日之說，而中心主旨全然易貌者，此如廖平，蓋近於是；
亦有變遷頗繁，思想內容雖然屢更，然中心主旨無甚改易者，此如熊氏，即
如此也。且熊氏自言：「余之思想，變遷頗繁」，又曰：「則以體用不二之根本
義存於其間」，乍視之，雖似自相矛盾，實則亦無所矛盾。案之所以謂熊氏所
宗主與論證方式益見純熟圓融，乃指其不斷地大規模修訂、重寫己說，是以
在文字上或形式上有所變革，即在此意義上謂其有所變遷；而之所以謂其中
心思想無所改變，乃指其雖修訂、重寫己說，但在精神上或實質上誠無不同，
即在此意義上謂其無所改變。是以之所以以《乾坤衍》為其最後定論，因其
在精神上或實質上，雖與《新論》大同小異，但在文字上或形式上，則對《新
論》大規模地加以修訂、重寫，而由於資料之補充、刪削及文字之潤飾、修
改，精益求精，且所宗主益加明確，而論證方式更見圓融，使其在本質上有
所變革提昇，更盡善盡美。或換言之，在《新論》中，其骨子即以《大易》
為主，以言「體用不二」，《新論（刪定本）‧贅語》即曰：「茲略揭綱要如下：……
五曰本論談體用，實推演《易》義」（《全集》六，頁3～4），唯尚藉助佛學理
論，以收烘雲托月之效；至《乾坤衍》，則雲霧盡掃，唯見朗月高掛。而此一
明月，即前之明月，亦即「體用不二」，故說其中心思想無所改變；然兩者之
境，已然有異，一則雲霧掩映，尚有佛學因子攙雜其中，一則朗月當空，直
出之以《大易》之說，故說其理論內容有所變遷。熊氏則欲人直接目睹明月，
即從《大易》以悟入，無須再經由佛學之纏繞夾雜，而因指以見月，故爾捨
《新論》，而以《乾坤衍》為其思想之最後定論。

最後，除《乾坤衍》外，另有諸書亦當注意。其前之《體用論》，不僅可
見熊氏「為學之經歷，及由佛而儒之故」，更可與《新論》、《明心篇》合觀。
案《體用論》共分五章，即〈明變〉、〈佛法上〉、〈佛法下〉、〈成物〉及〈明
心〉，然只成四章，〈明心〉章則有目無文，其後熊氏繼此而成《明心篇》，雖
單行成書，而合《體用論》實為一書。《體用論》既「依據舊撰《新唯識論》
而改作」，亦即《新論》、《體用論》及《明心篇》可視為同一系統，此一系列
著作，誠如《新論（文言文本）》曰：「所量名境，隱目自性，〔……自性即實
體之代語，……〕自性離言，假興詮辨，故有〈境論〉」（《全集》二，頁8），
《體用論‧贅語》亦曰：「此書之作，專以解決宇宙論中之體用問題」（《全集》
七，頁5），旨在經由與佛家，尤其是唯識學之辯論，以彰顯從儒家《易經》
所抉發出之體用不二、翕闢成變之體用哲學思想。又更前之《原儒》，雖未完

善，但熊氏「自信大體已備」，故終不可廢也。且此書又可上溯自《中國歷史講話》、《讀經示要》（後簡稱《示要》）及《論六經》等，亦即《示要》及《原儒》可視為同一系統，此一系列著作，則如《示要·自序》曰：「仲尼祖述堯、舜，憲章文、武，其發明內聖外王之道，莫妙於《大易》、《春秋》。《詩》、《書》、《禮》、《樂》，皆與二經相羽翼」（《全集》三，頁556），《原儒·原儒序》亦曰：「以《大易》、《春秋》、〈禮運〉、《周官》四經，融會貫通，猶見聖人數往知來，為萬世開太平之大道」（《全集》六，頁311），則標示著熊氏由體用哲學而向著六經系統之內聖外王之道邁進。而此兩系列之著作，最後則結穴於《乾坤衍》。《乾坤衍》不僅純就六經以言，大量刊落佛學內容，一依《周易》乾坤兩〈彖傳〉為主而發揮，於體用思想，論之既詳，於內聖外王之道，亦闡明無遺。要之，即熊氏晚年四部大著，由《原儒》所代表之內聖外王之道之六經系統與《體用論》、《明心篇》所代表之專言體用之體用哲學系統，最終則滙歸於《乾坤衍》〔註15〕。是以以《乾坤衍》為熊氏思想之晚年定論，亦其一生思想之最後定論，誠乃實情。當然，《原儒》、《體用論》及《明心篇》亦是重要資料，可為之羽翼。故以《乾坤衍》為核心，輔以《原儒》、《體用論》及《明心篇》，以探究熊氏「體用不二」之思想，自最為妥當。而其餘著作，亦是重要參考，要亦不可廢也。

第三節　歸本《大易》

由上節可見，熊氏特歸心於孔子，其信奉之深，乃以全副身心投入其中，以闡發孔子六經內聖外王之微言大義。案六經成於何人之手，眾說紛紜；熊氏則認為定於孔子，《原儒·原學統》曰：

> 六經皆孔子創作，其體裁雖不一致，而亦有其大同。大同者，如《易經》之卦辭、爻辭，大概為上古卜辭。孔子乃別為〈彖〉、〈象〉、〈文言〉、〈繫辭傳〉、〈說卦〉、〈序卦〉等，以發揮己之哲學思想。如是，

〔註15〕請參閱筆者《熊十力春秋外王學研究》（頁5～6）。又蕭萐父、湯一介於北京中華書局版《熊十力論著集之二——體用論》（含〈新唯識論（壬辰刪定本）贅語和刪定記〉、〈甲午存稿〉、《體用論》、《明心篇》、《乾坤衍》及《存齋隨筆》）之〈編者後記〉亦曰：「熊氏此前的著作有兩個系統，一個是《新論》——《體用》、《明心》系統，一個是《讀經示要》——《原儒》系統。至《乾坤衍》，則把這兩個既有區別又有聯繫的系統貫通起來了。」（頁767）

則卦辭、爻辭完全改變古代卜辭之意味，而另賦以新義，則卦爻辭
已成為孔子之自作，不得視為占卜家遺文也。又如《春秋》，其經文
則魯史之文，其事則魯國與列國之大事皆載焉。孔子則借魯史所記
之事，而發揮自己對於政治社會之高遠理想。如是，則《春秋》已
不是史，而實為孔子創作。（《全集》六，頁 394）

《乾坤衍》亦曰：

孔子六經之制作，其體裁特妙。每一經皆分為經和傳。經，提綱要，
其文字簡括。傳者，依經而作，詳說其義，期無遺漏。其文不容略
也。如《易經》，其每一卦之卦辭、爻辭，皆經也。〈彖傳〉、〈象傳〉
等，皆傳也。……《春秋經》有經、有傳，顯然易知。（《全集》七，
頁 352～353）

據上，「六經皆孔子創作」、「孔子六經之制作」，即可窺熊氏持此見之堅決；
況其又有〈六經是孔子晚年定論〉一文，力證其說。熊氏認為《春秋》本是
魯史，但經孔子「發揮自己對於政治社會之高遠理想」，亦成孔子創作；如僖
二十八年冬，實是晉侯召王，以會諸侯，孔子則以「以臣召君，不可以訓」，
故書曰：「天王狩于河陽」。故以此衡之，縱使《易經》之卦爻辭，乃上古卜
辭，但經孔子「另賦以新義」，則亦為孔子自作；如乾之稱健、大、正及仁等。
非僅此也，熊氏且以孔子制作六經之方式，經傳俱全，「經，提綱要，其文字
簡括」，乃就原有之文，字斟句酌，而於文辭褒貶之中，即另賦予新義；「傳
者，依經而作，詳說其義」，如《易》乾卦辭「元亨利貞」，原為卜辭，乃大
通而必利在正固之意，孔子則「發揮己之哲學思想」，於〈彖傳〉曰：「大哉
乾元，萬物資始，乃統天」云云，已使其深富本體論、宇宙論等意義。案熊
說誠非客觀，往往引起質疑，然此可先勿論〔註 16〕。蓋熊氏之學，非如一般

〔註 16〕案牟宗三〈熊十力先生追念會講話〉曰：「熊先生留在大陸的十幾年便是這狀
況。譬如說《原儒》一書，便是在這期間寫的。《原儒》的基本思想還是沒有
變，即推尊孔子，講春秋，講大同；但對曾子、孟子以下群儒皆有所批評，
皆有所不滿。一般人看了心中便不愉快。當然在平時，講儒家的是不會去批
評曾子、孟子的。但在這種環境底下，為了推尊聖人，而歷貶群儒，是可以
的。難道一切儒者都是十全十美，都是不可以批評的？我只要能把聖人保住，
不就可以了嗎？這是行權，是不得已的大權」（《時代與感受》，《牟宗三先生
全集》23，頁 289），案牟氏雖與熊氏有師承關係，但非一味主觀維護師門，
乃頗客觀地反映實際情況。熊氏晚年著作，不論《原儒》也好，即使《乾坤
衍》亦不例外，確極推尊孔子，歷貶曾子、孟子以下群儒，故將六經著作權

學者之着重文本探討，只於自身之外窮搜極索，卻於自身生命毫無相關；而是由內而發，將自身生命投入其中，內外融合為一體，由吾人主體覺悟而生，必經自己親自加以實證。誠如《新論（語體文本）》曰：

歸之孔子，依然「我只要能把聖人保住，不就可以了嗎」，是以極力尊孔子而貶群儒。此若以學術標準來衡量，自是不合尺度。然熊氏仍歸心孔子，此必有其苦心孤詣，誠如牟氏所言：「這是行權，是不得已的大權」，故熊氏將六經歸於孔子之說，蓋以孔子為儒者理想之原型，亦唯孔子足以代表之，是以如此言之。蔡仁厚對此更有詳細說明，其〈黃岡熊先生誕生百周年〉曰：「《原儒》一書，世人多尋章摘句以議其短，而鮮能『聞弦歌而知雅意』。試想大陸當年，人人向黨交心，個個靈魂出竅，莽莽神州，孰是士？孰是儒？孰是真人？知識份子有幾人能『留取心魂』以相守乎？熊先生講『革命』，講『均平』，講『大同』，本是儒聖古義，為什麼不可以講？他責孟子以下為『孝治派』，意在抨擊君主專制私天下，以突顯天下為公之理想。……原儒附錄中，熊先生已表明他所貶斥者乃『孝治』，而並不『非孝』。孝固不可非，而『孝治』之思想遂亦不容反省批評乎？列孟子為孝治派，自可更作商量。而牟宗三先生已指出：『熊先生為保住孔子，不惜歷貶群儒，是真能動心忍性者！』蓋孔子得保，則儒聖血脈自可不至斷滅。……另如《乾坤衍》，就一般標準看，未必是一部好著作，尤其以平常所謂學術尺度來衡量，很多都是欠缺材料根據的說法。但天地間的學問豈僅限於材料乎？文獻材料之根據是學問唯一的標準乎？孟子早已說過：『盡信書不如無書。』沒有書本，還有真心，而理由心發，則書本文字亦不過『心、理』的部分註腳而已。……然則，十力老人指出聖人當有許多『口傳』的微言大義，正是一句非常平正的老實話。……對於熊先生提到的那些『口傳大義』，人可以不表同意，但你能說聖人沒有口傳大義乎？自古有『傳經』『傳道』之說，道或不離於經，而亦豈限於經文？程明道云：『道通天地有形外』。而日常言語中亦有所謂『言外之意』『弦外之音』，而獨不許聖人有口傳之微言大義，何也？」（《熊十力先生學行年表·附錄》，頁 97～99）又〈熊十力先生的生命格範〉亦曰：「在《原儒》一書，他把孟子貶為小康、孝治派，則是一番『歷貶群儒，保住孔子』的用心。保住孔子，才能保住中國文化。他苦心卓絕，老懷愴痛，而眾人『聞弦歌而不知雅意』，還在老先生面前說這說那，齗齗致辯，怪不得他要大發脾氣！」（同上，頁 123～124）案熊氏當時所處之時代，乃中共當權之際，道德既已淪喪，是非又復顛倒，直是天翻地覆，了無生人之趣，故其極力尊孔子而貶群儒，乃行不得已之大權，「蓋孔子得保，則儒聖血脈自可不至斷滅」，雖不免偏激過當，易起爭端，但所言卻「本是儒聖古義」，非信口胡謅者之可比。至於是否有所謂「口傳」之微言大義，且姑勿論。而如蔡氏曰：「但天地間的學問豈僅限於材料乎？文獻材料之根據是學問唯一的標準乎？」亦即在文獻材料之外，尚有學問，「還有真心，而理由心發」，尤見真學問之所在，此所謂「道通天地有形外」；故文獻根據絕非唯一標準，蓋「書本文字亦不過『心、理』的部分註腳而已」，且「道或不離於經，而亦豈限於經文」，此所謂「盡信書不如無書」。是以學問貴在見道，務須「聞弦歌而知雅意」，則「言外之意」、「弦外之音」庶幾可得耳。要之，由牟、蔡之言，當有助於瞭解熊氏立論之背景也。

　　我以為，真理是不遠於吾人的，決定不是從他人的語言文字下轉來

　轉去，可以得到真理的。所以，我只信賴我自己的熱誠與虛心，時

　時提防自己的私意和曲見等等來欺蔽了自己。而只求如陳白沙所謂

　「措心於無」，即是掃除一切執著與迷謬的知見，令此心廓然，無有

　些子沾滯。如此，乃可隨處體認真理。(《全集》三，頁 136)

案熊氏曰：「我只信賴我自己的熱誠與虛心」，實嫌主觀，易招批評；但亦如

所云：「真理是不遠於吾人的」，亦即訓詁考據固重要，然一味訓詁考據，只

在他人之語言文字下轉來轉去，於真理亦無份矣。故於訓詁考據外，尚應「措

心於無」，不為語言文字所限，「乃可隨處體認真理」。古往今來之中西大哲，

莫不以其主觀之意以體認真理，從而建構其思想體系，則熊氏「令此心廓然，

無有些子沾滯」，以體認真理，縱嫌主觀，又何咎乎？《新論(語體文本)》

續曰：

　　久之我所證會者，忽然覺得與孔門傳授之《大易》的意思，若甚相

　密契。……我之有得於孔學，也不是由讀書而得的，卻是自家體認

　所至，始覺得和他的書上所說，堪為印證。(《全集》三，頁 136)

此中不覺消息已露，熊氏之所以密契、有得於孔學，既非純由讀書而得，乃

自家「證會」、「體認」所致，則吾人實應求其說於書本之外、求其說於吾心

之中；《示要》卷一即曰：「學者求聖人之意，要當於文言之外，自下困功。

所謂為仁由己，與仁者先難而後獲是也。必真積力久，庶幾於道有悟，而遙

契聖心。否則只是讀書，畢竟不聞聖學」(《全集》三，頁 566)〔註17〕。故熊

〔註17〕《原儒·原內聖》亦曰：「余平生服膺孔子溫故知新之訓，常以為學窮今古，
　　　　而時覺古之所謂大道者，今猶不見其可易。今之所發見為新理者，初未嘗謀
　　　　之於古，然試以稽之於古，則又未嘗於古義絕無合處。若乃宇宙萬變，人類
　　　　之經驗日益豐富，學術日益精密，新理之發見日益廣博，其為古學所不及窺
　　　　者何限。然試尋其源，則古學往往有造端之功也。是故學窮古今，不獨可以
　　　　開拓胸次，免除悲今懷古，或尊今薄古等成見，而一因乎自然之演變，以體
　　　　察之。而尤幸者，通古今之變，乃見夫理之隨時地而異者，非理之至普遍者
　　　　也。若夫至普遍之理，則行之一時，行之萬世皆準，推之西海，推之東海
　　　　而無不合，是乃於萬變中見貞常也」「余平生之學，實事求是，而世莫之諒
　　　　也。吾學佛而有所不能同，則佛之徒群相詬也；吾學儒而與六國暨漢、宋群
　　　　儒有所不能同，則儒之徒鮮不怪也。吾以一葉之舟盪乎孤海，惟不悚不懟，
　　　　竭吾之才，上酬先聖而已」(《全集》六，頁 652～653、頁 667)，案此即可見
　　　　熊氏之信奉歸宗於孔子，且亦可見熊氏之學迥異於一般所謂之學術，故對其
　　　　學亦不能以一般學術而衡量之，蓋其乃藉由經典而賦予其新意，而此正合乎

氏以六經皆孔子創作，乃因其有契於六經，遂以孔子作為儒者理想原型之代表，而此寬泛視之可也。畢竟六經是否孔子所作，乃一回事，六經內容是否重要，又是一回事。此可相關而說，亦可分別而論。對於六經，熊氏非常重視，皆以經世濟民為終極目的。而各經不盡相同，重點亦異，熊氏則最重《易》、《春秋》、《周官》及〈禮運〉。蓋《易》為五經之原，最重天道，乃根本大典，為他經之理論基礎，熊氏以其最要，故冠「大」字於前，連稱《大易》。不僅五經，即使其他著作，亦難與《易》並論，《體用論》曰：「抗日戰前，張孟劬爾田嘗謂余曰：『世界上三大寶物：一、《易經》，二、《論語》，三、《老子》。望老熊作新注。』余曰：《論語》、《老子》未可與《易》匹也」（《全集》七，頁 142），可見熊氏對《大易》之重視，猶在《論語》、《老子》之上。《大易》特重內聖，而於開物成務之外王學，並亦觸及，雖未能詳論，但於其根本原理則標示分明。《春秋》則重人事，專明外王學，尤其三世義，最能表現經世濟民之意，故談及外王學，必以《春秋》為依準。但《春秋》於外王學雖能提綱挈領，然其具體施為則不甚顯，而《周官》及〈禮運〉所言禮樂制度及其所欲達致之最終境界，正可作為《春秋》外王學之具體內容。故熊氏特重此四經，加以融會貫通，而《大易》又最為根本，內聖外王皆基於此，是以尤讚嘆之。《示要》卷三曰：

> 吾平生之學，窮探大乘，而通之於《易》。……此《新唯識論》所以有作。而實根柢《大易》以出也。（《全集》三，頁 916）

《新論（刪定本）·贅語》亦曰：

> 余平生之學，頗涉諸宗，卒歸本《大易》，七十年來所悟、所見、所信、所守在茲。（《全集》六，頁 4）

熊氏此時年已六、七十，一句「實根柢《大易》」，一句「卒歸本《大易》」，即可見出其心志所在。而此後，《原儒》、《體用論》、《明心篇》及《乾坤衍》四部大著相繼而出，中心思想雖無改變，但其採用資料與論證方式則益見純熟圓融，尤其《乾坤衍》直就乾坤二卦以立言，更見其「所悟、所見、所信、所守在茲」之意。熊氏對《大易》之傾心，自始至終垂老不渝；但對之之體

孔子「溫故知新」之訓。若只「溫故知故」，則於生命、學問助益有限；而唯「溫故知新」，才能有所創造、進步，而此誠如熊氏所云：「今之所發見為新理者，初未嘗謀之於古，然試以稽之於古，則又未嘗於古義絕無合處」，此無他，蓋「至普遍之理，則行之一時，行之萬世而皆準」。熊氏即本此至理，溫故而能知新，一切皆實事求是，竭吾之才以上酬先聖。

認，則有其歷程階段。《新論（刪定本）‧壬辰刪定記》曰：「少年讀《易》，
只是記誦與訓詁等工夫，於理道全不相涉；至此始信明理見道，須自悟始得，
非由外鑠我也」（《全集》六，頁 13），案熊氏早年讀《易》，「只是記誦與訓詁
等工夫，於理道全不相涉」，此亦一般人為學所必經階段，蓋為法華轉也，故
而頗涉於諸宗之學，擺盪於儒佛之間；至晚年則「始信明理見道，須自悟始
得」，此則轉法華也，唯此境界，並非人人皆能達至，熊氏則自信於此深有所
得也。

　　熊氏既歸宗於《大易》，雖非對全《易》予以「新疏」、「廣傳」，然對乾
坤二卦，可謂三致意焉，時時加以疏解，如《示要》卷三「略說六經大義‧《易
經》」、《原儒‧原內聖》及《乾坤衍》皆論及之。而由對乾坤二卦之疏解中，
可見熊氏認為二卦之骨髓在兩〈彖傳〉，其與卦辭、爻辭、〈象傳〉及〈文言〉
等相較，最得孔子本旨，《乾坤衍》即以兩〈彖傳〉為主而加以疏解。《乾坤
衍》曰：

> 偽《周易》全部，唯乾坤二卦保留原經文義較多。而乾坤二卦中，
> 小儒改變處仍不少。唯乾卦〈彖辭〉、坤卦〈彖辭〉，可謂全存孔子
> 之本旨。今當依據兩〈彖傳〉〔〈彖辭〉，亦稱〈彖傳〉。〕……（《全
> 集》七，頁 496）
>
> 孔子內聖學之綱要，特詳於《大易》之乾坤二卦。而二卦中之骨髓，
> 又在兩〈彖傳〉。（《全集》七，頁 497）
>
> 乾坤兩〈彖辭〉，尚保存孔子《周易》綱要。〈繫辭〉、〈彖辭〉、〈文
> 言〉、〈易大傳〉，小儒雖廢原文而改造，而諸篇之中亦偶有聖言存留，
> 猶可辨識。（《全集》七，頁 499）〔註18〕

〔註18〕案卦辭、爻辭是經，〈象傳〉、〈彖傳〉及〈文言〉是傳，兩者有異。誠如朱子
　　　　《周易本義》於乾卦辭「元亨利貞」下曰：「元亨利貞，文王所繫之辭，以斷
　　　　一卦之吉凶，所謂彖辭者也」，故卦辭亦稱彖辭。而傳乃解經，亦如《周易本
　　　　義》於乾〈彖傳〉「乃統天」下曰：「彖，即文王所繫之辭；傳者，孔子所以
　　　　釋經之辭也」，蓋〈彖傳〉即在解卦辭，而以卦辭亦稱彖辭故，故稱〈彖傳〉。
　　　　是以彖辭與〈彖傳〉一經一傳，誠然有異。唯古人對此，未必嚴格區分，如
　　　　伊川《易傳》於乾〈彖傳〉「萬國咸寧」下曰：「卦下之辭為彖，夫子從而釋
　　　　之，通謂之彖」，實易令人以為兩者無異。熊氏即以「〈彖辭〉，亦稱〈彖傳〉」，
　　　　唯據文中脈絡觀之，其所謂〈彖辭〉，實即〈彖傳〉，而非亦稱「彖辭」之卦
　　　　辭，則可無疑。此從其稱〈彖傳〉為〈彖辭〉亦可證，蓋〈彖傳〉乃解爻辭，
　　　　而爻辭並不亦稱彖辭，可見〈彖辭〉亦即〈彖傳〉，是以「〈彖辭〉，亦稱〈彖
　　　　傳〉」。此熊氏之稱法，唯順之以言，方不致誤解。

案《周易》經、傳分明，經固然重要，然至〈十翼〉出，方將之提升至深具
人生哲理之境界，而成為一富含道德的形上學之思想典籍。而於各篇之中，
諸儒則互有畸重畸輕。如船山《周易內傳・發例》曰：「後儒談《易》之敝，……
不知三聖之精蘊非〈繫傳〉二篇不足以章著」、「《易》之精蘊，非〈繫傳〉不
闡」，是船山乃特重〈繫辭傳〉。又如焦循〈告先聖先師文〉載其四十五歲時，
昏絕七日而後復甦，「惟〈雜卦傳〉一篇，狠狠於心。既甦，默思此傳，實為
贊《易》至精至要之處」（《雕菰集》卷二十四），則其旁通、相錯、時行及比
例之說，蓋皆由〈雜卦〉參悟而得，是焦循乃特重〈雜卦〉。熊氏則最重乾坤
兩〈彖傳〉，至於其餘則須加以揀擇。其既認為孔子《周易》已遭後儒竄改，
實非原本，故書中常出現「偽《周易》」等字眼；餘經亦是如此。但幸虧竄改
之時，小儒不盡作偽，亦偶有聖言存留，藉以掩蓋劣跡。以《易》而論，則
「唯乾坤二卦保留原經文義較多」，而乾坤二卦，乃「孔子內聖學之綱要」所
在。然乾坤二卦，包含卦辭、爻辭、〈彖傳〉、〈象傳〉及〈文言〉，遭小儒改
變處仍不少，而唯兩〈彖傳〉全存孔子之本旨、《周易》之綱要，故「二卦中
之骨髓，又在兩〈彖傳〉」。《乾坤衍》又曰：

> 乾之〈彖傳〉曰：「大哉乾元，萬物資始。」坤之〈彖傳〉曰：「至
> 哉坤元，萬物資生。」此兩〈彖傳〉開端之辭也。今先略述漢《易》
> 之釋，以見古術數家《易》說之真面目。而後乃本余所體會於兩〈彖
> 傳〉之正義，斷定其為孔子《周易》綱要之僅存而未遽泯者。（《全
> 集》七，頁 513）

案乾坤兩〈彖傳〉開端之辭，自是含藏無量義，若無「乾元」、「坤元」，則萬
物何以「資始」、「資生」？然此乾元、坤元，實乃一元，並非二元，而之所
以云乾元、坤元，蓋宇宙實體有此乾、坤兩方面之勢用故也。對於此二勢用，
熊氏認為漢《易》家之解為陰陽二氣，猶是古術數家之《易》說，故對之加
以駁斥，並本其之所體會，而予疏解。故兩〈彖傳〉之綱要，即在開端之辭
此十六字中，而其核心所在，則「乾元」、「坤元」也。要之，熊氏認為《大
易》一經，以乾坤二卦為綱要，二卦之中，則以兩〈彖傳〉為骨髓，而兩〈彖
傳〉，又以「大哉乾元，萬物資始」、「至哉坤元，萬物資生」為精義之所在，
且此開端之辭十六字，實可歸結為「乾元」及「坤元」，此乾元及坤元，誠乃
《大易》之核心也。是以《乾坤衍》，無疑即是對乾元、坤元之推演開擴、引
伸觸類。而此亦非謂除乾元、坤元外，其餘皆不重要。質言之，乾元、坤元

乃其核心，推衍出去即是兩〈彖傳〉，亦是乾坤二卦，更是一部《大易》；而由《大易》一經歸納回來，其核心即乾元、坤元也。〔註19〕

〔註19〕或謂熊氏對《易緯》亦甚重視，甚且以「太易」即本體，何可不予探討？如《新論（文言文本）》即曰：「實體者，所謂太易未見氣也」（《全集》二，頁22），《新論（語體文本）》亦曰：「儒家哲學，稱一切物的本體，曰太易，是無形兆可見的」（《全集》三，頁41），《新論（刪定本）》亦曰：「氣始名太初者，宇宙本體，是名太易，太易非氣也，而其成用始有氣見，是物質資之以始，不尊之為太始可乎？」（《全集》六，頁105）《示要》卷三且曰：「初學讀《易》，且先治《易緯》。緯書當是商瞿後學之傳。不可與讖並論。《易》之原始思想，多存於緯。孔子大義，亦有可徵於緯者，彌足珍貴」（《全集》三，頁915），案熊氏認為應「先治《易緯》」，而所謂「太易」，亦即宇宙本體之謂，故對《易緯・乾鑿度》「易之三義」及「太易含三始之說」皆予疏解，《示要》卷三續曰：「詳此所云與孔子〈繫辭〉、〈象〉、〈彖〉、〈文言〉之旨，互相發明，可見緯書確為商瞿後學傳授。鄭玄既為之注，又依此義，以作〈易贊〉及〈易論〉。漢以來言《易》者皆宗之。六十四卦之宗要，蓋在乎此。夫緯以三義言本體，其一曰，易者，言其德也。其三云不易，即謂其德性恒常，而不可易耳。……其二云變易，則以本體備萬德，涵眾理，故顯為大用流行。現似萬物，變動不居，故謂之變易也。詳緯之三義，實以不易與變易二義，最為重要。由體成用，是不易而變易，即用識體，是於變易而見不易。……詳此言太易含三始，以說明《易經》之宇宙論。……此必夫子口義流傳，而商瞿後學記之也。鄭玄注《易》復注《易緯》，殆以其傳授有自歟？」（《全集》三，頁922～926）案以〈十翼〉乃孔子口義而商瞿所傳，蓋據《史記・仲尼弟子列傳》、〈儒林列傳〉及《漢書・儒林傳》以言，此猶較易為人所接受，但以《易緯》亦是孔子口義而商瞿所傳，此則應有更多證據予以證成方是，故熊說亦寬泛視之可也。熊氏並認為「太極亦名太易」、「太易、太極，皆為本體之名」、「太極〔亦名太易。〕本至誠無妄之理」、「〈繫辭傳〉指出《易》有太極，而《易緯》亦名之為太易，所以明其無對也」（《示要》卷三，《全集》三，頁919、頁927、頁928、頁929），此更見出其重視《易緯》之原因所在。「易之三義」，誠如所言：「漢以來言《易》者皆宗之。六十四卦之宗要，蓋在乎此」；至於「太易含三始之說」，諸儒則未必皆予認可。至《原儒・原內聖》（《全集》六，頁694～696、頁697～698），熊氏對三始說仍多稱讚，以其申明《大易》「坤作成物」之旨，此與《示要》見解一致；案「三始」之說，是否即在申明「坤作成物」之旨，姑先勿論，而此視為乃熊氏一家之言即可也。然更要者，即其對《示要》「太極亦名太易」、「皆為本體之名」，卻有不同看法。《原儒・原內聖》曰：「〈乾鑿度〉於三始之前有太易，其說曰『太易者，未見氣也。』據此所云，則是以太易為寂然虛無之本體。氣且未現，則形與質俱未現更不待言。如其說，則本體是超脫乎三始之外而獨在，明明與《周易》體用不二義大相違反，此乃六國或漢初儒生雜於道家言，或天帝之說者所增竄，決不可信為孔門之傳。太易本不見於〈易大傳〉，吾昔時曾妄信為太極之別名，今斷定其偽」（《全集》六，頁698～699），可見此時熊氏已不以太易為本體，與太極誠有不同，實非太極之別名。此後，《體用論》、《明心篇》及《乾坤衍》

　　由於熊氏對乾坤二卦探究多年，於兩〈彖傳〉有深入疏解，故對之特別了然，《乾坤衍》且曰：「乾坤兩〈彖〉，其思想體系弘大、深密。於六經中當為第一。乾〈彖〉至純粹，無一字不是孔子之真」（《全集》七，頁 655），案對乾坤兩〈彖傳〉極予推崇者，自是代不乏人；然能從中而見出其精意，則熊氏必是其中之佼佼者。而乾坤兩〈彖傳〉，且不論其作者為誰，即姑勿論其是否「無一字不是孔子之真」；若就內容而論，則「其思想體系弘大、深密」，洵無可疑。熊氏既以兩〈彖傳〉當為第一，故對其理論架構及義理規模，定有相當體認，《乾坤衍》曰：

> 乾〈彖〉分四段：「大哉乾元」，至「乃統天」，為首段。「雲行雨施」，至「六龍御天」，為第二段。「乾道變化」，至「乃利貞」，為第三段。「首出庶物」云云，為第四段。〈彖傳〉遂終結矣。前三段是內聖學，第四段是外王學。外王學所發明者，即社會政治根本問題，要在首出庶物，消滅統治而已。（《全集》七，頁 625）

> 坤卦〈彖傳〉約分四段：從「至哉坤元」至「乃順承天」，為第一段。「坤厚載物」至「品物咸亨」，為第二段。「牝馬地類，行地无疆」，為第三段。「柔順利貞」至「後順得常」，為第四段。坤〈彖〉至此結束。前三段皆言造化，第四段，結歸人生。（《全集》七，頁 654 ～655）〔註20〕

以乾〈彖〉而論，「前三段是內聖學，第四段是外王學」，所謂「內聖學」，蓋

等甚尠提及太易，不僅此也，而於三始說亦刊落殆盡，鮮再言及，可見熊氏於《易緯》已不再如前重視。蓋熊氏至此已確認孔子之道在《大易》，尤其乾坤二卦，而若再進一步推求，則兩〈彖傳〉尤為核心中之核心。且縱如其所言應「先治《易緯》」，而於《易》若已有基礎，則亦不須先治《易緯》，況最要者，縱使初學者須先治《易緯》，然其究乃入門之書，而最終道理所在，仍必求之於《易經》。故《易緯》之說，存而不論可也，而直就《易經》以論，方是正軌。

〔註20〕案《乾坤衍》續曰：「坤〈彖〉，惟結束處『西南得朋』云云，當是小儒增入。漢《易》於此處，用納甲解釋，則古術數之遺耳」（《全集》七，頁 655），對此，則存疑可也，蓋「西南得朋，東北喪朋」云云，仍然可言，不只漢《易》家以象數解釋之，而王弼、伊川、朱子，以至李光地，亦皆有所疏解，筆者〈朱熹《周易本義》發微——以乾坤二卦為示例的探討〉「三、坤卦示例——（一）東北喪朋」及〈李光地《周易折中》發微——以乾坤二卦為示例的探討〉「三、坤卦示例——東北喪朋」，即專論此義，請參閱。唯不論如何，「西南得朋」以下相較於其前之〈彖〉文，則屬次要，此無可疑；故熊氏對之置疑，則亦寬泛視之可也。

指本體論、宇宙論而言，而「外王學」，則指人生論而言。案朱子《周易本義》分別於第一、二、三段下曰：「此專以天道明乾義」，「此言聖人大明乾道之終始，則見卦之六位各以時成，而乘此六陽以行天道」，「此言乾道變化，无所不利，而萬物各得其性命以自全」，可見前三段暢論天道及宇宙萬物生成之故，乃就本體論、宇宙論，亦即就內聖學而言。又《周易本義》於第四段下曰：「萬國各得其所而咸寧，猶萬物之各正性命而保合太和也」，此言治平之道，誠就人生論、外王學而言。坤〈象〉亦然，「前三段皆言造化」，即言本體論、宇宙論，「第四段，結歸人生」，即言人生論，可謂內聖外王得而兼備，於宇宙造化與日用人生皆予闡釋說明。故乾坤兩〈象傳〉，實為最主要探討資料，而乾元、坤元，更是關鍵所在，故對此之論究，自格外重要。至於一切與此相關之論述，亦是討論之資料，毋庸贅言。

第四節　體用六義

綜觀以上論述，熊氏對於孔子六經，最重視者厥為《易經》，《乾坤衍》即是對乾坤兩〈象傳〉之疏解、推演。熊氏既對《大易》讚嘆有加，以其為五經之原，復又內聖外王兼備，而孔子經世濟民之微言大義，即皆含蘊於此經中。誠如《示要》卷三曰：「孔子之道，內聖外王。其說具在《易》、《春秋》二經。餘經皆此二經之羽翼。《易經》備明內聖之道，而外王賅焉」（《全集》三，頁 1015），《原儒・原儒再印記》亦曰：「《大易》之道，通內聖外王而一貫，廣大如天地無不覆載，變通如四時遷運無窮。大哉《易》乎！斯為義海」（《全集》六，頁309），熊氏即在《大易》此義海中探索多年，由只識記誦訓詁，於理道全不相涉，以至明理見道須得自悟，非由外鑠，進而再將此悟得之道，加以推演開擴。《乾坤衍・自序》曰：

> 吾書以《乾坤衍》名，何耶？昔者孔子托於伏羲氏六十四卦而作《周易》。嘗曰：「乾坤，其《易》之縕耶？」又曰：「乾坤，其《易》之門耶？」孔子自明其述作之本懷如此。可見《易》道在乾坤。學《易》者必通乾坤，而後《易經》全部可通也。衍者，推演開擴之謂。引伸而長之，觸類而通之，是為衍。余學《易》而識乾坤，用功在於衍也，故以名吾書。書，共二分。第一分，辨偽。第二分，廣義。（《全集》七，頁 333～334）

案乾坤乃六十四卦之首，乾坤通，則全《易》可通，「可見《易》道在乾坤」，不僅熊氏，歷代儒者亦莫不如是觀之。而就乾坤二卦，自有純粹客觀加以疏解者，更有藉疏解以發揮己之思想者。熊氏在《示要》卷三「略說六經大義·《易經》」，對乾坤二卦偏重在客觀疏解，間亦發揮己意，至《乾坤衍》則主要藉疏解兩〈彖傳〉而發揮己之思想。誠如其所言：「用功在於衍也」，此「衍」字，熊氏不僅作為書名，而其意即「推演開擴」、「引伸而長之，觸類而通之」，益見其乃在發揮己之思想。而「辨偽」部分，幾與「廣義」相埒，佔全書近一半篇幅，是亦不容忽視，可直視為熊氏之「辨偽學」；而其雖非訓詁考據專家，此亦其常遭致批評之處，然觀其舉證歷歷、論辯確鑿，絕非無根立說。對其舉證、論辯之對錯，吾人可有意見，但不應一概抹殺。即使訓詁考據專家，亦不能保證所言精確無誤。況熊氏所言，亦有合情合理處。其對於《易》之辨偽，自有其標準，即以古術數家之「信有天帝」與「擁護統治」兩大根本信念為依據。「信有天帝」從本體論、宇宙論而言，即在內聖方面，以為冥冥之中有天帝為之主宰，以事天為教，毫無個人道德意志可言。由此信有天帝之迷謬而來者，即以天帝形體乃太空穹窿至高之大圓，而充塞於天地之間者，即陰陽二氣也。「擁護統治」則從人生論而言，即外王方面，此蓋從前一根本信念而來。既已信有天帝，即以天帝為主宰，乃為事天之教，而於人生現實上，亦必以帝王為主宰，擁護君主統治，以為終生信仰。唯孔子於伏羲古《易》見得真確，據之以成《周易》，並對古術數家之兩大根本信念，予以捨棄，進而改造天帝觀念，廢除君主統治。故凡以信有天帝與擁護統治為根本信念者，即是以古術數家為宗，其與伏羲古《易》既已相異，而與孔子《周易》更大不同；然其影響，卻既深且遠，漢《易》家既完全承襲，而唐、宋、明、清諸《易》家亦皆如是，遂使孔子《周易》亦遭竄亂，故熊氏不得不予以辨正。且熊氏在揭穿、駁斥古術數家迷謬之同時，即提出孔子《周易》之理論基準何在，此亦其《易》學之「理論設準」。首先，古術數家之《易》信有天帝，此「信有天帝」，乃古術數家之兩大根本信念之一，即使伏羲古《易》亦不可免，古術數家即從而利用之。孔子《周易》則明白廢除天帝，揭示乾元，即於本體論上廢除天帝，以乾元取代天帝，乾元亦即宇宙實體，方可將天帝迷思消除殆盡，而體用之義才能彰顯無遺。其次，古術數家之《易》，言陰陽則云二氣，此乃根據信有天帝之迷謬而來，以乾為陽氣，坤為陰氣，而宇宙只成充塞於天地間之陰陽二氣而已。孔子《周易》則以乾為生命、心靈，

坤為物質、能力，乾坤乃兩大勢用，以取代陰陽為二氣之說。最後，古術數家為占卜而取象，頗有雜亂之失，已非伏羲本旨；孔子《周易》則改象為譬喻，即假象以顯此理，既可免古術數家取象雜亂之失，且又賦予象以新意，而為《易》注入新生命。如乾為天、為龍，本是古象，天者運行至健，龍者神變之物，孔子即假此象，而又賦予乾稱「健」、「大」、「正」、「仁」等譬喻而改造之，以此直表乾之德性，以明本體之流行不已。又熊氏認為孔子《周易》可歸納出若干「義例」，其要有三：一、「乾坤互含」，二、「乾初爻二義，坤初爻三例」，三、「諸卦上爻往往別明他事」，尤其「乾坤互含」之例，最是重要，乾既幹運乎坤，即乾卦中有坤象，此乾含坤也，而坤含載乎乾，即坤卦中有乾象，此坤含乾也，乾坤實同本於一元實體，不可剖作兩物。是以乾變坤化，一翕一闢，萬物稟乾以成性，稟坤以成形，遂開宇宙，顯現為繁然萬殊。熊氏翕闢成變而即用識體之「體用不二」論，實根基於此例而導出。故明乎「象」與「義例」，則於《周易》有所窺，而於孔子內聖外王之道必有所悟得。〔註21〕

　　至於「廣義」，熊氏所言極繁，亦可歸納要旨。此要旨，自《新論》以來，熊氏即經常提及，唯詳略互有不同。《新論（刪定本）》之〈贅語〉及〈附錄〉有多處言及（《全集》六，頁3～4、頁279、頁300～301），茲舉其一以概其餘：

　　　　《新論》要義有三：一、剋就法相而談，心物俱在。二、攝用歸體，
　　　　則一真絕待，物相本空，心相亦泯〔註22〕。三、即用顯體，則於本
　　　　心而識體，雖復談心未始遺物，然心御物故，即物從心融為一體，

〔註21〕　筆者將順此以言，先論熊氏對《易經》遭後儒竄改，已非原本，而對之加以辨偽之故，此即第二、三章《易》學辨正（上）、（下）；續論熊氏於辨偽之際，即提出《易經》原本觀念應為何義，而其思想理論亦據此以言，此即第四章〈理論設準〉。又以上之說，詳見第二、三、四各章。
〔註22〕　案熊氏此時言「攝用歸體」，在強調體之重要，絕非即否定用，故亦言「即用顯體」；至《體用論》（《全集》七，頁19）猶然，此字面上不自覺之承襲，究其實，其已完全肯定萬物真實，強調大用，頗有「攝體歸用」之意（《全集》七，頁94）；至《乾坤衍》（《全集》七，頁546～550），則以孔子《周易》乃「攝體歸用」，並非「攝用歸體」，而「攝用歸體」乃佛家之說，其終歸於不生不滅之死體，而忽略大用流行。故此處所言「攝用歸體」，與佛家之「攝用歸體」，當有所不同，應分別而觀，善予理解，方不致誤。又《原儒·原學統》（《全集》六，頁352、頁355）亦批評道家為「攝用歸體」，實與佛家無異。請參閱第五章〈體用不二〉第二節「『體』、『用』釋義」、第六章〈乾元性海〉第三節「肯定萬物有一元」及第七章〈大用流行〉第二節「肯定大用」相關部分。

　　豈有與心對峙之物耶？（《全集》六，頁 279）〔註23〕

案《新論》不論是援佛入儒，抑由佛返儒，或誠如《新論（語體文本）》曰：
「如謂吾為新的佛家，亦無所不可耳」（《全集》三，頁 203），然究其實，熊
氏乃一直站在儒家立場，以《大易》為中心，而予推演其義；唯不免與佛家
相攙雜，大量藉用唯識學之概念、命題等，甚至將唯識本義，轉換為其義下
之「唯識」義，因而引起佛教中人蜂起反對。尤其所言「攝用歸體」，更易引
起誤解。熊氏言此雖在說明體之重要，但既強調「即用顯體」，故重點在由用
上而得以識體，亦即「攝體歸用」之意，而非「攝用歸體」。且「攝用歸體」，
乃佛家之說，其既強調於體，則必忽略大用流行，最終則歸於不生不滅之死
體而已。熊氏至《體用論》雖猶言「攝用歸體」，但至《乾坤衍》則斷然言「攝
體歸用」，而貶斥「攝用歸體」。故熊氏之捨《新論》，大量刊落《新論》中深
受佛學影響之概念、命題，如八識、種子、熏習、三相、三性、轉識成智等，
而以《乾坤衍》為主，直出以《大易》乾元、乾闢、坤翕等，此些名詞，《新
論》中雖已有之，至此則皆保留，並予全面彰顯，更見其攝體歸用而即用識
體之「體用不二」義。要之，《新論》之表述方式雖見條理，而所表達者，只
闡明體用不二翕闢成變之體用哲學，於體用關係上，雖言「即用顯體」，頗有
精意，但言「攝用歸體」，又與佛家混淆；且其於六經系統之內聖外王經世濟
民之道，未多觸及，殊失《大易》「開物成務」之意，於聖人數往知來而為萬
世開太平之大道，未能十字展開。至《明心篇》曰：

　　余談至此，當將體用大義酌為提示，作一總結。一、實體是具有物
　　質、生命、心靈等複雜性，非單純性。二、實體不是靜止的，而是
　　變動不居的。三、功用者，即依實體的變動不居，現作萬行，而名
　　之為功用，所以說體用不二。四、實體本有物質、心靈等複雜性，
　　是其內部有兩性相反，所以起變動而成功用。功用有心靈、物質兩
　　方面，因實體有此兩性故也。五、功用的心、物兩方，一名為闢，
　　一名為翕。翕是化成物，不守其本體。闢是不化成物，保任其本體
　　的剛健、炤明、純粹諸德。一翕一闢，是功用的兩方面，心、物相
　　反甚明。六、翕闢雖相反，而心實統御乎物，遂能轉物而歸合一，

〔註23〕案《新論（語體文本）》「附錄」〈答問難〉（《全集》三，頁 499）已提及此意。
　　　　又〈略談新論要旨（答牟宗三）〉亦以七項要點暢談《新論》要旨（《十力語
　　　　要初續》，《全集》五，頁 8～16；又見「熊十力論文書札」，《全集》八，頁
　　　　356～366），請參閱。

－26－

故相反所以相成。（《全集》七，頁 166～167）

此蓋承前而來，而更見系統，且已不再以「《新論》要義」標目，而直出之以「體用大義」。第一、二兩點言體，而對其界定又更加詳。案《新論（刪定本）‧附錄》曰：「一、渾然全體流行，備萬理、含萬德、肇萬化，是謂本體」（《全集》六，頁 300），以其渾然整全而不可剖割，而就其德性而言，亦是純粹至精，故應為單純性；而至此《明心篇》則以「實體是具有物質、生命、心靈等複雜性」，且「是變動不居的」，故能起變動而成功用，至《乾坤衍》更是如此認定。是以論者或謂熊氏對本體之界定，前後期不一致，晚年有一大轉變。案此實似是而非，蓋本體渾然整全，備萬理、含萬德、肇萬化，既純粹至精，且又圓滿無缺而不可剖割，故謂之是單純性，此誠有其理；而之所以言本體具複雜性，即因其乃一活體，含無量可能性，而可大別為翕（即物質）、闢（即心靈）兩種勢用，是以翕闢相反相成而成變化，且《新論》實亦已有此意，《新論（刪定本）‧附錄》續曰：「二、本體流行，現似一翕一闢，反而成變」、「五、體備萬理，故有無量潛能；用乃唯有新新，都無故故」（《全集》六，頁 300、頁 301），其之所以「一翕一闢，反而成變」，即因「體備萬理，故有無量潛能」，則以本體具複雜性，亦甚合理也。是以謂本體是單純性，固無不可，乃就其純粹至極之德性而言；而謂其具複雜性，亦甚合理，乃就其內部含藏無量潛能而言。故《明心篇》、《乾坤衍》所言，並不違背《新論》之說，且是繼之之進一步發展。第四、五、六三點言用，而對其界定亦更加詳，以「功用有心靈、物質兩方面」，即「一名為闢，一名為翕」，所謂「翕闢成變」也，而「翕闢雖相反，而心實統御乎物」，是為「乾統坤承」也；至於第三點則着重言體用關係，而其他各點在對體、用作界說時，亦同時對此有所說明，即「體用不二」是也。然此雖較《新論》為詳，實與之無異，其表述雖見條理，卻未臻完善，且着重體用哲學以言，雖於體用不二翕闢成變之說詳予分疏，但未能擴及六經系統之經學體系，故於內聖外王經世濟民之道，所言甚尠。總之，《新論（刪定本）》及《明心篇》所言，或詳或略，但中心思想則一以貫之；而熊氏對其所提出之理論，亦相當自信，以為可免古今中外諸哲人言體用之失。雖然，但仍偏言體用思想，特詳內聖，於外王則闕如，而理論系統之表述，亦可再加強。至《乾坤衍》，則內聖外王兼備，而其表述，條理極其分明：

余所以不憚反覆其辭者，約有六義：一、體用不二，易言之，即是

實體與現象不可離之為兩界。二、一元實體之內部含藏複雜性，非單獨一性可成變動。三、肯定萬物有一元，但一元即是萬物自身本有之內在根源，不可將一元推出於萬物以外去。宗教家之上帝超越于萬物之上，而別為一世界以統萬物。哲學家建立實體，以說明萬物所由始者，其持論或雜于神道，則其過失亦同于宗教。孔子《周易》，攝一元以歸藏于萬物，於是萬物皆為造化主公，萬物皆有自生自育之力，皆有創造一切之威權。四、宇宙萬有，從無始以趨於無盡之未來，是為發展不已的全體。哲學方法，當以綜觀大全為主，而分析之術可以兼用。西學唯心、唯物之分，是剖割宇宙，逞臆取捨，不應事理。五、乾坤之實體是一，而其性互異，遂判為兩方面。乾坤兩性之異，乃其實體內部之矛盾也。乾主動開坤，坤承乾起化，辛乃化除矛盾，而歸合一。宇宙大變化，固原于實體之內部有矛盾，要歸於保合太和，乃利貞。此人道所取則也。六、孔子之外王學。自孔子在世，其弟子之頑固者，猶篤守古帝王之小康禮教，而反對革命，反對大道。及六國時，諸小儒揚復古之燄，秦人以西戎凶悍之習，併吞之勢已成，大道之行遂絕望矣。孔子於乾坤二卦，創明廢絕君主，首出庶物，以「群龍無首」建皇極。《春秋經》與二《禮》同出於《易》。(《全集》七，頁 592～595)

案從《新論（刪定本）》及《明心篇》，以至此《乾坤衍》所言，而「體用六義」始告確定成立；且熊氏純從《大易》立言，並遍及於諸經，而盡刊落佛學內容。首先，熊氏開宗明義標出「體用不二」宗旨，相較於《新論（刪定本）》及《明心篇》，自是更加醒目。熊氏認為本體與現象若可析而為二，則本體若非立乎現象之上，即是隱於現象背後而為眾甫，則本體與現象隔為二層，互不相干；故體用不妨分別而說，畢竟則不可以破析為二，本體即現象，現象即本體，是以謂之「體用不二」。而於本體無可多說，唯於現象上見其變化，本體即因之以顯，此由用上以顯體，故又說為「即用識體」。而此二說，實唯一義，而「體用不二」尤為特出，實乃根本義，此義若能明瞭，則「即用識體」亦不言而喻。至於佛、道及西洋哲學蓋皆以本體現象斷為兩橛，甚至大部分儒者亦皆不免有此失，此則為熊氏所極呵斥。其次，此下各點，則為論辯。第二點、第三點乃對本體加以分疏，此可謂熊氏之本體論。熊氏於第二點言「一元實體之內部含藏複雜性」，即「本體含藏複雜性」，乃乾坤第

一根本原理，而此本體乃一活體，如此方可起變動、成功用，此「由體起用」、「由體成用」、「原體顯用」也。若本體是單純一性，則成一死體，何能由體起用乎？是以「本體含藏複雜性」，乾元乃是存有的根源，乃吾人本具固有而生生不息健動無已之本體，含藏乾坤兩大勢用，故能「由體起用」，即存有而即活動，以成為一活生生的實存而有。第三點言「肯定萬物有一元」，即從用的方面，再對本體加以肯定，此即「用必有體」，乃乾坤第二根本原理。然此用必有體，乃謂體即是用，用即是體，亦即「體用可分，而實不可分」。之所以言「體用可分」，乃因表述時必有邏輯上之先後故，至其實際，則「實不可分」，故「一元即是萬物自身本有之內在根源，不可將一元推出於萬物以外去」，萬勿以體用為二也。熊氏既從以上二義，即乾坤第一根本原理「本體含藏複雜性」與第二根本原理「肯定萬物有一元」，以說明分疏乾元性海，所謂「由體起用」，而「用必有體」，是以體即是用，用即是體，即「體用不二」是也。此乃強調本體之作用義，蓋乾元開顯，存有必然地要開顯其自己，而通極於道，成為一活生生的實存而有。故熊氏認為孔子不肯建元而以元統萬物，乃獨以元攝歸萬物而以萬物統元，即以萬物為主，直捷肯定萬物，既可不遺萬物，且肯定萬物有一元，即於外王中成就內聖，於內聖中亦已含外王，內聖外王既皆兼備，而本體、萬物俱予肯定，而此世界才是一活生生的實存而有之生活世界。而此推至其極，熊氏認為即中學於本體論中特點所在之「天人不二」義。天即人，人即天，即人即天，即天即人，天道就表現於人道上，若無人道，亦無由展露天道，蓋天人非可遠離，乃相因相成，其雖有分，畢竟則不二，而此義既絕無宗教迷情，亦絕無形而上學家戲論。而既不可離開人道以言天道，蓋離開人道即無天道可言，亦不可離開天道以言人道，蓋離開天道亦無人道可言，故唯稟天道以善盡人道，盡人道以完成天道，則於天人兩不虧欠，而此乃內聖學之根柢。復次，第四點、第五點則着重於用上言，此可謂熊氏之宇宙論。熊氏於第四點言「宇宙萬有，從無始以趨於無盡之未來，是為發展不已的全體」，即含「肯定現象真實」之意。此「肯定現象真實」與「宇宙萬有為發展不已的全體」，即是在肯定大用，實為闡明大用之兩原則，此「肯定大用」，乃乾坤第三根本原理。由「肯定現象真實」，故而「攝體歸用」，不僅承認本體，且更強調大用，以之皆為真實，亦即體、用皆是真實無疑，既正視人生，復肯定宇宙；而非如佛家之「攝用歸體」，只承認本體，而否認大用，以之為虛幻，而終歸於反人生、毀宇宙。至於「宇宙萬有為發展

不已的全體」，乃依「無不能生有」、「變不孤起」及「本隱之顯」等等法則，是以發展不已，而宇宙萬有才能千變萬化，方有萬物萬事之發生，物界亦得以發展成立，而此正可明「肯定大用」之真實無疑。第五點言「乾坤之實體是一，而其性互異，遂判為兩方面」，即「用分翕闢」，乃乾坤第四根本原理。此又可細究之：「乾坤兩性之異，乃其實體內部之矛盾」，兩性互異，相反相成，即「翕闢成變」，乃其根本原則；而「乾主動開坤，坤承乾起化」，即「乾統坤承」，則其最大原則。蓋大用流行，用分翕闢，即因「翕闢成變」、「乾統坤承」，故乾主動以開坤，坤則承乾而起化，而其變化則非常迅速莫測，剎那剎那生滅滅生，無有暫停。《大易》特重生生不息，是以滅滅不住，故故不留，而正所以生生不已，新新而起，故而造化之機生生不息，宇宙萬有亦得以繁然萬殊。熊氏既從以上二義，即乾坤第三根本原理「肯定大用」與第四根本原理「用分翕闢」，以說明分疏大用流行，所謂「體必成用」，而「即用識體」，是以體即是用，用即是體，即「體用不二」是也。而此推至其極，熊氏認為即中學於宇宙論中特點所在之「心物不二」義。蓋心物乃乾元本體之兩大勢用，其雖有別，而實不二，相因相成，缺一不可，心若無物以作為依據，則心無法顯現，物若無心以作為主宰，則物亦無法運作，亦即乾神非坤物則不顯，坤物非乾神亦不成，乾坤實是互相包含、互相遍入，乾神入坤質無弗遍包，坤質藏乾神無有獨化，乾卦中有坤象，此乾不可無坤，坤卦中有乾象，此坤不可無乾，乾坤既不可相無，即心物不可互缺其一。最後，以上各點所言，重在內聖，第六點則針對外王而發，此可謂熊氏之人生論。蓋由內聖而開出外王，本體論、宇宙論亦必落實於人生論。熊氏認為孔子早年乃小康之學，猶守古帝王之禮教，至晚年則創建大道學派，倡言革命，《大易》即最根本要典，備明內聖之道，而亦賅及外王，誠如其所言：「孔子於乾坤二卦，創明廢絕君主，首出庶物，以『群龍無首』建皇極」，此其經世濟民之最終目標。至其具體實施內容，則「《春秋經》與二《禮》同出於《易》」，即在《春秋》、《周官》及〈禮運〉也。《春秋》備明外王之道，而內聖賅焉，所言張三世，旨在「創明廢絕君主」；《周官》乃《春秋》撥亂之制，領導作動民眾，論其制度，則依於均與聯兩大原理，故能「首出庶物」；〈禮運〉倡明天下為公，歸本天下一家，其所欲達至之境界，即《大易》「以『群龍無首』建皇極」。案熊氏在《新論》言「體用不二」，雖極強調「即用識體」，肯定大用，承認萬物真實，但仍偏重內聖方面，只凸顯吾人具縱貫的創生義之道德主體性，

而於外王方面，如何實行民主、發展科學等，則頗為闕如。是以至晚年幾部大著，即落實於政治、社會等人生論上，向著以經世濟民為終極目標之經學系統前進，冀由內聖開出外王，而由外王以成就內聖，以成一兼含內聖外王而能經世致用之「體用不二」之學。蓋空有內聖，必成一孤絕之本體，而其所默契之道妙，只成一夐然無待之天道而已，故只能獨善其身，於世道人心助益有限；而唯真開出外王事業，由外王以顯此內聖工夫，如此兼善天下，內聖即外王，外王即內聖，兩者本自一貫，而予一起成就。且在此時代，更須由傳統只言由內聖而外王，即「內聖——外王」，強調個人之心性修養，轉而為由外王而內聖，即「外王——內聖」，致力於國家發展、社會正義等，亦即心性修養之內聖工夫，固然重要，而開務成物之外王事功，更加不容忽視，所謂內聖與外王亦不二，此方是真正之「體用不二」也！〔註24〕

第五節　結語

經由以上各節之探討，可見對熊氏思想之研究，應由《新論》轉至《乾坤衍》，才能得見其真面目。或以熊氏所有著作，皆言「體用不二」，《乾坤衍》亦不過新瓶裝舊酒，且又迭遭批評，何可取《新論》而代之？是又不然。蓋早年講過之語，晚年即使再講，已因時空有異，閱歷不同，而智慧更見增長，則其意義實已不可同日而語，故不可因已講過而予忽略。猶似早年讀《易》，自有一番了解，晚年再讀，可能更有不同體認，此皆同一本書，但卻可有不同體會。是以一個觀念、一種思想，因理解不同，體證有異，則其所賦予之意義，亦可因之推陳出新，此如中國文化，無非是孔子之仁、孟子之義，歷

〔註24〕筆者將順此以言，第五章〈體用不二〉，對「體用不二」此一根本義，即「實體與現象不可離之為兩界」，予以闡釋；並論及熊氏反對佛、道、西洋哲學本體之說。第六章〈乾元性海〉，言熊氏之本體論，以探究其「本體含藏複雜性」與「肯定萬物有一元」之說，及中學於本體論中之特點「天人不二」義。第七章〈大用流行〉，言熊氏之宇宙論，以探究其「肯定大用」與「用分翕闢」之說，及中學於宇宙論中之特點「心物不二」義。第八章〈《易》外王學〉，言熊氏之人生論，則闡明其由內聖而開出外王，本體論、宇宙論亦必落實於人生論之說。又以上之說，詳見第五、六、七、八各章。又誠如〈為諸生授新唯識論開講詞〉曰：「《新論》直將本體論、宇宙論、人生論融成一片」、「《新論》……庶幾本體論、宇宙論、人生論融成一片」（《摧惑顯宗記·附錄》，《全集》五，頁539、頁543），案《新論》已是如此，以本體論、宇宙論及人生論為其核心，至《乾坤衍》更是如此，自不待言。

代儒者講來講去，亦不可能違背孔、孟之教，然因其理解不同，表述有異，亦往往賦予其新意。熊氏《新論》所言是「體用不二」，至《乾坤衍》所言仍是「體用不二」，表面看似相同，其實已有相當轉變，而由以上分析，可見熊氏至《乾坤衍》，其中心思想益加圓融，表述方式更見條理。有宗旨、有論辯；內聖、外王兼而賅之；本體論、宇宙論及人生論並予闡明。是以探究熊氏思想之理論系統，必亦順此以言，方是最佳途徑。

誠然，《新論》有其不可磨滅之經典地位，「體用不二」亦由此而出，但其所引發之儒佛之爭，以及熊氏本身對其之揚棄，在在顯示應對《新論》重新評估。而晚年著作，《原儒》、《體用論》、《明心篇》及《乾坤衍》，雖仍發揮《新論》「體用不二」此一根本義，但已大量刊落佛學內容，《乾坤衍》更無資於此，純由乾坤兩〈象傳〉以言，可見不由佛家轉手，仍可言「體用不二」。且熊氏自言：「此為余之衰年定論」，其言如此明晰，則何可視而不見？故言熊氏思想之晚年定論，甚至其一生思想之最後定論，自當以《乾坤衍》為準，方可如理相應。

是以應即以《乾坤衍》為探討之核心，以其所提出之「體用六義」為架構，舖敘推衍，分疏闡釋，以說明熊氏之「體用不二」論。熊氏之言，既如此坦白，則又可不為之衍而又衍，加以推闡乎？當然，《原儒》、《體用論》及《明心篇》亦是重要參考資料，以至於《新論》及其餘著作，要皆不容忽視。故雖以熊氏思想之晚年定論為探討核心，而實已包含其一生之思想，如此則不僅瞭然其思想之遞進，而於其最後定論亦可清楚衡定，而無誤差過失矣！

第二章 《易》學辨正(上)

第一節 前言

　　熊氏雖非以考據訓詁名，然此亦非謂其於此道即無所能焉。其考證精確
與否，自可予以評判，但所言若頗詳實，則亦不容忽視。且《乾坤衍》中，〈辨
偽〉部分幾佔一半篇幅，與〈廣義〉相埒，即可見其對考證辨偽之重視。《乾
坤衍》曰：

> 余惟六經以《易》為本，故欲通群經者，不可不通《易》。而欲通《易》
> 者，又不可不通群經。六經發明內聖、外王之道，本來一貫，宜觀
> 其會通也。然則辨《易》之偽，何可不總論六經而辨其偽乎！(《全
> 集》七，頁447)

熊氏認為六經皆遭後儒竄亂，實非原本，故須披沙揀金，先以辨偽，而後真
義方可明也。六經發明內聖外王之道，所言皆經世濟民之義，本自一貫，宜
會通觀之。而《易》為五經之原，「欲通群經者，不可不通《易》」，蓋源不明
則流不清；五經則皆羽翼《易經》，「欲通《易》者，又不可不通群經」，蓋非
通諸經則不能通一經也。是以一經有偽，餘經亦受波及，故辨《易》之偽，
亦須總論六經以辨其偽。此亦可見熊氏於六經皆有涉及，而予融會貫通，非
如只專一經者之見樹不見林也。誠然，熊氏乃總論六經以辨《易》之偽，雖
旁及五經，但畢竟以《易》為主，而於《易》若不多予辨正，則何可就《易》

以「廣義」乎？故於《易》之辨偽，洵最多矣。〔註1〕

〔註1〕 案熊氏對《春秋》等五經之辨偽亦甚多，而以下所引最可概括，《乾坤衍》曰：
「《詩》三百篇，孔子既刪定之，必作傳以發其旨。三百篇及《詩傳》，皆孔
子之《詩經》也。惜乎《詩傳》全亡。《書經》出於孔壁者，漢武帝遣使者取
之，竟藏於秘室，不許流通，遂至毀滅。此經必是破斥帝王制度。否則武帝
何故毀之乎？……皮錫瑞獨以伏生所傳授者為真。殊不知伏生本秦之博士。
秦之君，累世專橫蠻野。六國儒生猶叛孔子晚年之六經，而專宗小康禮教。
況蠻野之秦，其博士有能守孔子之《書經》，而不遵小康之教者乎？余敢斷言，
秦博士之徒，必皆是小康派，其所傳之《書經》，決不是孔子真本。其為小康
奴儒改竄之偽書，無疑也。自秦漢至今二千餘年，《書經》無一部不偽。由此
可推見，孔子之《書經》必是主張消滅統治。否則武帝既遣使取孔壁之書，
何故又令其毀於秘室？……《樂經》主和，其本在仁。揚太和之聲，暢生人
之性。漢初已不傳。六國亂亡，秦人昏暴。《樂經》散失，當在秦火以前。《周
官經》與《禮記》所存說樂之文，皆不足以當《樂經》也。外王之道，創發
於《易》，盛張於《春秋》。司馬遷記其所聞於董生曰：『《春秋》貶天子，退
諸侯，討大夫。』據此，則《春秋經》主張領導革命，消滅統治，以蘄進乎
天下一家之盛。董生受《春秋》於公羊壽，公羊壽之先世公羊高親受《春秋》
於子夏。而其子以下，世相傳，至壽已五世矣。董生從公羊壽得悉孔子《春
秋》之真實底蘊，蓋與馬遷私言之。而董生自己著《春秋繁露》一書，則確
是小康派之頑陋思想，完全背叛孔子《大易》、《春秋》諸經本旨。公羊壽當
漢景帝之世，與其弟子胡毋生，合作《春秋傳》。壽與胡毋不謂傳由己作，祇
是子夏所親受於孔子之口說，傳於其高祖。高祖以下世世相承，爰及己身，
乃以世傳孔子口說，著於竹帛。……其實，公羊壽完全背叛其先人所傳孔子
《春秋》經傳，而甘心改從小康之曲學。托於圖讖，詭稱孔子作《春秋》是
為漢制法，以擁護皇帝，穩固統治階層為主旨」（《全集》七，頁338～339），
據上，熊說亦頗詳明，如言：「三百篇及《詩傳》，皆孔子之《詩經》」，則顯
成問題，蓋孔子是否刪《詩》，已眾說紛紜，何況「必作傳以發其旨」而成之
《詩傳》，更啟人疑寶。然此非謂熊氏即錯，畢竟孔子以《詩》、《書》等教弟
子，乃不爭事實，而「刪《詩》、《書》，訂《禮》、《樂》」，亦明文記載，而「不
學《詩》，無以言」、「不學《禮》，無以立」，「《詩》可以興，可以觀，可以羣，
可以怨」、「人而不為〈周南〉、〈召南〉，其猶正牆面而立也與」，可見孔子於
五經甚有關係，故有口義流傳，即有《詩傳》之作，則甚可能；餘經亦然。
是以此視為熊氏一家之言，知其立論所在即可。又除《大易》外，熊氏最重
視《春秋》、《周官》及〈禮運〉，關於此三經之辨偽，詳見第八章《易》外
王學）。又案胡毋生之「毋」，或亦作「母」，此蓋形近而訛，而手民誤植要亦
不能免焉；如《漢書·藝文志》所載，秦太史令「胡毋敬」作《博學》七章，
即有作「胡母敬」者。然陸師成編《辭彙》「胡毋」條下則注「胡母」之音（頁
699），則以「胡母」為是。案熊氏著作原先版本皆作「母」，《全集》則作「毋」，
是亦應注意者。《史記·儒林列傳》曰：「言《春秋》於齊魯自胡毋生」、「胡
毋生，齊人也」、「齊之言《春秋》者多受胡毋生」，司馬貞《索隱》曰：「毋
音無。胡毋，姓。字子都」，故應為「胡毋」，非「胡母」，至於「生」字則未
解說。據應劭《風俗通義·姓氏》曰：「胡毋氏，本陳胡公之後也，公子完奔

　　熊氏既總論六經以辨《易》，而其辨《易》之偽，亦有條理可窺。誠如《原儒‧原儒序》曰：

〈原學統篇〉約分三段：一、上推孔子所承乎泰古以來聖明之緒而集大成，開內聖外王一貫之鴻宗。二、論定晚周諸子百家以逮宋、明諸師與佛氏之旨歸，而折中於至聖。三、審定六經真偽。悉舉西漢以來二千餘年間，家法之墨守，今古文之聚訟，漢、宋之囂爭，一概屏除弗顧。獨從漢人所傳來之六經，窮治其竄亂，嚴覈其流變，求復孔子真面目。而儒學之統始定。（《全集》六，頁311）

《原儒》共分〈緒言〉、〈原學統〉、〈原外王〉及〈原內聖〉四篇。〈緒言〉且不論，熊氏於〈原外王〉及〈原內聖〉之前，先以〈原學統〉，蓋學統不原，則內聖外王不可原也。所謂〈原學統〉，即辨偽也，乃對儒聖學統加以推原而予斟定，何者存真，何者已偽。熊氏對學統之「原」，是否客觀正確，姑勿論〔註2〕；然所言順序，誠頗有理。首先，「上推孔子所承乎泰古以來聖明之緒而集大成，開內聖外王一貫之鴻宗」，此「溯源」也；其次，「論定晚周諸子百家以逮宋、明諸師與佛氏之旨歸，而折中於至聖」，此「宗孔」也；最後，

齊，齊宣王母弟，別封毋鄉，遠本胡公，近取毋邑，故曰胡毋氏也」，何承天《姓苑》、陳士元《姓觿》（卷之二）及廖用賢《尚友錄》（卷之二十二）等皆採之以言；籍秀琴《中國姓氏源流史》於此說外，又載另一說：「戰國時齊宣王母弟，胡公的後人取毋姓女為妻，所生子女以父母的姓氏並稱為氏，就成為胡毋氏了」（頁306）。東漢時，據《後漢書》之〈孝獻帝紀〉、〈蔡邕列傳〉及〈袁紹劉表列傳〉等載有「胡毋班」其人。而至魏晉時，據《晉書》、《世說新語》所載更有「胡毋輔之」、「胡毋謙之」等數人；楊家駱編《晉書人名索隱》（頁699），楊勇《世說新語校箋（修訂本）》、余嘉錫《世說新語箋疏》及徐震堮《世說新語校箋》等皆作「胡毋」。吳大澂輯、胡琦峻增補《續百家姓印譜》第166姓即「胡毋」，下有「胡毋通印」等二印（頁67、頁108），朱則奎編《姓氏簡介》亦有「胡毋」之姓（頁285）。至於胡毋生之「生」，則非其名，因與其字「子都」無關，而應乃「先生」之意，此猶董仲舒之稱為董生；至於其名，則未曉也。筆者《熊十力春秋外王學研究》皆作「胡母」，其時《全集》尚未出，據原先版本故；此則作「胡毋」，據《全集》也。又徐復觀《兩漢思想史》卷二曰：「胡毋，或書作母者誤。胡毋生之『生』，乃『先生』之生，非名毋生。他是姓胡名毋字子都」（頁431註21），案徐說前半大抵甚是，但最後一句「他是姓胡名毋字子都」，則有待商榷。其或以董仲舒亦稱作董生，故以胡毋生之生乃先生之意，而非其名，此無可疑；但卻以胡毋乃其姓與名，即「姓胡名毋」，然「毋」字作為動詞或副詞，乃「無」、「沒有」或「不要」、「不可」之意，作為名詞，亦為姓氏之一，皆與字「子都」無關。故徐說實不可取。

〔註2〕　請參閱筆者《熊十力春秋外王學研究》（頁3～4）。

「獨從漢人所傳來之六經，窮治其竄亂，嚴覈其流變，求復孔子真面目」，此
「辨流」也。熊氏之辨《易》，蓋亦如此。本章及下章將順此以言，第二節「溯
源」，言熊氏推原孔子《周易》乃根源於伏羲八卦之故；第三節「宗孔」，言
熊氏推尊孔子《周易》實為一切學問統宗之故；第四節「辨流」，言熊氏評述
歷代儒者誤解孔子《周易》之故。〔註3〕

第二節　溯源

　　在溯源方面，熊氏認為六經雖皆孔子制作，但亦有所憑藉，而予創新發
明，故欲辨偽，即須「上推孔子所承乎泰古以來聖明之緒而集大成，開內聖
外王一貫之鴻宗」。《乾坤衍》曰：

> 上考孔子之學，其大變，蓋有早晚二期。而六經作於晚年，是其定
> 論。早年思想，脩明古聖王遺教而光大之，所謂小康禮教是也。晚
> 年思想，則自五十歲讀伏羲氏之《易》，神解煥發，其思想界起根本
> 變化。（《全集》七，頁335）

> 上來總論孔子之學，有早年、晚年二期不同。早年習古帝王之禮，
> 有曰：「周監于二代，郁郁乎文哉！吾從周。」又曰：「述而不作，
> 信而好古。」此蓋其少年時研古學之興趣甚濃厚，故有向往三代之
> 深情也。……五十學《易》，則其新思想已成熟。《史記》稱「孔子
> 讀《易》，韋編三絕」。蓋孔子未讀《易》以前，其思想早與伏羲八
> 卦之義旨有相遙契，故乍讀之，即玩索而不能捨也。（《全集》七，
> 頁445～446）

案熊氏認為孔子一生思想甚有變化，即「有早年、晚年二期不同」。早年則習
古帝王之禮，脩明古聖王遺教而光大之，所謂「吾從周」，此「小康學派」是

〔註3〕　案後人對熊氏《易》學之研究，仍不多也，計有王汝華《熊十力易學思想之
研究》、莊永清《熊十力平章漢宋研究：以《易》為例》、唐文權〈《乾坤衍》
探微〉（收入《玄圃論學集──熊十力生平與學術》）、唐明邦〈熊十力先生《易》
學思想管窺──讀《乾坤衍》〉、顏炳罡〈熊十力易學思想探微〉、李煥明〈熊
十力先生的易學〉、孫劍秋〈融佛入儒──論熊十力的易學成就〉、黃黎星〈熊
十力《易》學思想評述〉、高瑞泉〈易理詮釋與哲學創造：以熊十力為例〉、
鄭炳碩〈熊十力之《周易》新詮釋與儒學復興〉、楊自平〈熊十力體用不二之
《易》外王思想〉、任俊華〈熊十力的新易學〉、鄧秀梅〈論熊十力先生的易
學思想〉及廖崇斐〈熊十力《讀經示要》易學思想之方法論省察〉等。

也；誠如《乾坤衍》曰：「小康者，以禮義為綱紀，正上下之分，別尊卑之等。貴賤有不可踰之階。居上層者世守其位。天子以天下為私有、諸侯以國為私有、大夫以邑為私有，是謂三層統治。大多數庶民勞力生產，供奉其上。居上者取之有制，毋更苛虐。庶民聊可自給，得以粗安，是謂小康」（《全集》七，頁 335），即小康學派乃以保守君主制度，擁護統治階層為極則。至於晚年思想，則自五十歲讀伏羲之《易》，其新思想已成熟，以是神解煥發，一掃早年小康禮教之說，而於思想上起大變動，即從此時以迄於卒時，專致力於創明大道，啟導下民革命，此「大道學派」是也。熊氏並認為〈禮運〉中，「大同」雖與「小康」並言，但卻不宜稱為「大同學派」，誠如《乾坤衍》曰：「大同一詞，不足以稱孔子之學，應正其名曰大道」、「大同一詞，不過表示《春秋》太平世，天下一家之盛象。而所以達到天下一家的無窮義蘊，則非大同一詞所能含攝也。故應遵用〈禮運經〉大道之文」（《全集》七，頁 350、頁 392），即大道可含攝大同，大同則不能含攝大道，蓋其乃大道學派所欲達至之最終境界而已。是以孔子思想可分為早年「小康學派」與晚年「大道學派」，早晚二期則以五十學《易》為界，而六經實作於晚年，自應以大道學派為其思想之最後定論。且其思想之所以起大變化，神解煥發，即因五十之年讀伏羲之《易》，得以擺脫古帝王小康禮教之階級思想，廢除天子、諸侯及大夫等三層統治，而創作《周易》，立下內聖外王兼備之弘規，故伏羲之《易》，實孔子思想之根源。《乾坤衍》曰：

> 伏羲之《易》即八卦是也。但八卦是六十四卦之總稱，非謂伏羲祇
> 畫八卦也。漢人言文王重六爻。蓋小康之儒以擁護君統之邪說，竄
> 亂孔子之《周易》。欲假托文王以抑孔子耳。（《全集》七，頁 335）

案《易》之作者問題，眾說紛紜，孔穎達《周易正義·序》論之甚詳；而伏羲畫卦、重卦，文王作卦辭，周公作爻辭，孔子作〈十翼〉，乃最通行之說。然〈十翼〉非孔子作，自歐陽脩《易童子問》疑之，而葉國良《宋人疑經改經考》且曰：「然前於歐公，王昭素、范諤昌已疑十翼非皆孔子作」（頁 3～4），至近代顧頡剛編《古史辨》第三冊上編相關諸作亦多辨其非，可無論矣。卦、爻辭是否為文王、周公所繫，懷疑者亦多，姑亦勿論。至於畫卦、重卦問題，以伏羲畫八卦，此蓋無疑，而八卦重為六十四卦，即重卦問題，或以伏羲畫八卦，即自重為六十四，或以伏羲只畫八卦，六十四重卦則出於文王。據《周

禮》太卜有三《易》，即夏《連山》、殷《歸藏》及周《周易》，前二者雖佚，但三《易》經卦皆八，別卦皆六十四，可證《易》與《連山》、《歸藏》於周前已有六十四卦，是以伏羲重卦為較可能；顧炎武《日知錄》卷一「重卦不始文王」即曰：「考之左傳襄公九年，穆姜遷于東宮。筮之遇艮之隨。姜曰是于周易。曰隨元亨利貞，无咎。獨言是于周易，則知夏商皆有此卦，而重八卦為六十四者，不始于文王矣」，故文王重卦之說，有待商榷，而熊氏言：「八卦是六十四卦之總稱，非謂伏羲祇畫八卦」，洵亦有理，《原儒·原內聖》即曰：「殊不知八卦因而重之，乃自然之序，自出伏羲一手，何待文王附加之乎？」（《全集》六，頁 613）王瓊珊《易學通論》亦多方論證，而曰：「夫以伏羲之聖，既能自作八卦，何難因而重之，而必俟乎後聖邪？愚故曰，重卦之人舍伏羲莫屬也」（頁 19）。至於「漢人言文王重六爻」，即持非伏羲重卦，乃文王重卦者，而《易》必待六十四卦方成，故以為乃文王作，而非伏羲。案史遷、揚雄、班固及鄭玄等，蓋皆以文王重卦，《示要》卷三曰：「《史記》云：『文王演三百八十四爻。』揚雄云：『文王附六爻。』蓋自文王新創占法，而三百八十四爻，遂無異為文王之所創演，此文王重卦之說所由始也」（《全集》三，頁 863），《原儒·原內聖》亦曰：「《史記》稱文王姜里演《易》。漢人遂說有文王之《易》，其說亦不一致。揚雄解難云：文王附六爻，此即重卦之謂」（《全集》六，頁 613），此即以文王於卦爻之取義，有別夏、殷二《易》，功同創作，故以重卦歸之文王。熊氏對此，自不認可，《原儒·原內聖》即曰：「演《易》二字太含胡，馬遷本疏於考覈，兩漢儒生遂逞臆妄言文王重卦，作卦、爻辭」（《全集》六，頁 684），並認為漢人此舉，乃「假托文王以抑孔子」，遂行其擁護君主統治之邪說。熊氏並從《周易》經名以證，《乾坤衍》曰：

> 《易》者，變動與改易之謂。天地大物也，每一秒忽都在變動與改易之中，況物之細者乎？變易之義，廣矣大矣，深矣遠矣。孔子總觀宇宙萬有，洞徹變易之根本原理而作經，名曰《周易》。（《全集》七，頁 335～336）

案《周易》之所以稱為「易」，乃因「《易》者，變動與改易之謂」，此自無疑；而之所以題為「周」，大抵可有二說，一則如孔穎達《周易正義·序》曰：「故題周別於殷，以此文王所演，故謂之《周易》。其猶《周書》、《周禮》題周，以別餘代」，朱子《周易本義》於「周易上經」下亦曰：「周，代名也；易，

書名也。……其辭則文王周公所繫，故繫之周」，即指「代名」而言；一則如鄭玄〈易贊〉及〈易論〉云：「《周易》者，言《易》道周普，无所不備」（見孔氏《周易正義・序》），此即為「周遍」、「周密」義，熊氏亦如此認為，《乾坤衍》曰：「此經說理，綜舉大全，不流於偏曲，故云周遍。察及纖悉，不失之疏漏，故云周密」（《全集》七，頁 336）；又賈公彥《周禮注疏・大卜》注曰：「以《周易》以純乾為首，乾為天，天能周帀於四時，故名《易》為周也」，即含循環往復、周而復始之意，錢基博《經學通志・周易志第二》亦曰：「而繫以『周』者，所以明世變剝復循環之有常。周之為言周也，周而復始也」（頁9），其《周易解題及其讀法》（頁 7～11）亦如此主張，而此與鄭說正可相通也。案此二說，皆有理據，未可遽下論斷。然以太卜三《易》衡之，夏《連山》與殷《歸藏》皆不以代名冠前，則《周易》之周未必即指代名；且卦、爻辭是否文王周公所繫，歷來亦有反對之者。故與其指為代名，不若以其為周遍、周密義，且又含循環往復、周而復始之意，此則較為圓融無失。蓋《易》有交易變易之義，故而所言周遍、周密，是以《乾坤衍》曰：「《易經》立名，特取周義」（《全集》七，頁336）；而由此熊氏亦否定「周」為代名之說，《原儒・原內聖》即曰：「《周易》之名，有謂周者，周代之稱；有謂周者，以《易》道周普無所不包通也，非朝代之稱。余謂後說是」（《全集》六，頁 611），《乾坤衍》亦曰：「漢人妄說文王重卦，乃以周為周代之稱，此無義據，不可從」（《全集》七，頁 336）。案《周易》之「周」，乃指周遍、周密言，而又循環往復周而復始，實較指代名為妥，方顯「《易》道周普無所不包通」之義。

由上可見，熊氏以孔子《周易》乃根源伏羲之《易》，誠與文王無關，而文王縱有羑里演《易》之事，然其思想，則為以宗教為主之事天之教學說。案古人對「天」之認識，據蔡邕曰：「言天體者有三家：一曰周髀，二曰宣夜，三曰渾天」（見《後漢書・張衡列傳》注），《隋書・天文志》上亦承之而言，熊氏即據此而言，《原儒・原內聖》曰：「古之言天者三家：曰《周髀》，曰宣夜，曰渾天。宣夜失傳，《周髀》持蓋天之說，以為天似覆盆，中高而四邊下」（《全集》六，頁604）。此三家中，誠如蔡邕曰：「宣夜之學絕，無師法」（見《後漢書・張衡列傳》注），《隋書・天文志》上亦曰：「宣夜之書，絕無師法」，故熊氏曰：「宣夜失傳」，可無論矣；而渾天說與蓋天說，乃對天之形體之構劃也。渾天說以為「天形似卵，地如卵黃，天包地外」，張衡《渾天儀》亦如此認為，《渾天儀注》曰：「天如雞子，地如中黃，孤居於天內，天大而地小。……

天轉如車轂之運也」（見《隋書・天文志》上），《隋書・天文志》上亦曰：「前儒舊說，天地之體，狀如鳥卵，天包地外，猶殼之裹黃，周旋無端，其形渾渾然，故曰渾天」。熊氏認為渾天之說唯老子言之，《原儒・原內聖》曰：「古代哲學與渾天說有關者，今可考見，惟《老子》耳」（《全集》六，頁 620）。而揚雄蓋亦受老子影響，陳福濱《揚雄》曰：「揚雄的《太玄》與道家思想相當的密切，其內容係以老子的『道』為基礎」（頁 21），而其後亦主渾天說，鄭萬耕《揚雄及其太玄》曰：「揚雄起初信奉『蓋天說』，後來在桓譚的啟發和幫助下，看到它不符合天象的實際情況，轉而擁護『渾天說』」（頁 31），李周龍〈從周易到太玄〉亦曰：「揚雄後來篤信渾天說，以為尤能合乎天象之真，並且也曾經寫了難蓋天八則，抨擊那些信蓋天說的人」（《易學拾遺》，頁 230）。又熊氏認為濂溪、橫渠蓋亦本於此，《原儒・原內聖》曰：「周子太極圖之一，與張橫渠所云『清虛一大之天』，皆本於古之渾天說」（《全集》六，頁 558）。至於《周髀》所持蓋天之說，即「天似覆盆，中高而四邊下」，《隋書・天文志》上亦曰：「蓋天之說，即《周髀》是也。……其言天似蓋笠，地法覆槃，天地各中高外下」，案所謂「中高」者，蓋初民仰首而望，其上蒼然穹窿，遠而不可測其所極，因擬為天之中央最高所在，而其實，中高本無定所，乃人各以其視線所向而擬之；至於「四邊下」者，蓋謂天之四邊皆下垂於地。是以初民仰望上天而起超越感，謂之為上帝；而其呼上帝時，則恒仰望中高而呼焉。《詩經・大雅・皇矣》曰：「皇矣上帝，臨下有赫」，即其徵也。熊氏認為蓋天說之影響，既深且遠，而文王事天之教即主此說。《原儒・原內聖》曰：

> 文王羑里演《易》不必無此事，但其辭必以宗教思想為主，否則孔子何須作《易》？《論語・子罕篇》曰：「子畏於匡，曰『文王既沒，文不在茲乎？……』」據此，可見文王羑里演《易》確有其事，故孔子遭厄而引之自況。又可見孔子實有作《易》之事，曰「文王既沒，文不在茲乎」云云，是明明以繼文王而作《易》自任。（《全集》六，頁 606）

> 《周易》完全為孔子創作，本與文王無干。細玩《論語》「子畏於匡章」，孔子自任之重，自信之篤，可知其無所襲於文王也。皮錫瑞橫斷文王全無所作，亦逞臆太過。余謂文王當有總論六十四卦要旨之文，大概歸本事天，以為立德之基。（《全集》六，頁 614）

案熊氏曰：「明明以繼文王而作《易》自任」，此句若作「明明以繼文王而自

任」，自無疑義，加上「作《易》」二字，則易啟疑竇。蓋「文王既沒，文不在茲乎」之「文」字，歷來注家皆指「禮樂制度」言，非必為《易》，而熊氏即指作《易》言。故由此章，縱「可見文王羑里演《易》確有其事」，亦非必可得出「又可見孔子實有作《易》之事」。然雖不能直接證明孔子確有作《易》之事，但亦可見其繼文王而起以自任之信心，所謂「天之未喪斯文也，匡人其如予何？」故文王若真有羑里演《易》之事，則已啟其端，孔子繼之實有作《易》之事，亦非絕無可能。若此，則孔子《周易》必與文王之《易》有異，否則，其不必贊《易》，而以「文不在茲乎」自任。且此「文」字縱指禮樂制度言，而所謂周公制禮，禮必隨時而變，孔子則承之而明仁，仁則亙古今而一貫，乃其好古敏求而自得之者，此「承禮啟仁」，即其已將着重於外在之儀式節制，攝歸於內心之實踐修養。故孔子承文武周公之道，即於此基礎上賦予新意，則「《周易》完全為孔子創作，本與文王無干」。至於「皮錫瑞橫斷文王全無所作」，案皮氏《經學通論・易經》曰：「錫瑞案據孔《疏》之說，文王作卦爻辭，及文王作卦辭，周公作爻辭，皆無明文可據，是非亦莫能決。今據西漢古義以斷，則二說皆非是」（頁9），熊氏認為此似不如己所言「文王當有總論六十四卦要旨之文」為妥，蓋歷代儒者亦有以文王或重卦、或繫卦辭，即可見文王與《易》當不無關係（詳下節「宗孔」）。而文王之《易》，其宗主為何？即「歸本事天，以為立德之基」也。《原儒・原內聖》曰：

> 商、周之際，宗教思想甚盛，就《詩經》徵之，周室初興，殷頑未順，〈大雅〉諸篇多侈陳天帝錫命於周，以收服四國，此其徵也。（《全集》六，頁606～607）

> 上考《詩經》稱文王之德者屢矣，如《大雅・文王篇》曰：「穆穆文王，於緝熙敬止。」〔註4〕〈大明篇〉曰：「維此文王，小心翼翼，昭事上帝。」〈文王篇〉又曰：「文王陟降，在帝左右。」〈中庸〉二十六章曰：「『維天之命，於穆不已。』蓋曰天之所以為天也。『於乎不顯，文王之德之純。』蓋曰文王之所以為文也，純亦不已。」綜上所述，可見文王平生為事天之學，其德深純，故知其說《易》必以事天垂教無疑。（《全集》六，頁614～615）

案商、周之際，宗教思想確甚盛行，《詩經・大雅》諸篇及〈中庸〉二十六章

〔註4〕 案「如《大雅・文王篇》曰：『穆穆文王，於緝熙敬止。』」等字句，《全集》誤入夾注，而實應為正文，茲據史地教育版及明文版《原儒》改正。

皆可證，所言既「多侈陳天帝錫命於周」，即以敬神事天之宗教思想為主。案文王是否為「事天垂教」之學，以人格神之上帝為其信仰中心，此可加予探討。即以〈中庸〉而論，所謂「維天之命，於穆不已」，實指於穆不已之天命下貫於吾人，而吾人所注重者乃天道生生不已之德，而非指天道之人格神意義；至於「於乎不顯，文王之德之純」，即謂文王之德性生命，乃天命天道下貫於吾人，吾人則承之而具體以顯現。《詩經·大雅》諸篇，所言亦然。故文王之事天，已由人格神意義之天，轉為富含道德意義之天，牟宗三《心體與性體（一）》即曰：「《詩》、《書》中之重德行已將重點或關捩點移至人身上來，此亦可說已開孔子重『主體性』之門」（《牟宗三先生全集》5，頁24），勞思光《新編中國哲學史（一）》亦曰：「詩經中雖多見『人格天』之觀念，但『形上天』之觀念亦漸漸出現」（頁82），唯周初之時，仍承殷商崇尚鬼神、重視祭祀之習俗，於人格神意義之天仍甚為敬畏，是以文王雖開啟天之道德含義方面，亦即向形上天之方向邁進，但於天之人格神意義方面，亦即人格天，似不能完全擺脫，故仍不免有神道設教以啟百姓之舉，此觀《易經》於當時乃占卜之經典，書中所謂元、亨、利、貞、吉、凶、悔、吝、厲、孚及无咎等即可證。故熊氏終以文王乃事天垂教之學，要非無因。孔子則異於是，《論語》載有孔子對於鬼神、祭祀之態度，如「非其鬼而祭之，諂也」（〈為政篇〉）、「務民之義，敬鬼神而遠之，可謂知矣」（〈雍也篇〉）、「子不語怪、力、亂、神」（〈述而篇〉）及「未能事人，焉能事鬼？」（〈先進篇〉）等，顯已擺脫人格神意義之天而言，而〈述而篇〉所載：「子疾病，子路請禱。子曰：『有諸？』子路對曰：『有之。誄曰：禱爾于上下神祇。』子曰：『丘之禱也久矣！』」更是生動表現出孔子無所事於禱祝、無所求於鬼神之意。誠如熊門高弟徐復觀《中國人性論史（先秦篇）》認為孔子「他既未公開反對鬼神，但却很明顯地把鬼神問題，貶斥於他的學問教化範圍之外，而是要以『義』來代替一般人對鬼神的依賴」（頁81），蔡仁厚《孔孟荀哲學》亦曰：「在孔子留下的教言裏，我們可以看出『敬事鬼神』這件事情，已經完全『淨化』了」（頁134～135）。故熊氏認為孔子所作《周易》，則於以「哲理」為主之伏羲古《易》與以「宗教」為主之文王之《易》，乃取前者而捨後者，《原儒·原內聖》曰：

> 可見孔子之《易》與文王之《易》必是宗主全異。（《全集》六，頁606）

> 孔子作《周易》宗伏羲，非宗文王。（《全集》六，頁615）

案孔子「宗伏羲」，故能創發哲理；「非宗文王」，則捨宗教思想，是以宗主必異。然孔子雖非宗文王，但亦頗受其啟發，誠如牟宗三《心體與性體（一）》曰：「孔子之提出『仁』，實由《詩》、《書》中之重德、敬德而轉出也」（《牟宗三先生全集》5，頁 24），《圓善論》亦曰：「孔孟都有超越意義的『天』之觀念，此由《詩》、《書》所記載的老傳統而傳下來者。至孔子提出『仁』，則是踐仁以知天」（同上 22，頁 130）。此即孔子於取之中，仍有所揚棄，以是能予以創造；於捨之中，亦有所融攝，故亦可加以發揮。

　　熊氏既以孔子因伏羲之《易》，神解煥發，起大變化，因而總觀宇宙萬有，洞徹變易之根本原理，則若無伏羲之《易》，孔子是否即有《周易》之作，將成一大疑問，故伏羲古《易》深值重視。《原儒·原內聖》即曰：

> 一、伏羲出於邃古時代，天帝之信念似不能無，然其首創《易》學，即於天而分體用，此乃大可驚異。……伏羲不法天之體，而法天之用，則務體察現實世界，直將皈依上帝之迷信掃除，……二、古《易》體用之分，遂為中國哲學立定宏規，確與西洋異軌。伏羲雖依蓋天說，以穹窿之形為天之體，即此謂之上帝，遂以天帝當作宇宙本體。此在邃古之世，不得遽革初民之信念，及至孔子始建乾元以統天。而孔子之所謂體，與伏羲之所謂體，其相去不止九天九地之隔截也。……三、古《易》首發明辯證法，此其所以不邇神道。其後孔子有範圍天地，化裁萬物之科學理論。皆伏羲啟之也。至於宇宙論中之心物問題，則亦因辯證法之發見，而不墮一偏之執。（《全集》六，頁 615～619）

案伏羲古《易》，雖仍「天帝之信念似不能無」，然其特點在「即於天而分體用」，且於天之體用甚能分別，「不法天之體，而法天之用」，即於天「法用不法體」，此實最大創見所在。而此從《易》首卦卦名，即可證知。《易》首卦即乾卦，而乾為天，然則為何不直名之為天卦？此從〈說卦〉曰：「乾，健也」可知，誠如李鼎祚《周易集解》卷第一謂此乃「言天之體以健為用，運行不息，應化无窮，故聖人則之，欲使人法天之用，不法天之體，故名乾，不名天也」。蓋於邃古時代，初民以穹窿之形為天之體，而宗教之徒即對之而申皈依之誠，誠如《原儒·原內聖》曰：「中國太古時代，先民之上帝觀念，不僅是由意想中虛構一有威明之大神，而是以上帝為有形體可觀者，此甚奇怪。遠古蓋天說，言天體中高云云。中高者，謂穹窿之形，先民即指此為天帝之

形體也。故天子祀天，立壇於郊，望中高而祭」（《全集》六，頁 681），此以
天為體，進而以為有一主宰，亦即天帝，於冥冥中操縱，則百姓皆將皈依之，
毫無道德意志可言，則於現實世界亦將無所為矣，此所謂「法天之體」。此即
文王六十四卦要旨，歸本事天，以為立德之基，《詩經・大雅》稱文王之德者
屢矣，如〈文王〉「穆穆文王，於緝熙敬止」、「文王陟降，在帝左右」、〈大明〉
「維此文王，小心翼翼，昭事上帝」、〈皇矣〉「皇矣上帝，臨下有赫」等可證。
伏羲古《易》則不然，乃將皈依上帝之迷信掃除，不承認冥冥中有一主宰，
此所謂「不法天之體」，亦如《原儒・原內聖》曰：「明乎此，則知古《易》
所以不法天之體者，直是不信有天帝耳，非信之而不欲取法也。伏羲生於遠
古之世，未可顯然違反群眾信仰，故其作《易》也，以法天之用，不法天之
體，標明宗旨，實已置天帝於有無之外」（《全集》六，頁 682），即伏羲古《易》，
不僅不法天之體，並務體察現實世界，一以個人道德意志為準，此所謂「法
天之用」，亦如《原儒・原內聖》曰：「神質本相反也，然乾以剛健中正之德
統治坤，坤以永貞之德順承乾，此乾坤所以由對峙而卒歸統一也。伏羲氏以
乾坤之道，為天之用，而作《易》以示人，欲人法天之用，不法天之體，此
乃伏羲改造思想之一大機權」（《全集》六，頁 682～683），蓋伏羲雖仍不免有
天帝信念，然「古《易》首發明辯證法」，是以「不法天之體，而法天之用」，
亦即乾神坤質，雖本相反，但「乾以剛健中正之德統治坤」，此乾闢主動以開
導坤，而「坤以永貞之德順承乾」，此坤翕則承乾而起化，以是翕闢成變、乾
統坤承，乾闢既以剛健中正之德而主動以開導坤，而坤翕則以永貞之德而順
承乾以起化，兩者終由對峙而歸統一，故大用流行，方能顯現為繁然萬殊之
宇宙萬有，斯即所謂於天「法用不法體」也。誠然，伏羲古《易》法天之用，
不法天之體，但畢竟於「天」之觀念，仍有天帝影子在，「遂以天帝當作宇宙
本體」。熊氏認為此伏羲古《易》之不究竟處，孔子《周易》則予以批判之繼
承與創造之詮釋，將天帝觀念徹底消除，代之「始建乾元以統天」，即以「乾
元」取代天帝，而為宇宙實體之目。《原儒・原內聖》曰：

> 《周易》是孔子作。其本體論則廢除上帝。於心物問題則主張神與
> 氣本不二而亦有分。本體是一，故曰不二；用含兩機，故云有分。（《全
> 集》六，頁 611）

> 孔子《周易》始明白廢除天帝，揭示乾元。乾卦〈彖傳〉曰：「大哉
> 乾元，萬物資始，乃統天。」坤卦〈彖傳〉曰：「至哉坤元，萬物資

生，乃順承天。」如上所述，《周易》乾坤〈彖傳〉，揭示乾元，廢
除天帝，體用之義至是朝徹無疑。（《全集》六，頁 686～687）

熊氏認為伏羲古《易》之所以未便解決之體用問題，蓋其身處初民迷信天帝
之世，只知天帝，未識乾元，故雖不法天之體，而法天之用，但於天之體，
即天帝或乾元，則未能辨明，遂以天帝為乾元，以之為宇宙本體。孔子《周
易》則就乾坤兩〈彖傳〉以言，而乾元、坤元實即一元，非是二元，且亦絕
無一毫天帝觀念在其中，即於本體論方面，主張「廢除上帝」、「揭示乾元」。
此從天帝而至乾元，即以乾元取代天帝，實乃一大轉變，故孔子曰：「天何言
哉？四時行焉，百物生焉，天何言哉？」（《論語・陽貨》）其對「天」之見解，
已非天帝之謂，實有一番創造性之大躍進，是以熊氏極言孔子《周易》乾坤
〈彖傳〉揭示乾元，廢除天帝，蓋乾元乃強調天之精神性與道德性，乃一義
理之天，誠為孔子思想最具創造性價值之所在耳。陳榮捷〈西方對于儒學之
研究〉即謂：「『天何言哉』之自然主義，乃係孔子以義理之天替代商代之人
格神，而強調天之精神性與道德性也」（《王陽明與禪》，頁 96）。熊氏既認為
必以乾元取代天帝，故無形主宰須徹底毀滅，即人格神之天帝必予廢除，而
個人之精神意志與道德實踐方可得伸，一切才能皆順義理而行。職是之故，
以乾元取代天帝，是以「本體是一，故曰不二」，而宇宙萬物皆由此乾元性海
而流出；且乾元即是坤元，坤元亦即乾元，其於宇宙論方面，主張「神與氣
本不二而亦有分」，此即乾、坤乃乾元之兩大勢用，乾即心也、神也，坤即物
也、氣也，是以「用含兩機，故云有分」，而由大用流行以見其乾元本體之真
實不虛。故乾元之之為本體，固然重要，而其用含兩機，始能萬物資始、資生，
更見其精義所在，此法用不法體之故也。

　　熊氏更認為孔子因讀伏羲古《易》，予以批判之繼承，故有諸經之作，而
開出內聖外王之道，〈乾坤衍〉曰：「於是首作《周易》、《春秋》二經。立內
聖外王之弘規。內聖者，深窮宇宙人生根本問題，求得正確解決。篤實踐履，
健以成己，是為內聖學。外王者，王，猶往也。孔子倡明大道，以天下為公，
立開物成務之本。以天下一家，謀人類生活之安」（《全集》七，頁 335～337）。
然孔子大道之學，雖無所不包，但《周易》畢竟重在內聖，於外王只標示根
本原則，故須他經之羽翼，〈乾坤衍〉曰：「《易經》廣大，雖內外皆備，而內
聖為宗。五經同出於斯。《春秋經》繼《易》而作，成萬物者王道，雖以聖學
立本，而王道特詳。《禮》、《樂》、《詩》、《書》四經，皆《春秋經》之羽翼也」

（《全集》七，頁 337～338），案五經既同出於《易》，而《大易》以內聖為宗，並亦賅及外王，且有諸經之羽翼，使外王之道更加詳明，是以內聖外王之弘規，莫不備於此。故依《大易》而行，必能開物成務，以成裁成輔相之功，而達至天下一家、世界大同之境。是以《大易》一經，乃大根大本所在，而其餘五經，要亦不可廢也。

熊氏既以孔子《周易》源於伏羲古《易》，而予創造發明，乃宗伏羲，非宗文王，並進而創作《春秋》等經，即六經皆孔子制作，然卻遭後儒予以竄亂，以致六經無一不偽，而《周易》尤甚，即使伏羲古《易》亦不能免。《乾坤衍》曰：

> 一、偽《周易經》是以古術數家言為宗主。茲附兩項說明：甲伏羲作八卦後，術數家即利用之以作為卜筮之經典。伏羲八卦是由平日觀察大自然及返己體會，始有此創作，孔子說得詳明。據此，可見伏羲不是迷信天帝的宗教家，亦決不是術數家。……乙呂政將吞六國之時，天下禍亂甚慘。諸子百家向來無革命思想，儒家大道學派其勢已式微，九州儒生鮮不趨於小康派下，復古之燄方熾矣。世亂則人情惶惑，術數盛行，孔子之《周易》蓋早已湮絕。（《全集》七，頁 469～470）

熊氏認為伏羲古《易》，法天之用，不法天之體，然古術數家，蓋即文王歸本事天之教者之流，雖即宗伏羲古《易》，卻利用其於體用之義尚未完全解決，仍有些微天帝觀念存在，予以竄亂，而成偽《周易》，深含宗教性質，即以天帝為信仰皈依，而以此垂教，則必極力擁護君主之統治。《乾坤衍》續曰：

> 清世有漢學、宋學之爭，其實術數之《易》有兩大本。兩大本者何？一、信有天帝。二、擁護統治。漢《易》家固堅守兩大本。宋《易》同宗程伊川《易傳》。程《傳》開卷釋乾曰「以形體言，謂之天；以主宰言，謂之帝」云云。又曰「乾為父、為君」云云。余不知宋《易》何異乎漢《易》也。（《全集》七，頁 472）

熊氏認為古術數家言之宗主所在，即一、「信有天帝」，二、「擁護統治」。「信有天帝」從本體論、宇宙論而言，即內聖方面；「擁護統治」從人生論而言，即外王方面。此兩大根本，又是互相關聯，蓋信有天帝，即以天帝為主宰，則其為事天之教者必矣，而於人生現實上，亦必以帝王為主宰，擁護君主統治，以之為終生之信仰也。此種信有天帝、擁護統治之思想，影響既深且遠，

不僅「漢《易》家固堅守兩大本」，即至有宋，以迄於清，莫不皆然。清代所謂漢、宋之爭，亦甚無謂，其實皆與漢《易》無異。伏羲古《易》，雖遭古術數家利用，幸而孔子於此見得真確，故據伏羲古《易》以成《周易》，乃發明自己獨創之義。其後，由於呂政滅六國，大道學派勢微，故孔子之《周易》早已湮滅，而小康學派勢正方興，即古術數家之偽《周易》盛行不已。《乾坤衍》續曰：

> 二、古術數家亦分流派，其持說頗不一。略舉大端，如卦氣、消息、爻辰、升降、納甲、納十二支、六親、八宮卦、二十四方位之類。漢世諸名家說《易》，未有出於上述諸說之外也。（《全集》七，頁472）

據《漢書·藝文志》所載，天文二十一家，歷譜十八家，五行三十一家，蓍龜十五家，雜占十八家，形法六家，以上皆屬數術，即此可見古術數家流派甚多，而漢人之言《易》者，大抵即承襲古術數家言，而又加以推演，遂使象數之說充滿於《易》中。案〈十翼〉及先秦諸子著作中，以迄漢初諸儒，蓋未有以象數解《易》辭者，而以象數說《易》者，蓋自孟喜之言「卦氣」始，此後漢《易》家即盛言之；而漢《易》家之言象數，不僅如熊氏上所引述「卦氣、消息、……」等，尚有飛伏、世應、旁通、互體、半象、六日七分、……等，雖亦成說，但終究枝生蔓延，頗難自圓其說〔註5〕。《原儒·原內聖》亦曰：「乾卦開始一語曰『乾：元亨利貞』。何耶？李氏《集解》云：按〈說卦〉，乾健也，言天之體以健為用，運行不息，應化無窮，故聖人則之，欲使人法天之用，不法天之體，故名乾不名天也。《子夏傳》曰：元始也，亨通也，利和也，貞正也，言乾稟純陽之性，故能『首出庶物』，各行元始、開通、和諧、貞固，不失其宜，是以君子法乾而行四德，故曰『元亨利貞』矣。李道平《纂疏》曰：案〈說卦〉曰，乾健也，虞翻彼注云：精剛自勝，動行不休，故健也。又《易緯·乾鑿度》曰：乾訓健，壯健不息，是其義也。體，形也。穹窿者，天之行。剛健者，天之用」（《全集》六，頁608～609），可見由漢《易》家所存古義，確與蓋天說有關，即可推見古術數家以天帝為萬物之大原，而漢《易》家承之而予發揮，遂使象數之說大為盛行，而《易》之

〔註5〕 關於先秦兩漢《易》例、象數之說，請參閱屈萬里《先秦漢魏易例述評》。又先秦兩漢說《易》，頗多推衍與附會，亦請參閱屈氏〈推衍與附會——先秦兩漢說易的風尚舉例〉（《屈萬里先生文存》第一冊，頁93～104）。

真意反隱匿不顯。或謂漢《易》象數之說,似不宜即與熊氏所謂之古術數等同?案漢《易》象數之說與古數術家之說,容或不盡相同,但大體上皆以擁護君主統治為言,故前者實可視為後者之流變。對此等之說,熊氏自不認同。《乾坤衍》續曰:

> 三、伏羲作八卦以後,祇有術數家宗之,以作占卜之經典,自此遂有術數之《易》。……余確信,《易》學始於上古伏羲作八卦,術數家即宗之,以為占卜之經典。至孔子作《周易》,則依伏羲八卦,而發明自己獨創之義。《周易》之卦辭、爻辭,孔子多採用古術數之《易》而改變其義旨,故可說卦、爻辭,仍是孔子作。(《全集》七,頁473～475)

熊氏認為伏羲古《易》已遭古術數家利用,成為一部以卜筮為主之偽《周易》,雖有孔子《周易》為之糾正,「發明自己獨創之義」,亦即卦、爻辭或為古術數家所繫,但孔子則改變其義旨,創明革命思想,廢除君主統治,「故可說卦、爻辭,仍是孔子作」。然漢《易》家又繼承古術數家之說,大力提倡象數之說,本卦之象不足以濟其說,乃求之互體,互體仍不足以濟,遂且及於爻變,爻變又不足,則更輾轉求諸他說以補足之,既失其原,而義復無所取,故使孔子《周易》湮滅不張。王弼著〈周易略例〉,即首闢漢《易》象數之妄,冀使謬悠支離之偽說,能復歸於「絜靜精微」之教,粹然歸宗於《易》理。是以唯有對古術數家予以辨偽,方可得孔子《周易》之真,而古術數之《易》,共有四點迷謬,《乾坤衍》續曰:

> 第一件根本迷謬者,古術數之《易》信有天帝。《易·說卦傳》曰:「乾為天,為圜。」余按此云天者,猶云天帝。(《全集》七,頁476)

熊氏認為古術數家第一件根本迷謬,即「信有天帝」,此亦古術數家兩大根本宗主之一,〈說卦傳〉「乾為天,為圜」可為明證,若此則冥冥之中皆以天帝為主宰,以事天為教,毫無個人道德意志可言。《乾坤衍》續曰:

> 第二件根本迷謬者,術數之《易》其言陰陽則云二氣。漢、宋群儒皆曰「乾為陽」,為陽者,謂乾是陽氣也。皆曰「坤為陰」,為陰者,謂坤是陰氣也。(《全集》七,頁477)

熊氏認為第二件根本迷謬,即「其言陰陽則云二氣」,此乃根據信有天帝之迷謬而來,即以天帝之形體,為太空穹窿至高之大圜,是以言及陰陽,即以之

為充塞於天地間之二氣，「乾為陽」，即乾是陽氣，「坤為陰」，即坤是陰氣。又以上兩點乃從本體論、宇宙論而言，亦即內聖方面。孔子《周易》則以乾元取代天帝，以乾為生命、心靈，坤為物質、能力，乾坤乃兩大勢用，以取代陰陽為二氣之說，誠如《乾坤衍》曰：「上來所說兩件根本迷謬，如不破除，則不可悟入孔子《周易》之內聖學」（《全集》七，頁 483），蓋乾元乃本自固有者，無須向外以推求一超然獨立之上帝。《乾坤衍》續曰：

> 第三件根本迷謬者，古術數家之《易》以保守君主制度、擁護統治為萬古不易之常。〈說卦傳〉曰：「天地定位」云云。虞翻曰：「謂乾坤五貴二賤，故定位也。」李道平疏曰：「天地，乾坤也。」乾五位上，為貴；坤二位下，為賤。故定位也。余按，虞注乃遵守古帝王小康禮教之原則。古術數之《易》奉持唯謹，非虞翻一人之私言也。統治階層自固之道，要在嚴分上下貴賤之等級。……《大易》六十四卦，三百八十四爻，而乾坤為本。故《大易》開端應以乾坤二卦定為首位，以明示其他諸卦、諸爻從此處而生，是為定位。聖人以天為乾之譬喻，不可說天即是乾。以地為坤之譬喻，不可說地即是坤。且天地之在太空也，何嘗有上貴下賤之分。古術數之《易》，以天在上為貴，地在下為賤，證明乾五位上為貴，地二位下為賤，以此言定位，是乃祖述古帝王嚴分階級之教條，無道之至，無恥之極，不可以訓也。〈說卦〉又云：「乾為君、為父。」「坤為母、為眾。」尊陽賤陰之論，決非伏羲時代所有。……〈說卦〉所載《易》象，尊陽、賤陰。如乾為天，坤為地。〈易大傳〉演之曰：「天尊地卑，乾坤定矣。卑高以陳，貴賤位矣。」〔註6〕云云，此乃統治階層之政治作用。即以尊卑貴賤、別上下之等，使臣民安分，不生異志。（《全集》七，頁 483～487）

熊氏認為第三件根本迷謬，即「以保守君主制度、擁護統治為萬古不易之常」，此亦古術數家兩大根本宗主之一，〈說卦傳〉曰：「天地定位」、「乾為君、為父」，〈繫辭傳〉曰：「天尊地卑，乾坤定矣。卑高以陳，貴賤位矣」，可為明

〔註6〕 〈說卦傳〉曰：「天地定位」、「乾為君、為父」，〈易大傳〉（即〈繫辭傳〉）曰：「天尊地卑，乾坤定矣。卑高以陳，貴賤位矣」，案〈說卦傳〉與〈繫辭傳〉，兩者孰先孰後，頗難遽斷。熊氏言：「〈易大傳〉演之曰」，似以〈說卦傳〉在前，〈易大傳〉在後，則嫌粗率；倘若熊氏所謂「演之」，非指〈說卦〉，乃直就古象而言，則無病耳。

證，此從人生論而言，亦即外王方面，而與前兩件根本迷謬自是相關聯。案「天地定位」及「天尊地卑」，據鄭玄〈易贊〉及〈易論〉云：「此言其張設布列不易者也」（見孔氏《周易正義・序》），即天、地張設布列於天空中，此乃自然之現象，唯亦已含天尊而地卑之意。後人更將其義擴大，加入「乾為君、為父」之義，誠如《易緯・乾鑿度》曰：「不易者，其位也。天在上，地在下；君南面，臣北面；父坐子伏。此其不易也」，則君臣父子亦如天地而不可易，天既在上而尊，則君、父亦尊而高坐於上，而地既在下而卑，則臣、子亦只能卑而巽伏於下，永遠順從而無敢違命。熊氏認為此「以天在上為貴，地在下為賤」、「要在嚴分上下貴賤之等級」，乃古帝王嚴分階級之教條，古術數家之《易》則宗之，而為統治階層自固之道。然則，「聖人以天為乾之譬喻，不可說天即是乾」，坤卦亦然，即天地乃旨在譬喻乾坤，洵非即乾坤也；而且，「天地之在太空也，何嘗有上貴下賤之分」，所謂「天上地下」或「天下地上」，乃最初之設定，誠皆無不可耳；復就史實以論，則「尊陽賤陰之論，決非伏羲時代所有」，蓋其時當太古之最前期，並無君臣名分可言。故古帝王、古術數家之說，絕非正訓。孔子《周易》據伏羲古《易》，以乾元取代天帝，以乾坤為兩大勢用以取代陰陽二氣，目的即在廢除君主統治，倡明天下為公、羣龍无首之義。此亦孔子《周易》之偉大處，不僅特重內聖，於外王並亦着重，誠如《乾坤衍》曰：「第三件根本迷謬，如未能破除，則無可悟入孔子之外王學」（《全集》七，頁 489），蓋唯推翻統治階層，萬民始可有真正之民主可言。《乾坤衍》續曰：

> 第四件根本迷謬者，古術數家為占卜而取象，無可免於雜亂之失，已非伏羲本旨。至孔子改象為譬喻。漢人既宗古術數之象，而復採用孔子之義，則有兩失之大過。……伏羲取象，其義云何？古籍無可徵，未堪臆說。……《正義》言八卦寫自然之象，此說似是而實大誤。……漢人治《易經》，皆主象數。占卜家在各卦各爻所取之象，本是對於占候吉凶者，直舉象以啟示之。……孔子改變占卜家之象，而作譬喻用。此與占卜家本義互相隔絕，不可混作一談。漢《易》家將舊象，亦作譬喻解，既失孔子之旨，而於舊象更說不通。此兩失也。（《全集》七，頁 489～492）

熊氏認為第四件根本迷謬，即關於「取象」問題。案《易》之原初乃八卦，其卦之定名及其意義，端視三爻卦畫之取象為何而定，所謂「見乃謂之象」，

即三爻卦畫純粹為一象徵，由此象而見出其義。伏羲畫卦，其取象之義為何，已不可考。至於古術數家為占卜而取象，茲以乾為例，〈說卦傳〉曰：「乾為天，為圜，為君，為父，為玉，為金，為寒，為冰，為大赤，為良馬，為老馬，為瘠馬，為駁馬，為木果」（第十一章），朱子《周易本義》於此下且曰：「荀九家，此下有為龍，為直，為衣，為言」，此中「乾為天，為圜，為君，為父」、「為龍」，尚猶可說，至於其餘，則多不可解；他卦亦然。朱子《周易本義》即曰：「此章廣八卦之象，其閒多不可曉者，求之於經，亦不盡合也」，而曹為霖《易學史鏡》卷一「八卦逸象附錄」及尚秉和《焦氏易林注》書前「易林逸象原本攷」、《焦氏易詁》附卷一「易象補遺」，所載尤多，而多不可解矣。此取象多端，誠如熊氏所云：「古術數家為占卜而取象，無可免於雜亂之失，已非伏羲本旨」，愈說愈玄，其義難通。而孔子《周易》則「改象為譬喻」，如乾之象為龍，孔子則以乾稱「健」、「大」、「正」、「仁」等譬喻而改造之，誠如《示要》卷三曰：「至孔子作《易》，雖復採用卜辭，其辭皆象。而取象之意自別，只假象以顯此理而已。如乾之象為龍，龍者神變之物，即假此象，以明夫生生不息，健動無竭之真元，故曰假象以顯理也」（《全集》三，頁882），《原儒‧原內聖》亦曰：「《易》乾卦曰『天行健』。此天字，謂日、星也。日星運行至健，故孔子取其象，言本體之流行不已，其德至健也。孔子取天之象以言本體之流行，而不是言天」（《全集》六，頁679）。是以熊氏認為漢《易》家既宗古術數之象，卻復又採孔子之義，如〈說卦傳〉既以「乾，健也」（第七章），又以「乾為馬」（第八章）、「乾為首」（第九章）、「乾，天也，故稱乎父」（第十章）及「乾為天，為圜，……」等，雜糅古術數之象與孔子之義，故於取象則有兩失之過。要之，對於古術數家與漢《易》家之四件根本迷謬，熊氏認為非得破除不可，否則無由見出孔子《周易》之真面目。第一、二兩件根本迷謬，如不破除，將無從悟入孔子《周易》之內聖學；第三件根本迷謬，如不破除，則於孔子《周易》之外王學亦無從悟入；至於第四件根本迷謬，如不破除，不僅於孔子《周易》將不得其門而入，更遑論於內聖外王之道會有所悟得。〔註7〕

　　綜上可見，孔子於伏羲古《易》既有所承，並加以創新發明，而於古帝王遺教，即古術數家事天垂教之說，亦有所破除，且予以吸收融攝，誠如《原

〔註7〕熊氏在揭穿、駁斥古術數家與漢《易》家之四件根本迷謬同時，其實亦已提出孔子《周易》之理論基準何在，詳見第四章〈理論設準〉。

儒・原學統》曰：「孔子之學，殆為鴻古時期兩派思想之會通。兩派者：一、堯、舜至文、武之政教等載籍足以垂範後世者，可稱為實用派。二、伏羲初畫八卦，是為窮神知化，與辯證法之導源，可稱為哲理派」（《全集》六，頁333），熊氏認為孔子不僅對兩派思想加以會通，並進而創明革命思想，廢除君主統治，以天下一家、羣龍无首為終極目標，內聖外王並兼，實乃確為一貫。而自孔子沒後，六經旋遭竄亂，漢人且以文王作《易》，歸於事天之教，而欲湮沒孔子創制之功，以斬絕革命思想。故必於孔子之學加以溯源，方可明瞭《周易》價值所在。〔註8〕

第三節　宗孔

熊氏認為孔子《周易》源於伏羲古《易》，乃法天之用，而不法天之體，故不邇神道，無宗教味，根本無有君主統治觀念之可言。然古帝王、古術數家卻利用之，使成為以卜筮為主之事天之教，創立君主制度，擁護帝王統治，嚴分貴賤階級，以為自固之道。唯孔子真明瞭《大易》之道，對兩派思想予以批判之繼承與創造之詮釋。故熊氏認為應「論定晚周諸子百家以逮宋、明諸師與佛氏之旨歸，而折中於至聖」，此「折中於至聖」，即宗孔也。是以欲明《易》道，必唯以孔子為宗；而欲求孔子之學，亦必求之於《易》。且熊氏之主此意，其時則甚早，《尊聞錄》即曰：「《論語》記孔子『五十而知天命』。又曰：『五十以學《易》，可以無大過矣』。足徵孔子到五十知命，故其治《易》也，實足以發明此理，無復過誤也。子貢曰：『夫子之言性與天道，不可得而聞也。』非聞之而真有得者不能出此言也。然則夫子固嘗言性與天道，子貢既聞之而有得矣。今考之《論語》，罕載性道之言，豈其絕無紀述歟？以理推之，當不其然。蓋性與天道之談，別載《易傳》故也。〈繫詞〉等作，當是孔

〔註8〕　案此節「溯源」所言之意，《乾坤衍》即總結曰：「自伏羲畫卦，而術數家利用之以為卜筮之書。至孔子出世，讀伏羲之卦，而感發興起。董理其平生仰觀、俯察，遠取物，近取身，以及周流列邦種種經驗，始作《周易》，創明內聖外王之大道。……伏羲固不必迷信天帝，然孔子內聖外王之淵海，決非上古哲人所能創闢。文王居羑里時，或曾行卜筮之事，其平時或收藏上古以來術數家之《易》說。周邦新興，搜羅古籍，事所應有。若謂文王作《易》，則〈易大傳〉稱《易》與于『文王與紂之事』，蓋因文王居羑時，卜之吉，遂為此說耳。而〈大傳〉確未敢妄稱文王作《易》，足徵決無此事。漢人一致詭稱文王作《易》，欲以湮沒孔子創造《周易》發明內聖外王大道之功，斬絕革命思想。豈不險哉！」（《全集》七，頁461）

子親筆。七十子或有附益耳」（《全集》一，頁 573～574），此後即未曾改易，
而更出之以論證。《原儒・原內聖》曰：

> 志學一章是孔子自道其平生進學之序，其間最可注意者：一、……
> 自十五志學以往，逐層得力處，皆是徹始徹終，徹上徹下。逐層功
> 力，祇有發展，益精益熟。……二、……自十五志學至三十而立，
> 學之基已定，而猶戒慎不怠矣；四十不惑至五十知天命，則深於窮
> 理而不已也；六十耳順至七十從心，則上達盡性至命之境矣。三、……
> 十五至四十，孔子用力處大概屬於人生論方面。從五十學《易》而
> 知天道，則由人生論而進入宇宙論，窮大極深，沛然充實不容已。（《全
> 集》六，頁 645～646）

「志學章」，見《論語・為政》。此章乃孔子自述其一生為學修道與年俱進之
過程，「吾十有五而志於學，三十而立，四十而不惑，五十而知天命，六十而
耳順，七十而從心所欲不踰矩」。從十五至四十，即志學、而立以至不惑，顯
然為一階段，尚在為學之中，此時「孔子用力處大概屬於人生論方面」；五十
以後，即知天命、而耳順以至從心所欲不踰矩，則為另一階段，已由學而進
至於道，因已見道，故能知天命等等，此時「則由人生論而進入宇宙論」。誠
然，孔子五十而知天命，熊氏認為即因孔子「五十學《易》而知天道」，顯然
將學《易》與知天命等同，蓋不學《易》，則孔子至五十亦不能知天命，而亦
因至五十學《易》，故能知天命。熊氏此說實易引起質疑，歷來注家亦未必皆
以孔子五十而知天命，乃因學《易》故。蓋知不知天命與學不學《易》，並無
必然關係；且若如熊氏所言，則世上無《易》，即使聖人如孔子者，亦無由知
天命，而縱使有《易》，但苟不生於中國，亦無由知天命。可見孔子五十知天
命，未必即須以孔子學《易》以釋之；熊門高弟唐君毅《中國哲學原論・原
道篇（二）》即曰：「然孔子之學，亦非必由易學入。故孔門之顏子、曾子、
子夏、子游、子張與孟子之言中，皆不及于易。荀子大略篇謂『善為易者不
占』，亦未嘗論易」（《唐君毅全集》卷十五，頁 136）。然此亦非謂熊氏即錯，
蓋不學《易》，亦可能由別途而知天命，而相反地，學《易》自亦是知天命之
一途徑，且可能是最佳途徑，蓋《易》言天道，專明陰陽消長之理、進退存
亡之道，故而亦有注家以此釋之。孫綽曰：「《大易》之數五十，天地萬物之
理究矣。以知命之年，通致命之道，窮學盡數，可以得之，不必皆生而知之
也」（見皇侃《論語義疏》卷一）；韓愈、李翱《論語筆解》卷上韓曰：「仲尼

五十學《易》，窮理盡性以至於命，故曰知天命」、李曰：「《易》者，理性之書也。先儒失其傳，惟孟軻得仲尼之蘊，故〈盡心章〉云：『盡其心所以知性，修性所以知天。』」〔註9〕邢昺《論語注疏》卷第二曰：「孔子四十七學《易》，至五十窮理盡性，知天命之終始也」；劉寶楠《論語正義》卷二曰：「蓋夫子當衰周之時，賢聖不作久矣。及年至五十，得《易》學之，知其有得，而自謙言『無大過』。則知天之所以生己，所以命己，與己之不負乎天，故以知天命自任」；李炳南《論語講要》曰：「孔子學《易》，乃知天命」（頁50）；而唐君毅雖以「孔子之學，亦非必由易學入」，但亦以孔子嘗學《易》，《中國哲學原論‧原道篇（二）》曰：「史記謂孔子晚而喜易，讀易韋編三絕。論語記孔子有『五十以學易，可以無大過矣』之言，又引易之『不恆其德，或承之羞』，曰：『不占而已矣』。易傳亦多引子曰之文。然人亦或據魯論于『五十以學易，可以無大過矣』之『易』作『亦』，連下句讀，而疑及孔子學易之事。然則于論語之不占之句，及易傳引子曰之文，又作何解？故仍以謂孔子嘗學易之說為是」（《唐君毅全集》卷十五，頁 136）。以上諸家所言，皆可證熊說誠非無理。又復應知，孔子學《易》與作《易》（即贊《易》），可為一事，亦可為兩事，蓋學《易》乃作《易》之前提，故不學《易》則必無作《易》之事，而無作《易》之事卻未必無學《易》之事。歷來學者大抵以之為一事，認為孔子如有學《易》則必有作《易》之事，若無學《易》則必無作《易》之事，間亦有主孔子雖有學《易》，但並無作《易》，而乃孔門後學據孔子之意而作，此蓋亦可歸入乃孔子作《易》也；誠如唐君毅〈論中西哲學中本體觀念之一種變遷〉曰：「中庸固非孔子作，易經繫辭傳亦大約非孔子作；然而二書中必含不少由孔子傳下的思想，並經其門弟子加以發揮者則無容疑。所以我們可以把中庸繫辭傳作為孔子形而上學之具體化的著作」（《中西哲學思想之比較論文集》，《唐君毅全集》卷十一，頁 156）。而熊氏之觀點，自是認為孔子不僅學《易》，並且作《易》。蓋孔子非但學《易》，以是窮徹乾元性海，即於小體而識大體，並進而作《易》，亦即《周易》經、傳皆經孔子之手，洵已賦予新意，以成人之能而弘大天道。

〔註9〕 程樹德《論語集釋》卷三按曰：「《筆解》此段議論與宋儒以理言命者相類，唐以前人何嘗有此見解？此後人所以疑為偽託也」，案《筆解》此文，不論是否為韓、李之言，或後人所偽託，皆可證唐前或宋後，有以孔子五十而知天命，乃因學《易》；故此引之，以為熊說之證，亦甚合理。

　　除「志學章」外，熊氏又從《論語》其他篇章以及《史記》，以證《周易》確為孔子所作，《原儒・原學統》曰：

　　《論語・述而篇》記孔子曰：「加我數年，五十以學《易》，可以無大過矣。」〈為政篇〉記孔子曰：「五十而知天命。」據此二篇所記孔子自述之辭，則聖人學《易》之年正是知命之歲，證據明確，堅定不搖。司馬遷《史記・孔子世家》曰：「孔子晚而喜《易》。」〔中略〕讀《易》韋編三絕。曰：假我數年，若是我於《易》則彬彬矣。」今據《史記》，以與《論語》對校，有二事不同。一，《論語》無「讀《易》韋編三絕」事。二，《史記》有孔子自言「我於《易》則彬彬矣」，而《論語》無此語。《論語》有「可以無大過」，而《史記》無此語。雖有二事不同，而有相同者，則《史記》稱「孔子晚而喜《易》」與《論語》五十學《易》畢竟可相印證。（《全集》六，頁340）

　　若如《魯論》五十以學斷句，則與《論語》所記孔子自述之言，全無相合。子曰「吾十有五而志於學，三十而立，四十而不惑」云云。又曰：「十室之邑，必有忠信如丘者焉，不如丘之好學也。」孔子何為忽焉以五十始學誑人乎？聖人決不自語相違至此。以理推之，《魯論》當是遺落一易字，古論出孔壁中而有易字，連下句讀，此可校定古論下句首遺落一亦字，故兩本對校，而此章始無遺字。至孔子作《易》，則《史記・孔子世家》稱孔子序〈彖〉、〈繫〉、〈象〉、〈說卦〉、〈文言〉，是其作《易》之誠證。遷父談受《易》楊何，去孔子之世未遠，其說自可信。余就《論語・子罕篇》，「子畏於匡」章，更發見孔子實繼文王而作《易》，詳在《新唯識論・壬辰刪定記》，此姑不贅。又《史記・蔡澤傳》，對秦應侯云，「聖人曰『飛龍在天，利見大人』『不義而富且貴，於我如浮雲』」，詳蔡澤所稱飛龍云云見《易》乾卦，不義云云見《論語・述而篇》。澤以此二文聯屬之而總稱聖人曰，可見戰國時皆以聖人尊孔子。其聯綴《易》與《論語》之文總稱聖人曰，則可證戰國時盛行之《易》書，即是孔子所作之《易》。而非孔子以前之古《易》。（《全集》六，頁341～342）

案以上所云，蓋融會《示要》卷三（《全集》三，頁865～866）與《新論（刪定本）・壬辰刪定記》（《全集》六，頁14）之說，唯《示要》卷三曰：「子貢

云不可得聞，正是聞之而心知其難。以視顏氏之亦足以發，固迴不逮。然心知其難，卻已深中肯綮」（《全集》三，頁 866），此則未言及，但又增加《史記·范雎蔡澤列傳》中蔡澤之言以為證。故綜合熊氏所舉計有：一、《論語·述而》「加我數年章」及〈為政〉「志學章」；二、〈公冶長〉「夫子之文章章」；三、〈子罕〉「子畏於匡章」；四、《史記·孔子世家》「孔子晚而喜《易》」；五、〈范雎蔡澤列傳〉蔡澤之言等。對以上篇章之解釋，各家仍存異解。如「加我數年章」，除五十以學《易》之「易」字，或以當從《魯論》作「亦」外，而「五十」二字，亦有多說，如朱子《論語集注》卷四引劉聘君說而改作「卒」，桂文燦《論語集註述要》卷四則承之曰：「集註謂五十字誤無疑，此則誠無疑也」；然陳天祥《四書辨疑》卷第四曰：「以五十為卒，卒以學《易》，不成文理」，顧炎武《日知錄》卷十「必有事焉而勿正心」亦曰：「論語五十以學易，朱子以為五十當作卒。此皆古書一字誤為二字之證」，俞樾《羣經平議》三十亦曰：「《集注》曰五十當作卒，然於古無所徵」，竹添光鴻《論語會箋》卷第七亦據《說文》「五」從二從又、「卒」從衣從十，認為「五與衣不相近也，……未可謂相似而誤分者也」，熊氏《原儒·原學統》亦曰：「此必宋時浪人所改，朱子從之，大誤」（《全集》六，頁 340），王熙元《論語通釋》亦曰：「朱註引劉聘君說，……因證據不夠充分，所以我不採取」（頁 363）；何異孫《十一經問對》卷第一則曰：「案〈世家〉是時孔子年幾七十矣，五十字誤無疑。蓋加、假聲相近而誤讀，九十字與五十字相同而誤分，先儒辯之久矣」，即從《史記》九十以學《易》之語，改「五十」為「九十」；龔元玠《十三經客難》則曰：「先儒句讀未明，當五一讀，十一讀，言或五或十，以所加年言」（見程樹德《論語集釋》卷十四），以「五十」為「或五或十」之意，李炳南《論語講要》且曰：「欣見古人有此說，遂從之」（頁 293）；惠棟《九經古義·論語》則曰：「或云古五字如七（見王肅《詩傳》），孔子晚而好《易》，故有是語，《史記》亦云」，即據王肅《詩傳》，改「五十」為「七十」；俞樾《羣經平議》三十亦曰：「五十疑吾字之誤，蓋吾字漫漶，僅存其上半，則成五字，後人乃又加十字以補之耳」，即疑「五十」為「吾」字之誤；程石泉《易學新論》則曰：「孔子此言乃是常語。不幸『用』或因殘缺，後儒誤讀之為『五十』二字，以致疑義叢生：有以『五十』指『五十歲』者，有以『五十』指天地之數者，皆於該言原義不合。……如孔子此言本作：『假我數年〔用〕以學《易》，可以無大過矣。』則文通而字順，疑義頓失」（頁 153），以「五十」或因「用」字

殘缺所致。疑辨紛紜，莫斷其可。陳天祥《四書辨疑》卷第四且引王滹南之說：「經無先《易》之文，何為而知為是時語乎？」並曰：「此章之義，本不易知」，黃生《義府》卷上亦曰：「假年卒學，恐歲之不吾與也。然人情未至五十，必不遽興此歎，其為字誤審矣」，姚式川《論語體認》亦謂此章「只能存疑」（頁 82）。故熊氏之論證，既甚詳明，縱不能謂其考證精確，亦不可即謂粗率無據。其說之是非對錯，實難遽斷，此文獻本身之考據、詮釋問題故也，而其所論證者，誠有可觀之處。「志學章」前已言及，毋庸再述。「加我數年章」，對於《古論》為「易」、《魯論》為「亦」問題，熊氏辨之甚詳，並舉「志學章」及「十室之邑章」以證孔子之志學及好學，何待乎五十始以學焉？而其結論為：「《魯論》當是遺落一易字，古論出孔壁中而有易字，連下句讀，此可校定古論下句首遺落一亦字」，故應「易」、「亦」兩字並存，即應為「加我數年，五十以學《易》，亦可以無大過矣」。案熊氏此說，若從訓詁上言，乃增字解經，固不可為訓，然從義理以論，亦可成一說，且甚為合理。蓋從經文以觀，唯只一字，而非兩字，若此，則「易」、「亦」誠不可並存。但從其理論脈絡言，若為《古論》之「易」，則「五十以學《易》」，而「可以無大過矣」，雖無「亦」字，而其意實即「亦可以無大過矣」，自可包含「亦」字；若為《魯論》之「亦」，則「五十以學」，而「亦可以無大過矣」，其之所以能如此，蓋「以學」故，然其「學」者為何？其為《詩》、《書》或《禮》乎？恐皆未是。據《論語・季氏》載孔子對伯魚之庭教，不學《詩》，則無以言而已，不學《禮》，則無以立而已，《書》蓋亦不出此範圍，而《春秋》乃孔子晚年據魯史而修者，當非此時所謂之學，則孔子五十以學，學之後而可以無大過者，其為關乎性與天道之《大易》乎！是故五十以學，實即包含「易」字。由上可見，熊氏之以「易」、「亦」並存之說，似在情理之外，而實在情理之中，且其意誠更顯圓融矣。案《易緯・坤鑿度》有「孔子……五十究《易》」之語，又王朗曰：「鄙意以為《易》蓋先聖之精義，後聖無閒然者也。是以孔子即而因之，少而誦習，恒以為務。稱五十而學者，明重《易》之至」（見皇侃《論語義疏》卷四）；何晏《論語集解》亦曰：「《易》窮理盡性，以至於命。以知命之年讀至命之書，故可以無大過矣」；皇侃《論語義疏》卷四亦曰：「當孔子爾時年已四十五六，故云『加我數年，五十而學《易》』也。所以必五十而學《易》者，人年五十，是知命之年也。《易》有大演之數五十，是窮理盡命之書，故五十而學《易》也」，程樹德《論語集釋》卷十四且按曰：「皇《疏》

此釋語最精諦，為本章正解」；邢昺《論語注疏》卷第七亦曰：「此章孔子言
其學《易》年也」、「是孔子讀《易》之事也」；伊川《論語解》亦曰：「此未
贊《易》時言也。更加我數年，至五十，以學《易》道，無大過矣」（《河南
程氏經說》卷第六），《河南程氏遺書》卷第十八「伊川先生語四」亦曰：「期
之五十，然後贊《易》，則學《易》者可以無大過」，《河南程氏外書》卷第三
亦曰：「時年未五十也。……既贊《易》道，黜《八索》，則《易》之道可以
無過謬」；蔡節《論語集說》卷第四亦曰：「夫子時未五十也，學《易》則窮
理盡性以至於命，故可以無過」；潘平格《潘子求仁錄輯要》卷五亦曰：「夫
子曰『五十以學《易》』，蓋從知天命之年言也」；船山《四書箋解》卷三亦曰：
「夫子說得學《易》無大過如此慎重，須知《易》之所以寡過處」，又《四書
訓義》卷十一亦曰：「使加我數年乎，而可以卒吾學《易》之事，其庶幾乎」；
毛奇齡《論語稽求篇》亦曰：「未至五十，則游仕之餘猶思學《易》，所謂《易》
則無時不學者，蓋思借此入官之年為窮經之年，故曰假，曰借，曰五十，此
鑿鑿不可易者」；劉寶楠《論語正義》卷八亦曰：「夫子五十前得《易》，冀以
五十時學之，明《易》廣大悉備，未可遽學之也。及晚年贊《易》既竟，復
述從前『假我數年』之言」，宦懋庸《論語稽·述而稽第七》亦曰：「若曰加
數年之期至五十歲，我於《詩》《書》《禮》《樂》已卒業，於以學《易》，則
更有以明乎吉凶消長之理，而可以無大過矣云云」，崔適《論語足徵記》卷上
亦曰：「方以《詩》《書》執《禮》為事，故未暇學《易》，而學《易》必俟之
年五十也」，楊樹達《論語疏證》卷第二亦曰：「此蓋孔子四十以後之言。《易》
為窮理盡性以至命之書，學《易》數年，故五十知天命也」，潘重規《論語今
注》亦曰：「此章言孔子精研《易》理」（頁 138），李學勤《周易經傳溯源》
亦曰：「《論語·述而篇》所載孔子自言『五十以學《易》』等語，是孔子同《周
易》一書直接有關的明證」（頁81），邢文《帛書周易研究》贊同李說曰：「李
學勤先生經過系統考證，明確了《論語·述而》孔子『五十以學《易》』的可
信」（頁 228～229）〔註 10〕，案以上諸說，雖非全同，但以孔子五十學《易》
則無異，可證熊說並非無據〔註11〕。又〈公冶長〉「夫子之文章章」，所謂「不

〔註10〕案凡引及大陸學者之著作，而以簡體字印行者，皆逕改為繁體字，後同。
〔註11〕錢穆《國學概論》則曰：「五十以學《易》，《古論》作『易』，《魯論》作『亦』，
　　　　連下讀。比觀文義，《魯論》為勝。則孔子無五十學《易》之說也」（《錢賓四
　　　　先生全集》1，頁 6），《先秦諸子繫年》卷一〈孔子五十學易辨〉更詳徵眾說

可得而聞」，乃子貢深歎孔子所言之精義，既非言語所能為功，更非思慮即可求得，張惠言《易緯略義‧序》即曰：「是以其可言者，六藝之文著之；其難言者，游、夏之徒，或口受其傳悒，益增附推闓」，阮元〈性命古訓〉更曰：「乃歎學者不能盡人而皆得聞之，非子貢亦真不聞也」（《揅經室一集》卷十），蓋所言淺者，人或聞之，至於深者，則非盡人能知，雖聞而猶未聞，但畢竟亦聞矣，此可見孔子必有所言也，牟宗三《圓善論》亦謂此實「一方表示孔子不常言，一方亦表示弟子們不易理解（……），但卻並不表示孔子對於性與天道無默契」（《牟宗三先生全集》22，頁300）；且既云「夫子之言」，可見孔子非不言也，蕅益智旭撰、江謙補註《論語點睛補註》上之「補註」即曰：「既云夫子之言性與天道，即非不言」，不僅非不言，且應是常言，只是弟子們無法領會而已。是以《論語筆解》卷上李曰：「非子貢之深蘊，其知天人之性乎？」橫渠《語錄》上亦曰：「子貢曾聞夫子言性與天道，……聖人語動皆示人以道」，象山《語錄》上亦曰：「如曰：『予欲無言』，即是言了」（《象山全集》卷之三十四），桂文燦《論語集註述要》卷三則舉《大戴禮記‧哀公問於孔子》「天道貴其不已」之說，認為「此則與此章同出孔子之言」，余英時《從價值系統看中國文化的現代意義》亦謂此乃「孔子不正面去發揮這一方面的思想，並不是他不相信或否認『性與天道』的真實性」（頁 25）。案孔子既以「仁」為其核心，則必與人性相關聯，如曰：「性相近也，習相遠也」（〈陽貨篇〉），而由人之行仁，必進至於探究人與天之關係，如曰：「天生德於予」（〈述而篇〉）、「知我者其天乎」（〈憲問篇〉）等，則性與天道，乃其所常言者。而陽明《傳習錄》下曰：「夫子說性相近，即孟子說性善，不可專在氣質上說。若說氣質，

曰：「惟古者無六經之目，《易》不與《詩》《書》《禮》《樂》同科，孔子實未嘗傳《易》，今〈十傳〉皆不出孔子。〈世家〉亦但言孔子四十七不仕而修《詩》《書》《禮》《樂》，並不及《易》。而《正義》謂言其學《易》之年，明為誤矣」（同上 5，頁 18），《素書樓經學大要三十二講》亦曰：「只有一說，根據《論語》異本，謂『易』字當作『亦』，連下讀」（《講堂遺錄》，同上 52，頁 280），王叔岷〈論語斠理〉贊同錢說，並曰：「惟此文從魯論讀易為亦，亦字自當屬下讀；從古論作易，易字亦當屬下讀，易、亦古通，……後人不識易為亦之借字，誤信孔子傳易之說，遂以易字屬上斷句耳」（《慕廬雜著》，《慕廬論學集（一）》，頁 162～163），又其《斠讎學（補訂本）‧通例》一一四「不識假借字而失句讀」亦舉此為例（頁 414），陳冠學《論語新注》亦曰：「易之成書在曾子以後，夫子不當見之。……乃世傳十翼出夫子，是不明思想推衍之跡，亦不知夫子。易字當從魯論作亦字，連下讀」（頁 114），案此亦可備一說。

如剛與柔對，如何相近得？惟性善則同耳」，則孔子所謂之性，莫非即《大易》之乾元。若此，則「性與天道」，若非指《易》，則為何者乎？班固《漢書‧眭兩夏侯京翼李傳》之「贊」曰：「幽贊神明，通天人之道者，莫著乎《易》、《春秋》」，下即引子貢之語，宋翔鳳《論語說義》三即據此曰：「班氏以《易》、《春秋》為性與天道之書，故引子貢之言以實之」，蔣伯潛《語譯廣解四書讀本‧論語》亦據此曰：「性與天道，指《易》、《春秋》二書」（頁61），而顧炎武《日知錄》卷九「夫子之言性與天道」亦曰：「春秋之義，尊天王攘夷狄，誅亂臣賊子，皆性也，皆天道也。……今人但以繫辭為夫子言性與天道之書，……」夫以上諸家，固以《易》與《春秋》皆是矣。又戴震《孟子字義疏證‧序》曰：「讀《易》，乃知言性與天道在是」，劉寶楠《論語正義》卷六亦曰：「子貢言『性與天道不可得聞』，《易》是也」、「言『性與天道』，則莫詳於《易》」，熊氏《示要》卷三亦曰：「夫性與天道之言，莫詳於《易》」（《全集》三，頁866），牟宗三《心體與性體（一）》亦曰：「如果《易》之〈彖〉、〈象〉真是孔子所作，……則孔子對于『性與天道』並非不言，亦並非無其超曠之諦見」（《牟宗三先生全集》5，頁227），茲等則專指《易》而云耳。案孔子早年固「吾從周」，然其身處禮壞樂崩、周文疲弊之時，則晚年思想欲有所變通，亦極可能；而其轉變時機，即在知天命之歲，至其關鍵，則為學《易》也。此正明孔子深曉天道盈虛變化之理，而天命既下貫於吾人，則唯承之而已〔註12〕；而《易》最重天道，且〈子路篇〉有孔子引《易》恒九三爻辭之語，此皆可證孔子五十學《易》，以至作《易》，亦是甚為合理之事。而「子畏於匡章」，上節「溯源」已論及之，若文王真有羑里演《易》之事，則已啟其端，而孔子繼之而有作《易》之事，亦非絕無可能〔註13〕。又〈孔子世家〉，

〔註12〕林義正〈《論語》「夫子之文章」章之研究〉提出新句讀，認為此句當作「夫子之言性，與天道，不可得而聞也」，「與」字作「配合」講，其意即「有關老師參合天道說性方面的話，大家並不是一聽都能明白的啊」（《文史哲學報》第42期，頁31），案此亦可作一證。

〔註13〕《示要》卷三亦曰：「《易》乾為仁，而《論語》即以仁立教。《易》於變易見不易，而《論語》川上之歎，即是其旨。《易》曰『君子以自照明德』，而《論語》首言學，學者覺義，與自照明德義通。《易》之為書，邏輯謹嚴。而《論語》曰『知之為知之，不知為不知，是知也。』又曰『必也正名乎？』可於兩書，見其精神一貫。《易》明萬物資始乾元，各正性命。而《論語》曰『人之生也直』，即本其義。……《易》言開物成務，裁成天地，輔相萬物。而《論語》言治，既庶必富，既富必教。其答子貢問政：『曰足食、足兵、民信之矣。』

此中言孔子「序〈彖〉、〈繫〉、〈象〉、〈說卦〉、〈文言〉」，容或有誤，蓋〈十翼〉非孔子作；而史公之所以以孔子序〈彖〉等，蓋〈十翼〉極可能乃孔門後學所輯，故以孔子為代表。誠然，史公所言或許粗略，但非無根空談，當不至全篇皆誤，觀此篇引《論語》者甚多，皆若合符節；而《漢書·儒林傳》亦載孔子「蓋晚而好《易》，讀之韋編三絕，而為之傳」，〈藝文志〉亦曰：「孔氏為之〈彖〉、〈象〉、〈繫辭〉、〈文言〉、〈序卦〉之屬十篇」，即承之以言，則班固亦以史公之說為可信；惠棟〈易論〉且曰：「愚謂孔子晚而好《易》，讀之韋編三絕而為之《傳》，蓋深有味於六十四卦、三百八十四爻時中之義，故於〈彖〉、〈象〉二傳言之重、詞之復」（《松崖文鈔》卷一）。史公之云：「孔子晚而喜《易》，讀《易》韋編三絕」，正點明〈述而篇〉孔子之言「五十以學《易》」之相關背景，且「假我數年，若是，我於《易》則彬彬矣」，亦與「假我數年，……可以無大過矣」句型頗一致，而之所以「可以無大過矣」，即因「我於《易》則彬彬矣」。故兩書所載雖互有異同，但正可相互補足而予印證，《示要》卷三且曰：「〈世家〉稱其晚而喜《易》，蓋實錄也」（《全集》三，頁 865）。李學勤《周易經傳溯源》曰：「《論語·述而》和《史記·孔子世家》都說明孔子非常重視《周易》一書。到了晚年，尤其喜好，從而撰作《易傳》，他的實際行為，印證了他說過的話」（頁 68），此可為熊說之一證。至於〈范雎蔡澤列傳〉蔡澤之言，「不義而富且貴，於我如浮雲」，出自《論語·述而》，乃孔子自言，故蔡澤言「聖人曰」，此指孔子無疑；而「飛龍在天，利見大人」，乃《易》乾卦九五爻辭，而與「不義而富且貴」連言，皆為「聖人曰」，則孔子於《易》必有關係。或謂飛龍在天云云與不義而富云云，其之所以連言，乃因皆聖人之言，此聖人非必即同一人，所謂「聖人曰」乃泛稱，可指孔子，亦可指他人，而蔡澤乃一辯士，屬縱橫家者流，未必能辨別清楚，且或為游說之便，故連言而總稱之。案此亦可成一說。然既連言之，

皆通於《易》。……足食之原則云何？證以《論語》『患不均』之言，及一部《周官》大意，則孔子注重社會主義及生產發達可見。此與《易》之開務成物等意思正合。國際未至大同，則足兵為要。否則強凌弱，眾暴寡，而人類之禍亟矣。《易》之訟卦甚可玩。孔子曰：『自古皆有死，民無信不立。』其教化之根本旨趣在此。《易》言萬物各正性命。……故國之政教，必使民皆守信。信義不失，即不澆其真性，而性命正。《論語》以此為政化之大本，固與《易》義合也。……略舉其要，可以《論語》證明《大易》之必為孔子所作」（《全集》三，頁867〜868），案此亦可供參考。

則為同一人，亦極可能；且蔡澤乃戰國時人，距孔子年代甚近，其言當非無故。如其引及「日中則移，月滿則虧」，則言「語曰」，引「成功之下，不可久處」，則言《書》曰，可見其對引語之出處，甚為謹慎。且其又引及「亢龍有悔」，則言《易》曰，此尤值注意。蓋引「飛龍在天，利見大人」，則言「聖人曰」，引「亢龍有悔」，則言《易》曰，實將聖人與《易》等同，即《易》為聖人所作；而此聖人為誰？此從其引及飛龍在天云云，而與孔子自言不義而富云云連言，又總而言「聖人曰」，可知此聖人即孔子，則以《易》為孔子作亦明矣。《原儒・原內聖》即曰：「證以《史記・蔡澤傳》，以『飛龍在天，利見大人』為孔子之言，則《周易》完全出於孔子斷不容疑」（《全集》六，頁611），案「飛龍在天，利見大人」既為孔子之言，則卦爻辭非文王作，而乃孔子作，亦甚可能，可見熊說絕非全然無據也。

熊氏既以孔子《周易》源於伏羲古《易》，而予創造發明，進而創作《春秋》等經，即六經全為孔子制作，惜皆不免遭致後儒竄亂。誠如《乾坤衍》曰：「改竄之禍，非獨不始於漢初，亦不始於呂秦之世，蓋始於六國之儒」（《全集》七，頁340），此從韓非〈顯學篇〉「儒分為八」可證，《乾坤衍》曰：

> 據韓非所說而推之，孔子後學分派，各各自稱為真孔。由此可知，各派必將孔子之六經，各就其所取與所舍者，盡力改竄。發揚其所取之部分，必刪削其所舍之部分，以為其自稱真孔之實證。（《全集》七，頁341）

案「儒分為八」，即因取舍相反不同，而卻「各各自稱為真孔」，此即可見各家於孔子思想之理解已然有異，更何況對其之詮釋必是異見歧出。據《論語・子張》「子夏之門人章」所載，子張與子夏之論「交」，即有異聞也；又「子夏之門人小子章」所載，子游與子夏對弟子之當灑掃應對進退，即有孰為本者、孰為末者之爭論矣。是以韓非所言，固有其理。韓愈〈送王秀才序〉亦曰：「吾常以為孔子之道大而能博，門弟子不能徧觀而盡識也，故學焉而皆得其性之所近；其後離散分處諸侯之國，又各以所能授弟子，原遠而末益分」（《韓昌黎文集校注》第四卷），所謂「原遠而末益分」，蓋亦「儒分為八」之意。熊氏對此證據非常重視，而更予推論，《乾坤衍》曰：「一、八儒，祇是韓非就其見聞所及者而說。三千七十之徒，豈止八派。二、韓非說八派之分，由其對於孔子學說有取舍相反，遂成彼此不同之各派」（《全集》七，頁358），是以各派既皆以自己為真孔，則必將孔子六經任意予以取舍改竄。不論大道

學派或小康學派，對於「發揚其所取之部分」，則必極予鋪張，而使相反之義，在所改竄文字中失其本義，此「大取」也；至於「刪削其所舍之部分」，則亦必不得不留存極少數文句，以隱示己之所由改作，此「大舍」也。「大取」與「大舍」，乃熊氏更據〈禮運〉之文，以推定儒學總分大道、小康兩派，而其取舍則正相反，《乾坤衍》曰：

> 孔門狂簡高才，篤志大道者，其於本師之六經完全執取，是為大取。有大取即有大舍者。既於六經全盤承受，則於古帝王小康禮教，自不得不全盤捨棄。……故大道之學，決不容小康思想雜乎其間，以其私而無公也。若夫孔門小康之徒，其於古帝王小康禮教全盤承受，亦是大取。既於此大取，則大道是其所必捨。（《全集》七，頁 359～360）

> 孔門三千之後學，全盤承受孔子晚年大道之學者，是為大取。同時，必完全舍棄孔子早年所服膺於古帝王小康之道，是為大舍。……反之，三千中頑固派之後學，篤守孔子早年傳習古帝王之禮教，是為大取。同時，亦必完全反對孔子晚年思想，是為大舍。（《全集》七，頁 391～392）

案「大取」、「大舍」與小取、小舍誠不同也。大取大舍者，乃全盤承受甲方，即必極端排斥乙方；至於小取小舍者，則於大異中，不妨少有所取，而於大同中，亦不妨少有所舍。又大取與大舍乃相對而言，於此大取者，於彼必大舍，而於此大舍者，於彼必大取也。如大道學派，即孔門三千中之狂簡高才篤志大道者，「其於本師之六經完全執取，是為大取」，故崇尚羣龍无首、天下大同，而「於古帝王小康禮教，自不得不全盤捨棄」，必欲推翻君主統治、廢除階級制度，此大道學派之大取大舍，斯乃全盤承受孔子晚年大道之論，而於其早年好古出於一時之意趣者，則全舍之，蓋於此既大取，則於彼必大舍也。至於小康學派，即孔門三千中篤守小康之頑固後學者，「其於古帝王小康禮教全盤承受，亦是大取」，即擁護君主統治、保存階級制度，相反地，「既於此大取，則大道是其所必捨」，必無視於羣龍无首、天下大同，此小康學派之大取大舍，其必全盤承受孔子早年帝王之業，而於其晚年定論，拒而弗承，蓋於彼既大取，則於此必大舍也。故大道與小康兩派，勢如水火，此消彼長，亦自然之理也。

誠然，小康學派縱興盛，而大道學派則仍存一線，不絕如縷。《乾坤衍》曰：

孔子大道之傳授，今據《史記‧仲尼弟子列傳》，可考者僅二人。一、言偃，字子游。見於〈禮運經〉，……二、卜商，字子夏。傳孔子《春秋經傳》于齊人公羊高。……如子游、子夏，並是大道學派。（《全集》七，頁388～393）

熊氏以傳孔門大道者，唯子游、子夏而已，蓋子游傳〈禮運〉，子夏傳《春秋》，《原儒‧原內聖》即曰：「子游氏之儒能傳〈禮運〉，子夏氏之儒能傳《春秋》」（《全集》六，頁652），《乾坤衍》亦曰：「子夏傳《春秋》、子游傳〈禮運〉」（《全集》七，頁403），案孔門四科中，「文學」則子游、子夏，故二子當可勝任於傳道之責。孔子冀子夏「女為君子儒，無為小人儒」，據何晏《論語集解》注曰：「孔曰：『君子為儒將以明道，小人為儒則矜其名。』」邢昺《論語注疏》疏曰：「此章戒子夏為君子也。言人博學先王之道，以潤其身者，皆謂之儒。但君子則將以明道，小人則矜其才名。言女當明道，無得矜名也」，其後子夏設教西河，且被擬之為孔子，而漢儒傳經，皆可溯源於此。又子游為武城宰，弦歌之聲不斷，對曰：「昔者，偃也聞諸夫子曰：『君子學道則愛人，小人學道則易使也。』」（《論語‧陽貨》）孔子讚曰：「偃之言是也」（同上），則對之亦深有期望。故熊氏以游、夏「並是大道學派」，蓋言之有據；唯此非謂熊說即對，而視為其一家之言即可。且四科之中，既以「德行」為首，實即以之為最要，故《孟子‧公孫丑上》載公孫丑曰：「昔者竊聞之，子夏、子游、子張皆有聖人之一體，冉牛、閔子、顏淵則具體而微」，則游、夏之以文學稱，只得聖人之「一體」，較之於德行之顏淵等之「具體而微」，又何足道哉！至於其餘，《乾坤衍》曰：「若子貢、子路、曾子等等，無論其學行優劣、短長，要皆遵循小康之道也。顏子是否為大道一派？從《論語》考之，殊不可知」（《全集》七，頁403），案顏回雖具體而微，但先孔子而早卒，可無論耳，而餘者亦毋庸深論，此視為熊氏一己之見即可。蓋孔子道大，門弟子各因其性而有所得，至於其全，遠非一人盡可含括，故「儒分為八」、「原遠而末益分」。而其後之孟子與荀子，誠如《示要》卷三曰：「孟、孫二子，皆深於《易》理。……而孟軻、孫卿二氏，皆得孔子《易》學之正傳」、「孔子作《易》而後，……其承孔子之緒，而在儒家中獨成巨派者，如孟軻、孫卿是也」（《全集》三，頁870～871、頁875），案熊氏於此，推尊孟、荀；蓋孟子謂「孔子，聖之時者也」，伊川即曰：「故知《易》者，莫若孟子」（《河南程氏遺書》卷第二十五），而荀子曰「善為《易》者不占」，則其必亦通《易》。然至《原儒》曰：「孟軻猶滯於宗法社會思想，故不及荀卿也。然荀卿

似亦疑升平未可驟致，乃欲改造宗法思想而不徹底，故不肯作廢除君主制度之主張，此所以與孟軻同一謬誤」（〈原學統〉，《全集》六，頁 390）、「孟、荀雖並言革命，而只謂暴君可革，卻不言君主制度可廢，非真正革命論也」（〈原外王〉，《全集》六，頁 449），《乾坤衍》亦曰：「孟子、荀卿同是堅守小康之壁壘，與大道學說之主旨根本無可相容」、「孟子誤于小儒之學」（《全集》七，頁 394～395、頁 582），顯將孟、荀視為小康學派。此蓋孟、荀仍受其所處時代之影響，未能超脫於帝制思想耳。且觀乎孟子之言也：「殘賊之人，謂之一夫。聞誅一夫紂矣，未聞弒君也」（〈梁惠王〉下）、「君有大過，則諫；反覆之而不聽，則易位」（〈萬章〉下），錢穆《四書釋義‧孟子要略》即分云：「此孟子論人民有革命之權利也」、「此孟子論人臣有變易君位之責任也」（《錢賓四先生全集》2，頁 200），案孟子認為只有貴戚之卿可以變易君位，斯洵換湯不換藥之「橫的革命」而已，而縱使異姓之卿，亦只能自己掛冠求去，則更遑論一般平民，其欲由下而上以行既換湯又換藥之「縱的革命」，茲誠恐非孟子之所能意想得到，誠如錢穆於末後續謂：「惟孟子始終未明倡『平民革命』之說，則以限於時代，見不及此」（同上，頁 200），袁保新《孟子三辨之學的歷史省察與現代詮釋》亦曰：「這充分說明了孟子的民本思想雖然以『天下為公』的禪讓政治為最高理想，可是在『薦舉式』的制度不能充分的客觀化的情況下，孟子並未貫徹他『主權在民』的原則，而對龐大的歷史傳統採取了妥協的態度」（頁 116）〔註14〕，可見孟子畢竟弗能擺脫君權思想矣〔註15〕。而荀子則法後王，隆禮治，且以「堯舜擅讓，是虛言也，是淺者之傳，陋者之說也」（《荀子‧正論》），絕無天下為公之禪讓思想，更可無庸論矣。是以熊氏對孟、荀之批評，洵亦非無據也。

　　要之，孔子之後，大道學派沒落，小康學派盛行，竄改孔子六經，專弘古帝王小康之道，以致漢人所傳之六經，幾全是小康思想，此小康派所竄改之偽經，實非孔子之真本也。熊氏既以孔子六經，首遭六國之儒竄亂，再則

〔註14〕又袁氏於同書（頁 168～169）亦再重複強調此意。

〔註15〕關於「縱的革命」與「橫的革命」之說，請參閱第八章〈《易》外王學〉第二節「《春秋》：張三世」相關部分；又筆者《熊十力春秋外王學研究》第四章〈一以革命為主之三世說〉第四節「力倡『縱的革命』之熊氏三世說」一、「倡言『縱的革命』」，對此有詳細說明。又孟子遊說列國諸君，誠如姚永概《孟子講義‧孟子序說》曰：「其學固以性善為本，以仁義為用，而其宗旨則全在救民」（頁 9～10），然則，其說既不售，民亦不得救，而顧其終確是弗敢極力倡導下層百姓起而革命也。又請參閱筆者〈姚永概《孟子講義》「救民」說研究〉（《鵝湖》第 440 期）。

呂秦焚坑之禍繼之，而至漢初以來之小儒，仍復承襲此風，而其為害卻遠超過於前。《乾坤衍》曰：

> 古籍經秦火後，喪亡殆盡。此一厄也。晚周六國小康之儒，反對大道學派，而欲將孔子五十以後之六經思想完全遮掩。漢初儒生擁護皇帝，承六國小儒之故技，必欲絕大道學派之遺迹。此又一厄也。（《全集》七，頁 354）
>
> 一事，六國時小儒，必將孔子六經盡行改竄，此無疑義，否則不能自稱真孔。二事，孔子六經原本，定在大道派學者之手。但自呂政焚阬之禍後，天下儒生一致畏禍，不敢講大道之學。（《全集》七，頁 363）

熊氏以為呂秦焚坑之禍，雖使古籍喪亡殆盡，但此一厄也為害尚小；而六國至漢初小儒竄亂之禍，因其宗主古帝王小康禮教，故此一厄也為害甚大。是以孔子六經遭致小儒竄亂，至漢初以來最嚴重，常將孔門大道、小康二派混作一團，《乾坤衍》即曰：「司馬談對於儒家六藝經傳千萬數，作一總評。……一曰，『累世不能通其學，當年不能究其理』。二，『若夫列君臣、父子之禮，序夫婦、長幼之別，雖百家莫能易也』。余審覈其第一點，明明指大道學派之六藝經傳而言。第二點，明明指小康偽學之經傳而言」（《全集》七，頁 357），案熊氏認為從司馬談〈論六家要旨〉言儒家，即可知「累世不能通其學，當年不能究其理」，乃指大道學派而言〔註 16〕，至於「列君臣、父子之禮，序夫婦、長幼之別」，蓋指小康偽學，此乃司馬談於大道學派之中攙雜小康思想。究其實，又何止談一人而已，蓋漢代學術無不如此。熊氏綜觀西漢學術，認為有三家最著，然莫不將大道、小康二派混作一團，《乾坤衍》曰：「一、司馬遷與其父談。……惜乎其父子皆不悟大道，盛弘小康禮教。……二、公羊壽、胡毋、董仲舒師弟〔註 17〕……壽與其弟子造偽《春秋》，背聖叛祖，而假圖讖，以取信于朝野，影響甚大。三、劉向與其子歆，兩世掌校群書。……

〔註 16〕 《乾坤衍》即曰：「余以經傳千萬數歸之大道學派，是乃第一理由。……余以孔門三千徒眾，少壯狂簡高才，勇進於大道，故有六藝經傳千萬數。是吾所持之理由二也。……余以談之言，證成六藝經傳千萬數，出於大道學派。是吾所持之理由三也。」（《全集》七，頁 396～400）。

〔註 17〕 案戴宏〈序〉云胡毋生為公羊壽弟子（見徐彥《春秋公羊傳注疏‧序》引），此無可疑，而據此及《史記‧儒林列傳》與《漢書‧董仲舒傳》、〈儒林傳〉等，皆未言及仲舒之師承，則其是否亦為壽之弟子，洵不無疑問。熊氏於此，不甚分辨，蓋籠統言之，故亦寬泛視之可也。

其所崇重之《周官》、《左傳》，後漢皆盛行」（《全集》七，頁 438），案熊氏
以史遷父子、公羊壽胡毋董生師弟、劉歆父子等皆誤解孔子，背聖叛祖，不
悟大道，崇尚小康教條，篤於義深君父，其流風所扇，蓋自漢以下諸儒皆深
受影響。此中，公羊壽胡毋董生師弟重《春秋》，劉歆父子重《周官》、《左
傳》。而於《易》，則以史遷父子受《易》於楊何，故所言最多，而其乃術數
家；且又習道論於黃生，而其以湯武弒君，非受命；又學天官於唐都，而其
當深於古帝王之禮；要之，楊何等之學，誠如錢穆《秦漢史》曰：「所謂天
官、《易》、與道論，皆與黃老陰陽為近」（《錢賓四先生全集》26，頁 116），
此即史遷父子所師承之人，皆為小康學派之徒，故其對孔子之誤解亦最甚。
《乾坤衍》曰：

> 據馬遷祇用一「序」字，不用「作」字。序者，序述古聖作《易》
> 之旨，非謂孔子自有創作也。其上文稱孔子讀《易》、喜《易》，則
> 謂孔子所讀所喜者，古聖之《易》也。其曰序〈彖〉、〈繫〉、〈象〉
> 等者，則謂孔子序述古聖作《易》之旨耳。殊不知，伏羲之《易》祇
> 有卦爻而無辭。孔子讀伏羲之卦爻，乃返而體會之於自己仰觀俯察、
> 遠取諸物、近取諸身之無數經驗，豁然洞徹宇宙萬有變動不居而非無
> 軌則，且深窮萬有之元。於是依伏羲卦爻，創作《周易》〔註18〕……
> 又稱孔子因魯史記作《春秋》而頌之曰：「《春秋》之義行，則天下
> 亂臣賊子懼焉。」據此，則馬遷明明以公羊壽、胡毋之偽《春秋傳》
> 認為是孔子之《春秋》。遷稱孔子之《易》、《詩》、《書》、《禮》四經
> 皆不下一「作」字，則以小儒一致宣傳孔子繼述古帝王故也。今於
> 《春秋》而獨云作者何？則因公羊壽等偽造圖讖，稱天命孔子作《春
> 秋》為漢家法，而以其私造之偽《春秋》詭稱為孔子作。馬遷亦與
> 壽等同聲相應，故於〈孔子世家〉特載其有作《春秋》一事也。（《全
> 集》七，頁 429～432）

案《易緯‧坤鑿度》有「孔子……作〈十翼〉明也」之語，蓋即〈十翼〉說
之所本。熊氏認為〈孔子世家〉所載「孔子晚而喜《易》，序〈彖〉、〈繫〉、〈象〉、
〈說卦〉、〈文言〉」云云，史公只用一「序」字，不用「作」字，此即有誤，
已將孔子自有創作《周易》之事，變成只是序述古聖作《易》之旨。案張守

〔註18〕案「卦爻，創作《周易》」等字句，《全集》脫漏，茲據學生版《乾坤衍》及
中華版《熊十力論著集之二──體用論》中之《乾坤衍》補入。

節《正義》曰:「序,《易·序卦》也」,且以「序」字指〈序卦〉,而非序述或創作之意,而自歐陽脩《易童子問》疑〈十翼〉非孔子作,亦已為後人所接受,故「序〈象〉、〈繫〉、……」一句,洵乃充滿疑問。唯據史公所言,「序」字應非指〈序卦〉;且如史公所言孔子「追迹三代之禮,序《書傳》」、「乃因史記作《春秋》」,此中「序《書傳》」、「作《春秋》」對列,〈孟子荀卿列傳〉亦載孟子「退而與萬章之徒序《詩》《書》,述仲尼之意,作《孟子》七篇」,可見史公對「序」與「作」確有不同用法,而「作」自為創作,「序」亦即「述」,則為序述,誠如《禮記·樂記》曰:「作者之謂聖,述者之謂明」,〈中庸〉亦曰:「父作之,子述之」,則「作」與「序」誠不同耳。故「序〈象〉、〈繫〉、……」,既與「序《書傳》」、「序《詩》《書》」同,則應為序述,而非創作之意。史公既言孔子「序〈象〉、〈繫〉、……」,顯即以〈十翼〉乃孔子作,然卻用序字,而非如「乃因史記作《春秋》」、「作《孟子》七篇」一樣用作字,熊氏認為此即誤解孔子,以其乃「序述古聖作《易》之旨」,亦即「非謂孔子自有創作」,直將孔子乃創作之聖,貶為只是序述之明。或謂《論語·述而》明載孔子自云:「述而不作」,則又作何解?據朱子《論語集注》曰:「蓋不惟不敢當作者之聖,而亦不敢顯然自附於古之賢人;蓋其德愈盛而心愈下,不自知其辭之謙也。然當是時,作者略備,夫子蓋集羣聖之大成而折衷之。其事雖述,而功則倍於作矣」,案不論此乃孔子自謙之辭,抑其早年所言,要之,孔子雖「述而不作」,然其「集羣聖之大成而折衷之」,此實無乃「以述代作」,即於傳先王之舊當中,自有其一番創作,不僅彰顯古聖先賢之價值所在,並開創儒家學說之精神氣象〔註19〕。陳大齊《孔子學說》之〈述而不作〉亦曰:「孔子所

〔註19〕自王昭素、范諤昌及歐陽脩等疑〈十翼〉非孔子作,崔述《洙泗考信錄》卷之三「附錄」亦力辨孔子有作《易傳》之誤,顧頡剛編《古史辨》第三冊上編相關諸作亦多辨其非,錢穆《國學概論》亦曰:「至〈十翼〉不出孔子,前人辯者已多,則《易》與孔子無涉也」(《錢賓四先生全集》1,頁7),《先秦諸子繫年》卷一〈孔子五十學易辨〉亦曰:「〈世家〉又謂:『孔子晚而喜《易》,序〈易傳〉』,蓋皆不足信」(同上5,頁18),〈易經研究〉亦提出十證以明〈十翼〉非孔子作(《中國學術思想史論叢(一)》,同上18,頁262~269),廖名春〈錢穆先生孔子與《周易》關係說考辨〉亦從錢穆之角度出發,而曰:「錢先生堅持的『《十翼》非孔子所作』說,在我們今天看來,應該是可以成立的。因為錢先生所謂『作』,有其一定的涵義,就是親筆書寫」(《錢穆思想學術研討會論文集》,頁329~330)。可見孔子是否作《易》,誠非易解,蓋對作《易》之「作」,有不同認定,其可有廣義與狹義之釋,狹義之釋,即孔子「親筆書寫」之意,而廣義地說,則並不一定指此,蓋凡孔子口述而弟子傳述,或後

說的『述』，其價值應當高於『作』，決不會低於『作』」（《陳百年先生文集》第一輯，頁 216）。熊氏並認為史公雖以《春秋》乃孔子因魯史而作，即孔子之創作也，王充《論衡・超奇篇》即曰：「孔子得史記以作《春秋》；及其立義創意，褒貶賞誅，不復因史記者，眇思自出於胸中也」；然《春秋》所言「新周，故宋，以《春秋》當新王」，此即「通三統」，亦曰「存三統」，蓋新王者須存前二王之後，而與己為三，所以通三統、立三正也〔註20〕，但史公卻云：「據魯，親周，故殷，運之三代」，斯則已與孔子有異，蓋孔子明明乃以《春秋》當新王，而退周為前二王之一，故為新周，而史公則云「親周」，據司馬貞《索隱》曰：「親周，蓋孔子之時周雖微，而親周王者，以見天下之有宗主也」，其意實相背反；且史公又曰：「《春秋》之義行，則天下亂臣賊子懼焉」，乃篤於君臣恩義，與公羊壽等偽造圖讖同聲相應，偽稱天命孔子作《春秋》，乃為漢制法，此洵亦誤解孔子〔註21〕。且皮錫瑞亦已言及，唯熊氏則以其頗

人衍繹孔子之說等，皆可視為孔子所作。唯不論如何，誠如廖名春〈錢穆先生孔子與《周易》關係說考辨〉續曰：「但一口咬定孔子與《易傳》無關，全然否定傳統之說，就只能讓司馬遷在地下竊笑了」（同上，頁 333），總之，史公之說，要非無故。

〔註20〕案「通三統」是否為孔子《春秋》之本義，歷來即頗多爭議，大抵公羊學者皆篤信之，熊氏自亦認同，故此亦隨順熊說而言。至於古文學家則不之信，如章太炎《春秋左傳讀敘錄・後序》即論及其謬，劉師培〈王魯新周辨〉（《左盦集》卷二）、〈論孔子無改制之事〉（《左盦外集》卷五）更力辨其誤。又錢穆《國學概論》採章、劉二氏之說，而曰：「『存三統』云云，尤為可怪。其王魯、新周、故宋、黜杞之說，細按皆不足信」（《錢賓四先生全集》1，頁 110），《秦漢史》亦曰：「以此比附於《春秋》，其說已牽強」（同上 26，頁 132）。又牟宗三《歷史哲學》亦謂此「乃漢儒迂怪之說，非孔子本意，不可信」（《牟宗三先生全集》9，頁 108）。

〔註21〕熊氏並從《史記》欠詳審處以證，如〈太史公自序〉，《乾坤衍》即曰：「如其自序末段，有『西伯拘羑里，演《周易》；孔子厄陳、蔡，作《春秋》』云云。文王本無演《易》之事。孔子作《春秋經》，豈是為一身暫時之厄而始作經乎？……其序又云：『韓非囚秦，〈說難〉、〈孤憤〉。』余覽《史記・韓非傳》，首稱：『非見韓之削弱，數以書諫韓王，韓王不能用。』云云。下文緊接而言，『故作〈孤憤〉、〈五蠹〉、〈內外儲〉、〈說林〉、〈說難〉十餘萬言』云云。據〈韓非傳〉，〈說難〉、〈孤憤〉作于未使秦之前，今乃忽說為囚秦之作」（《全集》七，頁 498），而即就〈孔子世家〉言，其欠詳審處亦不少，如「魯襄公二十二年而孔子生」，《索隱》即曰：「《公羊傳》『襄公二十一年十有一月庚子，孔子生。』今以為二十二年，蓋以周正十一月屬明年，故誤也」。後序孔子卒，云七十二歲，每少一歲也」；又「防山在魯東，由是孔子疑其父墓處，母諱之也」，《索隱》亦曰：「徵在笄年適於梁紇，無幾而老死，是少寡，蓋以為嫌，不從送葬，故不知墳處，遂不告耳，非諱之也」；又「孔子要經，季氏饗士，

有誤解處，《乾坤衍》曰：

> 皮錫瑞肯定《周易》是孔子作，而引馬遷稱孔子序〈彖〉、〈繫〉云云為證，以謂馬遷所云序者，即是作也。殊不知，序者序述，作者創作，此兩字本不同義。錫瑞強為混同，未知其可也。（《全集》七，頁 431）

> 皮錫瑞《易經通論》以繫辭為卦辭及爻辭，人多不肯。（《全集》七，頁 497）

皮氏謂「馬遷所云序者，即是作」及「以繫辭為卦辭及爻辭」之說，見其《經學通論·易經》，其曰：「蓋《繫辭》即卦辭爻辭，乃孔子作，今之〈繫辭〉乃《繫辭》之傳，孔子弟子所作。〈繫辭〉明有子曰，必非出自孔子手筆。《史記·自序》，引〈繫辭〉之文為〈易大傳〉，是其明證」（頁 12），即皮氏以〈繫辭傳〉所謂之《繫辭》，即指卦爻辭，乃孔子作，而今所見之〈繫辭傳〉，乃孔子弟子作，至於文王、周公則一無所作，與《易》完全無關。案熊氏雖認為文王乃事天垂教之學，不得《易》旨，但與《易》則不無關係，故《原儒·原內聖》即曰：「皮錫瑞橫斷文王全無所作，亦逞臆太過」。又熊氏雖以皮氏引史公之說以肯定《周易》乃孔子作，及以繫辭為卦辭及爻辭，誠亦有理，然卻將序者序述與作者創作，強為混同。蓋皮氏雖以「序〈彖〉、〈繫〉、……」之「序」字，應為「作」字，但因其不曉大道、小康之別，故其所謂「作」字，實即小康學派序述之意，而非大道學派之創作也；且其並未舉蔡澤之言，而又不明今所謂〈繫辭傳〉者，當時則稱〈易大傳〉，而不稱〈繫辭傳〉，故而以卦爻辭為孔子作，〈繫辭傳〉則為孔子弟子作，實將兩者強為混同，仍是不解孔子。《示要》卷三即曰：「皮錫瑞疑孔子未贊《易》之前，《易》只有占法，而無文辭。遂斷定卦辭、爻辭即是《繫辭》，皆孔子作。而今之〈繫辭〉

孔子與往。陽虎紲曰：『季氏饗士，非敢饗子也。』孔子由是退」，《索隱》亦曰：「《家語》『孔子之母喪，既練而見』，不非之也。今此謂孔子實要經與饗，為陽虎所紲，亦近誣矣」；類此之失，不勝枚舉。誠然，此亦非謂《索隱》皆是，而《史記》皆非，蓋《索隱》亦有誤處，然《史記》之誤尤多。梁玉繩《史記志疑》及錢穆《先秦諸子繫年》等即考辨出《史記》實多誤也。此皆可見史公於「序〈彖〉、〈繫〉、……」之「序」字，或有欠詳審處。又熊氏於《新論（刪定本）》、《原儒》據《論語·子罕》「子畏於匡章」認為「文王羑里演《易》確有其事」，至此《乾坤衍》據《史記·太史公自序》則曰：「文王本無演《易》之事」。雖云所據文獻有異，但畢竟互相矛盾，此實其所應極力避免者。抑其至此已確定文王本無演《易》之事，乃其最終定見。

上下篇，古以為〈繫辭傳〉。乃孔子弟子所作」（《全集》三，頁863），案熊氏認為皮氏以卦爻辭為孔子作，故孔子贊《易》之前，「《易》只有占法，而無文辭」，此實太過橫斷，蓋既是占法，則必有占辭，否則將何以斷吉凶？而皮氏既「斷定卦辭、爻辭即是《繫辭》，皆孔子作」，即以卦爻辭乃孔子作，但卻又以「今之〈繫辭〉上下篇，古以為〈繫辭傳〉。乃孔子弟子作」，即以〈繫辭傳〉為孔子弟子作，此則不解孔子作《易》之旨，直將孔子創作之功一概抹殺，而歸之於孔子弟子；《示要》卷三亦曰：「孔子作卦爻辭，復作〈彖〉、〈象〉、〈文言〉，而自解之。……七十子後學轉相傳習，或復加以推演，遂成〈繫辭傳〉」（《全集》三，頁866），是以〈繫辭傳〉縱為孔子弟子所作，然其乃根據孔子口義流傳，故亦應歸之於孔子。案熊氏之說，雖云乃以理推之，幸而1973年12月長沙馬王堆出土帛書《周易》經、傳中，有〈要〉一篇，可證成熊說。〈要〉曰：「夫子老而好《易》，居則在席，行則在囊。……子曰：『《易》，我後其祝卜矣，我觀其德義耳也。……後世之士疑丘者，或以《易》乎？吾求其德而已，吾與史巫同涂而殊歸者也。……』」所謂「我觀其德義耳」、「吾求其德而已」，可見孔子肯定《周易》，但非着重其原本之卜筮意義，乃探求其深層底蘊之德性義理，鄧球柏《帛書周易校釋》即曰：「這一章敘述孔子晚年對《周易》的執着追求，以及孔子同史巫、祝巫、卜筮的本質區別」（頁574），韋政通《孔子》亦曰：「〈要篇〉中所記孔子與弟子有關《易》的問答，很明確地表達了孔子重視《易》之哲理，而非《易》之占卜的態度」（頁52）。又新出土上海博簡館藏竹書儒簡〈魯邦大旱〉，中有孔子語：「邦大旱，毋乃失諸刑與德乎？」此縱如曹峰《上博楚簡思想研究》所云：「把〈魯邦大旱〉中的孔子視為真孔子，這是不慎重的」（頁103），但以其乃孔子後學之儒家思想，應無不可；林義正〈孔子的天人感應觀——以〈魯邦大旱〉為中心的考察〉即曰：「孔子的天人感應觀是建立在性與天道相通的基礎上」、「筆者肯定孔子有天人感應思想，而其特質就是德行的感應」（見李學勤、林慶彰等《新出土文獻與先秦思想重構》，頁35），此正可與〈要〉篇互證。而更要者，即「後世之士疑丘者，或以《易》乎」一語，與孔子自言知我罪我者「其惟《春秋》乎」及《孟子·離婁下》述孔子之言：「其義則丘竊取之矣」，如出一轍，可見孔子據魯史而成《春秋》，固是事實，而其據《周易》，捨卜筮而取德義，以成〈十翼〉，亦極可能，且此既印證《論語·述而》與《史記·孔子世家》

之說，益可見熊說之有理也。〔註22〕

〔註22〕案馬浮《泰和宜山會語合刻》之《泰和會語》「理氣」曰：「《易》為六藝之原，〈十翼〉是孔子所作，一切義理之所從出，亦為一切義理之所宗歸」，《復性書院講錄》第二卷「論語大義六・易教上」亦言及斯，可謂與熊氏一樣堅決。又李學勤《周易經傳溯源》曰：「《史記・孔子世家》：『孔子晚而喜《易》，……』同書《田敬仲完世家》也有『孔子晚而喜《易》』之說。《要》篇所說，正與之相合」（頁286），廖名春《帛書《易傳》初探》亦曰：「司馬遷《史記・孔子世家》將『孔子晚而喜易，……』與『假年之歎』緊接，皆排於孔子『自衛反魯』之後，是完全正確的」（頁167），又《《周易》經傳與易學史新論》亦曰：「『五十以學易』之『學』，其實就是《史記》『晚而喜易』之『喜』，帛書《要》篇『老而好易』之『好』」（頁150～151）、「《易傳》的思想源于孔子，孔子與《易傳》有着密切的關係。但戰國時期的孔子後學對《易傳》各篇也作了許多創造、發揮工作。因此，《易傳》的作者主要應是孔子及其後學」（頁283～284），金春峰《《周易》經傳梳理與郭店楚簡思想新釋》亦曰：「馬王堆帛書『易說』——《二三子問》與《要》的出土，使我們得到一有力的論據，證明司馬遷的說法是有根據的。《論語》『五十以學《易》』是可以相信的」（頁127），案以上諸氏之說，皆可為熊說之佐證。又高懷民《先秦易學史》曰：「史稱孔子『贊易』，也主要指發揮光大易學之思想義理，非定指手著十翼之文。……是以古人言孔子作十翼，就文字而論為非是，就思想而論則未為不可」（頁239～240），戴璉璋《易傳之形成及其思想》亦曰：「《易傳》雖非孔子所作，可是從各篇內容上觀察，說是出於儒者之手並無可疑，而孔子詮釋經義、引用經文的態度，對於《易傳》的形成所產生的影響，也不容抹煞」（頁10），吳怡《易經繫辭傳解義》亦曰：「〈十翼〉雖然不是孔子所親作，卻不能說不是孔子思想所灌注。否則孔子只知學《易》，而沒有傳《易》，他的學《易》便毫無意義」（頁7），黃慶萱《周易縱橫談》亦曰：「〈十翼〉之中的〈文言傳〉跟〈繫辭傳〉有許多『子曰』，卻多是孔子弟子或弟子的弟子們所記孔子的話。〈彖〉、〈象〉兩傳，也有許多與《論語》主旨相合之處，可能也是孔子對《易》卦爻辭的闡釋，弟子及後學紀錄而成」（頁208），葉國良等《經學通論》亦曰：「傳統說法以《十翼》出於孔子之手，雖不可從，但《十翼》的著成與儒家關係密切，卻是不爭的事實。……《十翼》的成立實深受孔子《易》教的影響」（頁457），黃沛榮《易學乾坤》亦曰：「今自《易》傳七種驗之，其內容雖與儒家思想淵源甚深，然究其內容、修辭、句法等方面，頗有戰國以來著作之特色，故絕非孔子所手著。蓋自孔子傳《易》於門人弟子，其初僅口耳相傳，後乃陸續寫定，故《易》傳七篇之內容與孔子思想有極厚之關聯性」（頁209～210），顏國明《易傳與儒道關係論衡》亦曰：「《十翼》雖非孔子所作，但孔子與《周易》的關係，古籍文獻已一再記載」（頁71），劉述先〈對於《易》的理解與定位〉亦曰：「據說孔子是十翼的作者，這是不足採信的說法。比較穩妥的看法是，十翼是孔子與其追隨者的作品，時間可能延續了好幾個世代」（《永恆與現在》，頁81），〈漫談《周易》〉亦曰：「《論語》有『加我數年以學『易』』之語，還引述一條『恆卦』，《易傳》之中『子曰』所說，許多思想與孔子相合。這樣至少可以證明，《易傳》之形成的確與孔子與其後學有密切的關係」（《哲學思考漫步》，頁182～183），案以上諸氏雖以〈十翼〉

　　總之，熊氏認為不只史公父子、公羊壽師弟等，舉凡西漢人皆以孔子六經是述，而不謂之作，以至於清之皮錫瑞，雖謂之為作，卻仍不曉大道、小康之別，則其所謂作，亦直是序而已，故於孔子創作之《周易》，要皆不能如理瞭解。是以熊氏認為欲明《易》道，唯有以孔子為宗，且對六國以來以至兩漢小儒竄亂之跡，則須予以辨明，而後其真面目方可彰顯無遺。

　　非孔子作，但與之關係密切，其必有口義流傳，故以熊氏觀點視之，〈十翼〉縱為孔子弟子作，但以之為孔子著，亦無不可。

第三章　《易》學辨正（下）

第四節　辨流

一、對漢《易》之批評

　　熊氏既認為欲使孔子《周易》真面目得以彰顯，即須對六國以來以至兩漢小儒竄亂之跡，加以辨偽；然此竄亂之跡，自兩漢以來，其流風所扇，歷代儒者皆深受影響。故不僅要溯源，溯源方知要宗孔，而宗孔亦必辨流，不辨流則無以復其真，以是「獨從漢人所傳來之六經，窮治其竄亂，嚴覈其流變，求復孔子真面目」，即對漢以後之學術作一衡定也。《乾坤衍》曰：

> 余少年時覽《易》書，從宋《易》入手，嫌其迂陋、浮虛。……縱目於惠棟、張惠言以及吾楚李道平諸老輩之遺冊，而後知漢《易》者乃古代術數之流傳，未遽泯者耳。（《全集》七，頁 478）

> 王船山《周易外傳》反對漢《易》之卦氣等說，但於漢《易》各派，似乎涉獵不多。漢《易》中絕，清世惠張兩家，董理漢《易》，漸有端緒。至李道平又加詳。（《全集》七，頁 482）

可見熊氏甚不滿古術數家陰陽二氣之說，漢《易》固是其流傳，而宋《易》以及明、清之《易》，亦皆專守古術數家陳言。對於宋《易》，即如伊川《易傳》、朱子《周易本義》等，以其皆不脫天帝與陰陽二氣影響，故不以之為究竟。而於船山，其固反對漢《易》卦氣等說，卻不能認清漢《易》乃古術數家言，故其《周易內、外傳》，熊氏雖讚賞，但其主「乾坤並建」，熊氏則認

為有二元之虞。至於惠棟、張惠言及李道平之董理漢《易》，頗甚有功，實亦漢《易》之流，即清《易》乃猶漢《易》，皆古術數之流傳。案惠棟《周易述》、《易漢學》、張惠言《周易虞氏義》、《周易虞氏消息》、姚配中《周易姚氏學》及李道平《周易集解纂疏》等，對漢《易》象數之學皆論之甚詳。熊氏《示要》卷三「略說六經大義・《易經》」亦有詳細介紹（《全集》三，頁 886～907），於漢《易》誠甚瞭然，其曰：

> 世儒以焦、京之學，明陰陽術數。為《易》之別傳。田何傳之施、孟、梁邱，為《易》正傳。其言皆主義理，不近術數。余謂此說非是。……商瞿後學，展轉傳授，罕能發揮聖言。……如孟喜受《易》田王孫。王孫師丁寬，寬師田何，本商瞿以來正傳也。而孟喜得《易》家陰陽災變書，便托為師田生所傳。焦延壽得隱士說，授京房。房以為即孟氏學。高相專說陰陽災異，自言出於丁將軍。（《全集》三，頁 877～878）

對於《史記・仲尼弟子列傳》、〈儒林列傳〉及《漢書・儒林傳》所言漢《易》學派傳授源流，即「商瞿傳《易》」之說，熊氏則予採信，方東美《原始儒家道家哲學》（頁 189）、《新儒家哲學十八講》（頁 86）及《中國哲學精神及其發展（上）》（頁 214）皆極力認同；然而，錢穆《先秦諸子繫年》卷一〈孔門傳經辨〉認為「此有可疑者六點也」（《錢賓四先生全集》5，頁 97～98），且直至《素書樓經學大要三十二講》（《講堂遺錄》，同上 52，頁 335～336），仍對此置疑。案商瞿是否為孔門高足，姑勿論；而入漢後，其傳授源流較無可疑，可就此先論。世儒以施、孟、梁丘「皆主義理」，而焦、京則「明陰陽術數」。案西漢時，有二京房，一為宣帝時，楊何之弟子、梁丘賀之師也；一為元帝時，延壽之弟子，本姓李，字君明，此處所謂焦、京，即指此也。今施、孟、梁丘其書皆亡，陸德明《經典釋文》、孔穎達《周易正義》及李鼎祚《周易集解》偶引孟喜之說，馬國翰《玉函山房輯佚書》輯有《周易施氏章句》一卷、《周易孟氏章句》二卷、《周易梁邱氏章句》一卷，而沈祖緜《周易孟氏學》則於孟喜之說予以闡發。焦氏則有《易林》，《漢書・眭兩夏侯京翼李傳》謂「其說長於災變」，尚秉和《焦氏易詁》卷一即曰：「焦氏易林，二千年來，無有通其義者」，丁晏《易林釋文》重在字句考證，而尚氏《焦氏易林注》、《焦氏易詁》及錢世明《易林通說》則詳予闡析。又《易林》世傳出焦氏，雖《隋書・經籍志》、《舊唐書・經籍志》及《新唐書・藝文志》亦然，《四

庫全書總目》卷一百九亦極予證明，尚氏《焦氏易詁》卷二〈易林確為焦氏書〉則提出六證，確定為焦氏所作，李周龍〈現存易林研究〉亦曰：「現存易林一書，確是西漢焦延壽所著的」（《易學拾遺》，頁134）；然唐王俞始序而稱之，似乎後人所附會，故明鄭曉《古言》疑其「未必出自焦氏」（見朱彝尊《經義考》卷六），顧炎武《日知錄》卷二十「易林」亦曰：「易林疑是東漢以後人撰，而托之焦延壽者」，而沈炳巽《權齋老人筆記》卷三曰：《易林》乃後漢崔篆所著，見〈崔駰傳〉，其說雖不甚詳，但卻明指出「崔篆」，其後，牟庭為翟云升《焦氏易林校略》所作之〈校正崔氏易林序〉曰：「《易林》者，王莽時建新大尹崔延壽之所撰也」，「崔延壽」即「崔篆」，翟氏亦加案語曰：「牟說確鑿」，張之洞《書目答問》卷三亦曰：「舊題漢焦贛，依徐養原、牟廷相，定為漢崔篆」，徐說不知見於何書，余嘉錫《四庫全書提要》卷十三又詳加辨證考定確為崔篆撰。又何焯《義門讀書記》第二十四卷曰：「今世所傳焦氏易林，疑即峻所著」，蓋以為許峻作，左暄《三餘偶筆》卷七亦如此認為，而鄭珍〈跋易林〉曰：「是其管公明之書乎」（《巢經巢文集》卷第五），則疑係管輅作，唯此兩說皆不足論。然而，胡適〈「易林」斷歸崔篆的判決書——考證學方法論舉例〉則斷云：「審得今本『易林』確是一千九百多年前的古書；其著作人可以確定為曾做王莽新朝的建信大尹的崔篆」（見李敖編《胡適選集（五）》，頁75），又葉國良〈《易林》作者作時問題重探〉亦結云：「《易林》繇辭所述史事，晚至建武元年，焦贛年歲不及，因此不可能是《易林》撰主；《易林》用韻與涿郡方音合，可證崔篆乃為《易林》作者」（《經學側論》，頁35），是亦可為留心注目者也。至於陸績注之《京氏易傳》，今有徐昂《京氏易傳箋》、盧央《京氏易傳解讀》及許老居《京氏易傳發微》等，詳為疏釋；又此書歷來被認為乃京房本人之作，何世強《京房易占術語詳解》則曰：「可能非京氏原著，多屬後人偽託之作」（頁1/4），江弘遠《京房易學流變考》亦以為主要多「出自後人之手」（頁19）、「出自京房後學之手」（頁53、頁156）。然不論如何，熊氏認為正傳或別傳，皆近於術數家言。據《漢書·儒林傳》載孟喜「得《易》家候陰陽災變書」，而「延壽云嘗從孟喜問《易》」，則又何有正傳、別傳之分？而「房以為延壽《易》即孟氏學」，則其實乃大同小異，故劉向「以為諸《易》家說皆祖田何、楊叔〔元〕、丁將軍，大誼略同，唯京氏為異」；至於高相，「專說陰陽災異，自言出於丁將軍」，則與孟、焦等洵亦無以異。又屈萬里《先秦漢魏易例述評》曰：「彼以象數說易者何始乎？則孟

喜是也」（頁77），李周龍〈周易十翼與京房易說〉亦曰：「卦氣之說，出於孟喜」（《易學窺遺》，頁225），此即以象數說《易》者，實自孟喜始也，而其卦氣之說，更是漢《易》象數之核心所在，而後互體、卦變等等蓋皆由此而來，以濟象數之窮。案卦氣之說，見於《易緯·稽覽圖》「甲子卦氣起中孚」云云，是否創自孟喜，此姑勿論，然至孟喜、京房，則甚盛行。杭辛齋《易楔》卷四「卦氣第八」及黃元炳《卦氣集解》，言之皆甚詳；王葆玹《西漢經學源流》亦曰：「西漢孟喜、京房等人的卦氣學說，則被公認是象數學說的核心部分」（頁305）。據朱伯崑《易學哲學史（修訂本）》第一卷認為此派特點有三：「其一，以奇偶之數和八卦所象徵的物象解說《周易》經傳文；其二，以卦氣說解釋《周易》原理；其三，利用《周易》，講陰陽災變」（頁129），王新春《周易虞氏學（上）》亦曰：「它將《周易》的六十四卦配之以節氣，以六十四卦中爻畫之不同排列所蘊示的陰陽二氣的消長，來詮說年復一年的節氣、徵候的變化」（頁44），故即使主義理之田何及其後學等，早雜術數之說，與孔子之《易》相背離。至於東漢時之鄭玄、荀爽及虞翻等，其所言爻辰、升降及旁通等，只求在卦與卦及爻與爻間加以貫穿聯繫，可總歸稱之為「卦變」說，惠棟〈卦變說〉即曰：「卦變之說，本於〈彖傳〉，荀慈明、虞仲翔、姚元直及蜀才（范長生）、盧氏、侯果等之《注》詳矣，而仲翔之說尤備」〔註1〕，朱氏《易學哲學史（修訂本）》第一卷亦曰：「荀爽和虞翻都以提倡卦變說而聞名。鄭玄則以五行說解釋筮法和《周易》經傳」（頁223），王新春《周易虞氏學（上）》亦曰：「易學史上，卦變說開顯於荀爽之手，而又大致完備於虞氏」（頁55），而此實亦與《易》相違反，皆屬術數之說。王瓊珊《易學通論》亦曰：「孟梁丘二氏皆不免雜以術數」（頁30）、「孟長卿之卦氣，京君明之納甲，鄭康成之爻辰，荀慈明之升降，以及虞仲翔之旁通，殆無一有當於聖人之易者」（頁33）。案古術數家言之宗主所在，即「信有天帝」與「擁護統治」，漢《易》家以陰陽為二氣之說，即根據「信有天帝」之迷謬而來，於現實人生上，則為君主專制，強調愚忠，完全聽命於帝王，個人毫無道德意志可言，以「擁護統治」為極則。是以漢《易》家實與古術數家一脈相承，頗滯於象，既與孔子相違反，自無法領會其本旨。故所謂施、孟、梁丘為《易》之正傳，焦、京為別傳，誠甚無謂，蓋漢諸《易》家皆採術數家占驗遺法，一本天文

〔註1〕見中研院中國文哲研究所編《東吳三惠詩文集》（惠周惕、惠士奇、惠棟撰）「附錄一：東吳三惠詩文集補遺」卷三〈惠棟遺文一〉。

以推人事，謂每一變即驗一事，則亦何所異乎？《漢書・儒林傳》及〈眭兩夏侯京翼李傳〉即載有梁丘賀、京房言災異占驗事。且漢《易》家以術數說《易》，洵有令人不知其所云者，《乾坤衍》即曰：「乾卦六爻，漢《易》假借之，以傅會帝王之事。初爻，則以文王被商紂囚困時，是謂潛龍。二爻，則謂有人君之德者，當升居天位。三爻，『君子終日乾乾』，本非專就為君者說。而荀爽解釋『終日』一詞，則云：『日以喻君。』如荀之說，則聖人祇以乾乾矞勉為天子者，而視一般人皆不屑教也」（《全集》七，頁 626），案乾九三終日乾乾之「日」，乃指時間而言，「本非專就為君者說」，荀爽卻釋之為「日以喻君」，如此一來，乃「以乾乾矞勉為天子者」，且究其實，不僅此爻而已，餘爻亦如是，即「以傅會帝王之事」，益見其擁護皇帝之思想極濃厚堅固。要之，《示要》卷三曰：「漢諸《易》家之說，不外採術數家占驗遺法，而加以推演」（《全集》三，頁 907），《原儒》亦曰：「漢人象數之業，用卦氣、納甲、……而拘拘於卦與卦、爻與爻之間，穿鑿以求通，其結果則任何說皆有所通不去」（〈原學統〉，《全集》六，頁 411）、「漢《易》家所努力者，祇是鉤心鬥角於象數之間」（〈原內聖〉，《全集》六，頁 609），此熊氏對漢諸《易》家之定評。唐明邦〈熊十力論易學源流——《讀經示要》讀後〉則曰：

> 一是漢代象數易學是否即熊先生所說的戰國術數之流變？一般看法，術數同象數易學不宜等同。漢代象數易學自有其特徵，它蘊含着可取的象數思維模式，卦氣說，納甲說，爻辰說，互體、旁通說等，都是漢代易學家們的特殊思維方法的產物。……二是對于熊先生痛斥的術數，亦當有所考証，漢代著名學者，從未鄙棄術數，當時的術數，同後來演變的神秘的江湖術數，當有區別。不然，漢人稱頌張衡的科學創造何以說「術數窮天地，制作侔造化」？（見《玄圃論學續集——熊十力與中國傳統文化國際學術研討會論文集》，頁 126）

案漢《易》象數之說與古代術數雖「不宜等同」，但應為其「流變」蓋無可疑。熊氏對古代術數與漢《易》象數之批評，亦非一概排斥，且有詳細介紹，可見對之甚為瞭然，唯從大體着眼，以其擁護皇帝之思想皆極濃厚而堅固，是以反對之，故此寬泛視之可也。且唐氏以張衡「術數窮天地，制作侔造化」之所謂「術數」，是否即古代術數家所謂之「術數」，似不無疑問；而若是古

術數，則正可說明漢《易》象數乃古代術數之流變也。〔註2〕

　　然熊氏於漢《易》家皆未首肯，但對揚雄與費直、王弼則較重視，此中王弼屬魏晉《易》家，熊氏以其生於漢末而承費直，故此且順之以言。《示要》卷三曰：

> 雄作《太玄》擬《易》，說者病其僭妄，然誠有見於道而後發言，則其言為載道之言，不謂之經不得也。……然雄之為《玄》，所準者卦氣。未若費直超然獨尋洙泗，但其創作之績不可沒。(《全集》三，頁885〜886)

案古今稱知《易》者，在漢則必推揚雄，其《太玄》一書，每爻以「—」、「--」、「---」三種基本符號構成，而每首四爻，即「方、州、部、家」，且每首又分為下、中、上（或始、中、終；或思、福、禍）三個小階段，每小階段又有三贊，故共八十一首七百二十九贊，而構成一「太玄圖」，誠如《太玄·玄圖》曰：「是為同本離末，天地之經也。旁通上下，萬物并也」，以表示宇宙萬事萬物之發展與運動之圖式；此雖自成一家言，「其創作之績不可沒」，但終與《易》無關。且其根本，如中首曰：「陽氣潛萌於黃宮，信無不在乎中」，周首曰：「陽氣周神而反乎始，物繼其彙」，礥首曰：「陽氣微動，動而礥礥，物生之難」……等，皆可見其蓋以孟喜、京房卦氣之說以為言，乃「所準者卦氣」，洵與漢《易》家亦無以別也；李周龍〈從周易到太玄〉亦曰：「揚雄模擬易經而創作了太玄，實際上是加以擴大，攙入了易緯，用來序卦氣」、「而八十一首的次序，則依準卦氣的次序」(《易學拾遺》，頁182、頁219)。是以《乾坤衍》曰：「漢《易》不識乾元、坤元二名之義例而迷從神道」(《全集》三，頁572)，即漢《易》家皆籠罩在天帝與陰陽二氣之下，未曉《大易》乾元之旨。而能超然獨尋洙泗者，熊氏認為唯有費直一人，《示要》卷三曰：

> 《漢書·儒林傳》曰：「費直，……長於卦筮，亡章句。徒以〈彖〉、〈象〉、〈繫辭〉十篇，〈文言〉，解說上下經。……」……費氏長卦筮，則亦兼考術數矣。而其說經，獨不取術數。班氏稱其徒以〈彖〉、〈象〉、〈繫辭〉十篇，〈文言〉，解說上下經。足微專守孔子之義。(《全集》三，頁879)

熊氏認為費直之所以存孔子《易》學於一線者，誠如班固所言：「徒以〈彖〉、〈象〉、〈繫辭〉十篇，〈文言〉，解說上下經」，此中「徒以」云云，乃其解經

之法，即以經解經、以傳解經，故能恪守聖言，不參異說，與漢諸《易》家
釐然有別，而能忠實於孔子《周易》。然亦因之，固無章句之傳，其造詣亦無
由得窺。至於《隋書・經籍志》、《舊唐書・經籍志》、《新唐書・藝文志》及
《經典釋文・序錄》等載其有《周易注》（一作《費直章句》）四卷、《周易分
野》一卷及《易林》二卷，恐皆後人偽托，不足為信；馬國翰《玉函山房輯
佚書》輯有《費氏易》、《費氏易林》及《周易分野》各一卷，王樹柟《費氏
古易訂文》及馬其昶《重定周易費氏學》，頗可參考。且幸有王弼直承費氏，
由其《易》學著作，即可窺費氏之家法。《示要》卷三曰：

> 後儒唯王輔嗣一人，確承費氏家法。如「乾元亨利貞」，「初九潛龍
> 勿用」，輔嗣注云：〈文言〉備矣。「九二見龍在田」，注云：出潛離
> 隱，故曰見龍。處於地上，故曰在田。此即費氏以經解經之法。（《全
> 集》三，頁 881～882）

> 然其治《易》，獨能掃象，則亦遠紹費氏之傳也。（《全集》三，頁
> 883）

案經傳有別，不可直接等同，但傳既在解經，亦不至於違背經文原意；熊氏
更認為經傳皆孔子作，故以傳解經，亦即以經解經，此則寬泛視之可也。王
弼則「確承費氏家法」，此以經解經、以傳解經，即《周易注》是也；而所謂
「獨能掃象」，即於漢《易》家充滿象數之說中，王弼獨能不採象數浮濫之說，
代以「絜靜精微」之教，誠如其〈周易略例〉所示，明彖象而辯爻位，明卦
適變通爻，明爻通變等等，力矯漢《易》謬悠無根之弊，粹然歸宗《易》理。
案孔子改象為譬喻，王弼掃象，正是此意；然後儒頗不識王弼掃象之意，是
以病之，熊氏則認為王弼之功，即在其知象而能掃象，而漢《易》象數浮濫
之說，至此始刊落盡。且非僅熊氏而已，陳澧、皮錫瑞亦如此認為。案陳澧
《東塾讀書記》四「易」曰：「『乾：元亨。利貞。……初九：潛龍，勿用』。
王輔嗣注云『〈文言〉備矣』。……此真以十篇解說經文者」，皮氏《經學通論・
易經》曰：「王弼盡掃象數，而獨標卦爻承應之義，蓋本費氏之以〈彖〉〈象〉
〈繫辭〉〈文言〉解經」（頁 23），熊氏認可陳、皮二氏之說，《示要》卷三即
曰：「陳澧、皮錫瑞皆以此而稱輔嗣，可謂知言」（《全集》三，頁 882）。唯王
弼掃象洵有大功，但其注《易》則雜老、莊之說，甚至以道家之「無」為宗
主，《示要》卷三即曰：

> 王輔嗣崛起季漢，其學本出道家。（《全集》三，頁 883）

案王弼之學出自道家，此亦無須諱言。故熊氏雖亦盛讚〈周易略例〉，《示要》卷三曰：「然〈易略例〉，宏廓深遠」（《全集》三，頁 883），但至《存齋隨筆》則曰：「王弼妄作〈易略例〉」（《全集》七，頁 871），終以之為不究竟。《周易》本以乾坤為首，王弼則以復卦為首，其《周易注》復〈彖傳〉「復其見天地之心乎」下曰：「復者，反本之謂也。天地以本為心者也。凡動息則靜，靜非對動者也；語息則默，默非對語者也。然則天地雖大，富有萬物，雷動風行，運化萬變，寂然至无是其本矣。故動息地中，乃天地之心見也。若其以有為心，則異類未獲具存矣」，王弼此注，可謂全本老氏。即以「反本」釋復，以所反之本為「天地之心」，此天地之心即寂然至無之道體；而此寂然至無之道體，全由「動息則靜」、「語息則默」之靜默中顯現，因道體之靜默，而動、語皆息，如此「動息地中，乃天地之心見也」；然此道體雖由靜默中顯，卻非死寂無用之空無，乃一生成萬物之無限妙有，以其一無所有，則能成其無所不有，反之則不然，蓋「若其以有為心，則異類未獲具存矣」；故有之於無，動之於靜，並非對立關係，乃是體用關係，如此即由本體論而通貫至宇宙論。王弼此注，即使有無、動靜、體用等，並無截然斷為兩橛之失，然以「無」為天地之心，誠非《易》義，乃道家思想。船山《周易內傳·發例》即曰：「弼學本老莊虛無之旨」，李光地《周易折中·凡例》亦曰：「弼所得者，乃老莊之理」，阮元〈太極乾坤說〉亦曰：「王弼以无注太極，虛而不實，乃老莊之學」（《揅經室一集》卷二），皮錫瑞《經學通論·易經》亦曰：「弼之所學，得於老氏者深，而得於《易》者淺」（頁 24）、「使易竟入於老莊者，弼與康伯亦不能無過」（頁 25），錢基博《周易解題及其讀法》亦曰：「王弼注《易》亦雜老氏之旨」（頁 65）、「王弼《易注》，多雜老氏，以道家說《易》」（頁 98），戴君仁《談易》亦曰：「又如復卦象傳復其見天地之心乎句下王注：……這顯然是道家思想」（頁 69～70，《戴靜山先生全集（一）》，頁 207～208）、《梅園論學續集》亦曰：「王氏此注用老氏之意自不待言。但以无為天地之本非易義」（頁 54，《戴靜山先生全集（二）》，頁 1092），方東美《中國哲學精神及其發展（下）》亦曰：「《易》以『乾坤』二元，象效『天地』，弼則誤視為道家之『無』」（頁 72），唐君毅《中國哲學原論·原道篇（二）》亦曰：「此王弼之注復卦，以動息見天地之心，固亦非即易之本意」（《唐君毅全集》卷十五，頁 351），牟宗三《才性與玄理》亦曰：「王、韓之易學，要在廢象數。至於義理，則未能握住孔門之管鑰，而是以道家之有無玄義而解經也」（《牟宗三先生全

集》2，頁 118），范良光《易傳道德的形上學》亦曰：「王、韓易注以老學玄義為本，極見玄思，然以之理解易傳之道體義，則多不諦不實」（頁 49），林麗真《王弼》亦曰：「無奈他的思想並非獨尊孔學，倒是《老子》的玄思卻叫他忘懷不了」（頁 127）。案王弼以反本釋復，以所反之本為心，皆無不可，其於字句之釋，並不誤也；但卻將此具創造性、主動性、物物而不物於物之絕對的主體，即靈覺之心，視為被置定之客體，遂使由逆覺體證而見出之乾元健行不息之創造性，泯滅無存，故「一陽來復」所具之價值意義，亦同乾元一般，皆無由彰顯。故牟氏《才性與玄理》續曰：「此處〈復卦〉之『一陽來復』即表示由逆反之覺悟而見乾元之創造性。而此復卦即名此『乾元之創造性』為『天地之心』。……然其了解此本，則完全以道家之有無為底子，而純為『形式的』。故要顯此本，全由動息則靜，語息則默之『寂然至無』以顯之。故云『動息地中，乃天地之心見也。』以『動息則靜』比之，則『動息地中』之息乃止息之息，而非生息之息」（《牟宗三先生全集》2，頁 127），可見王弼純乃老子《道德經》之思路，在根本方向上已偏差，所言動息地中之息，乃道家止息之息，只具「形式的意義」，非儒家生息之息，盡失《大易》生生不息之意，全無實質上之「內容的意義」，與孔子實不相應，並不曉乾元之所以為始乃價值觀念，代表「逆反之覺悟」，則於儒家由逆反之覺悟而見乾健之道之創造性，自是一無所知。故於「『一陽來復』即表示由逆反之覺悟而見乾元之創造性」，既不能了然，則於「復卦即名此『乾元之創造性』為『天地之心』」，必誤解連連，只能以「反本」以釋復，以所反之本為「天地之心」，此完全純粹乃道家之「無」的思想而已。熊氏既認為王弼於孔子內聖方面不相應，則於外王方面自無相合處，《乾坤衍》曰：

> 後漢王弼雖未達孔子之外王學，而其〈易略例〉短篇之作，主張寡
> 人獨制之論，……（《全集》七，頁 679）

要之，王弼純是道家之思路，故於孔子內聖外王之道、開物成務之義根本無契合處，則其又何能通天下之志以濟世安民乎？故魏晉以下崇尚玄風，戰禍頻仍，蓋良有以也〔註3〕。而孔穎達《周易正義》順王注以疏，深受其影響，此觀其注可知：「復其見天地之心乎者，此贊明復卦之義。天地養萬物，以靜為心，不為而物自為，不生而物自生，寂然不動，此天地之心也。此復卦之

〔註3〕請參閱筆者〈程、朱「復其見天地之心乎」說研究〉二・「王弼『復其見天地之心乎』說」。

象，動息地中，雷在地下，息而不動，靜寂之義，與天地之心相似，觀此復象，乃見天地之心也」，所謂「以靜為心」、「寂然不動」等，幾與王注無異，其或能掃棄釋氏之說，然對王注中雜有道家思想，則未能予以廓清。又陳澧《東塾讀書記》四「易」曰：「沖遠《正義序》云：『江南義疏，十有餘家，皆辭尚虛元，義多浮誕。』『若論住內住外之空，就能就所之說，斯乃義涉於釋氏，非為教於孔門也』。據此，則江左說《易》者，不但雜以老氏之說，且雜以釋氏之說。沖遠皆掃棄之，大有廓清之功也。《上繫》：『易簡而天下之理得矣。』孔疏云：『《列子》云：不生而物自生，不化而物自化。……《老子》云：水至清則無魚，人至察則無徒。又《莊子》云：馬翦剔羈絆，所傷多矣。』孔疏能掃棄釋氏之說，而不能屏絕老、莊、列之說，此其病也。且所引《莊子》，尤非經意」，案此條前半認為《正義》大有功於王注，一掃自王注以後雜以老釋之說；但後半又曰：「而不能屏絕老、莊、列之說」，實不免枘鑿之嫌。然此正可見孔氏仍受王弼影響，其雖或能掃棄釋氏之說，但不能廓清自王注以後雜有道家之說，故於道家思想，與其說有廓清之功，倒不如謂保存之功尤多。

二、對宋《易》之批評

至宋儒出，方能廓清王注中所攙雜之道家思想。蓋宋儒皆出入釋、老幾十年，而終歸於儒，對異端之辨，時刻在心，莫敢或忘。伊川《易傳》淵源王弼，但時有是正，加以朱子《周易本義》推波助瀾，於此異同之處，正可見學術上轉變之跡〔註4〕。然在熊氏看來，宋儒將學術風氣由釋、老轉而復歸於孔、孟，在《易》學上，頗能糾正王注雜有道家思想之失，但終不得孔子《周易》旨要，實與漢《易》亦無異也。案對於宋明儒者，熊氏早年皆頗肯定，〈翊經錄緒言〉即曰：「周元公濂溪作〈太極圖說〉，橫渠張子作《正蒙》，船山王子作《正蒙注》、《思問錄》，皆本隱之見，原始要終，於《易》學有所發明」（《全集》八，頁23），《十力語要》卷一〈重印周易變通解序〉亦曰：「周濂溪、邵堯夫、張橫渠、程伊川、朱漢上、朱晦翁，皆精思力踐，各有獨到」（《全集》四，頁140），《新論（語體文本）》亦曰：

> 後來程伯子〈識仁篇〉云：「仁者渾然與物同體。義禮智信，皆仁也。」

〔註4〕請參閱筆者〈程、朱「復其見天地之心乎」說研究〉三·「伊川、朱子『復其見天地之心乎』說」。

此則直演孔子《大易》「元者善之長也」意思。《易》以乾元為萬物之本體，坤元仍是乾元，非坤別有元也。楊慈湖深得此旨。……逮王陽明作〈大學問〉，直令人反諸其內在的淵然而寂、惻然而感之仁，而天地萬物一體之實，灼然可見。羅念菴又申師門之旨。……明儒徐魯源曰：「惟仁者性之靈，而心之真。……」……明儒呂涇野，為學壹意踐履。其教學者有曰：「諸君求仁，須要見得天地萬物皆與我同體。……」……還有史玉池談求仁的工夫，亦極真切。其言曰：「今時講學者，率以當下指點學人，此是最親切語。……」（《全集》三，頁 398～404）

案孔子求仁之旨，孟子自是秉之弗失，宋明儒亦皆承襲之而予發揮，故熊氏此時極稱讚彼等。明道〈識仁篇〉極言「仁者渾然與物同體」，陽明〈大學問〉暢論「大人者，以天地萬物為一體者也」，皆對孔子所揭求仁之旨、《大易》「元者，善之長也」之意有所發揮；而楊慈湖、羅念菴、徐魯源、呂涇野及史玉池亦能深識此旨。楊慈湖，即楊簡，有《楊氏易傳》，又〈己易〉、〈絕四記〉等，《宋元學案》卷七十四亦有載。《楊氏易傳》卷一曰：「坤者，兩畫之乾；乾者，一畫之坤也」、「大哉、至哉，所以致君臣之辨，所以辨上下之分，而坤爻又曰：『直方大』，又曰：『以大終也』，是坤亦未嘗不大，于以明乾坤之實，未始不一也」，〈己易〉中亦有此等語；熊氏以其實深有得《大易》之旨，《新論（語體文本）》及《新論（刪定本）·附錄》皆曰：「坤元即乾元，楊慈湖最說得透」（《全集》三，頁499；《全集》六，頁279），又《十力語要》卷三〈王準記語〉亦曰：「楊慈湖〈己易〉言『萬物一體』，其說已得證明」（《全集》四，頁432）。羅念菴，即羅洪先，於陽明良知之說多所發揮，《新論（文言文本）》曰：「念菴所言，質驗之倫理實踐上純粹精誠、超脫小己利害計較之心作用，如嚮往古哲與夫四海疾痛相連，以及親親仁民愛物之切至，凡此皆足以證明此心不有彼我、不限時空，渾然無二無別、無窮無盡」（《全集》二，頁 81）；其說俱見其諸論學書，尤其〈答蔣道林〉一書所言尤透澈，《明儒學案》卷十八亦有載。徐魯源，即徐用檢，上所引文見其《蘭遊錄語》，《明儒學案》卷十四亦有載。呂涇野，即呂柟，上所引文見其《語錄》，《明儒學案》卷八亦有載。史玉池，即史孟麟，上所引文見其《論學》，《明儒學案》卷六十亦有載。然之後，即使孟子，熊氏以其乃小康孝治學派，而宋明儒等亦然，以明道雜有天帝思想，陽明以良知為本體之說，亦未達一間，至於楊

簡等人亦不大論及，縱使提及，亦多批評。如《新論（語體文本）》即曰：「及
聶雙江羅念菴救之以歸寂，而於作用見性意思，似亦不無稍闕」（《全集》三，
頁391），《存齋隨筆》亦曰：「然念菴仍近禪，終於〈大學問〉，無所發明」（《全
集》七，頁841），案雙江、念菴屬江右王門，專拈主靜歸寂，誠與姚江之學
有隔。牟宗三《從陸象山到劉蕺山》亦曰：「乃雙江念菴為講枯槁而支解陽明
之義理，弄得面目全非」（《牟宗三先生全集》8，頁256），《中國哲學十九講》
亦曰：「但是聶雙江、羅念菴根本不能了解王陽明的學問」（同上29，頁413），
蔡仁厚《王陽明哲學》亦曰：「聶羅二人的講法，把陽明之良知弄得七零八落，
面目全非」（頁89）、「聶羅二人皆私淑陽明，而未嘗受陽明之鍛鍊，所以思路
想法總不相應」（頁135）。要之，至晚年時，熊氏對宋明儒更多所駁斥。

　　夫在宋而知《易》者，邵雍必居其一，乃主先天象數之學，其《皇極經
世》以元、會、運、世以計算天地歷史，認為宇宙世界有毀滅、繼數等。其
又專主圖書之說，仍不脫漢《易》象數之說，失之枝蔓；且其必主於前知，
尚有趨利避害之心，與聖人只是知幾而唯遇變而通之教有違。熊氏對之頗不
稱道，《困學記·邵子觀物》曰：「偶閱邵子〈觀物篇〉，……方知康節根本未
澈在」（《十力語要初續》，《全集》五，頁268），案朱子即曰：「康節之學，近
似釋氏」、「因論康節之學，曰：『似老子。……』」（《朱子語類》卷第一百），
錢穆〈濂溪百源橫渠之理學〉亦曰：「康節觀物，近於莊周道家」（《中國學術
思想史論叢（三）》，《錢賓四先生全集》20，頁145），《宋明理學概述》亦曰：
「雍之學，實近於莊周」（同上9，頁49），故可勿論。至於濂溪〈太極圖說〉，
熊氏極予批評，《乾坤衍》曰：

> 周子〈太極圖說〉，陸梭山象山兄弟俱不取之，疑其非周子之作。朱
> 子力攻二陸，而尊〈圖說〉。余謂二陸先生之所見，甚卓。朱子攻之，
> 正是朱子之短耳。〈圖說〉是否為周子作，可不論。而其說之不足取，
> 余則以二陸之言為定案。但太極圖與〈圖說〉，不可併為一談。余以
> 為太極圖必傳自古昔，圖中表示太極本是無對的全體，而內含陰陽
> 二性，正是乾坤二卦義。然周子傳此圖，則於太極之上加一圓圈。
> 空洞，無所有，蓋表示虛無。〈圖說〉所云無極是也。此雜老氏之迷
> 妄，宜削。太極圖下，復加五行及兩圓圈，此甚可笑。（《全集》七，
> 頁509～510）

熊氏認為「太極圖」與〈太極圖說〉兩者有異，應分別以觀。此可分兩層以

論，一、「太極圖」是否為道教中物，此是一回事，而據圖而作之〈太極圖說〉，其內容是否即與「太極圖」相同，此又是一回事，兩者可有相關，亦可截然不同。二、〈太極圖說〉之內容，是道教或道家之思想成分多？抑是純正之儒家思想？尤為關鍵所在，而由此可窺濂溪之思想立場。案二程出濂溪門下，皆未言及「太極圖」，可見其來歷誠頗可疑。朱震《漢上易傳》書前〈進周易表〉及胡宏〈周子通書序〉（《五峰集》卷三）則明言「太極圖」傳自道教中人，乃由陳摶傳下，唯所言仍未盡其詳。張栻、象山亦不之信，疑係偽作；獨朱子信之篤極，以為乃濂溪作，遂浸淫其中，並為之作解。至黃宗炎《圖書辨惑》、朱彝尊〈太極圖授受考〉（《曝書亭集》卷第五十八）、毛奇齡《太極圖說遺議》、胡渭《易圖明辨》卷第三「先天太極」及李塨《周易傳註》卷五「繫辭上傳」等則考辨精確，證實「太極圖」確為道教中物〔註5〕。茲綜合各說，「太極圖」蓋創自河上公，原名「無極圖」，乃方士修鍊之術，魏伯陽得之以著《參同契》，中有「水火匡廓」、「三五至精」二圖，後為人竊取而合之，即為「太極圖」，鍾離權得之以授呂洞賓，洞賓授陳摶，摶授李挺之，挺之授穆脩，此其大概，唯自陳摶以下之授受系統，仍多異說，而最後則傳至濂溪。戴君仁《談易》即曰：「太極圖出於道家」（頁70，《戴靜山先生全集（一）》，頁208），牟宗三《心體與性體（一）》亦曰：「〈太極圖〉可能源自于道教」（《牟宗三先生全集》5，頁429），王瓊珊《易學通論》亦曰：「按周子太極圖無論為希夷所傳或其自作，而其源皆出於道家」（頁67），勞思光《新編中國哲學史（三上）》亦曰：「『太極圖』本身自然源出於道教，朱熹以為周氏所作，甚誤」（頁97），此皆可見太極圖之來源及其特性，應屬道家或道教中物〔註6〕。方東美《新儒家哲學十八講》即曰：「假使把這個傳授的淵源再向上追溯，陳摶又得之於呂洞賓呂嵒。它的根本思想的來源是在漢代的魏伯陽的周易參同契」（頁154～155）。熊氏《示要》卷三且曰：「宋儒圖書，亦古代術數之遺」（《全集》三，頁914）；然至《乾坤衍》，則極稱賞，以「圖中表示太極本是

〔註5〕 案「太極圖」應出自道教，乃歷來學者大致上之認定，朱子卻以之為濂溪所作，周學武《周濂溪太極圖說考辨》亦力辨「太極圖」非出自方外道士，乃濂溪自得之妙，汪惠敏《宋代經學之研究》亦曰：「『太極圖』為周敦頤所作」（頁29），陳郁夫《周敦頤》亦曰：「〈太極圖〉與〈太極圖說〉可判定為周子的作品」（頁23）、「〈太極圖〉及〈圖說〉決為濂溪所作」（頁37），是亦當注意者。

〔註6〕 關於「太極圖」之來源、性質等問題，請參閱方東美《新儒家哲學十八講》（頁155～157）及勞思光《新編中國哲學史（三上）》（頁126～143）。

無對的全體，而內含陰陽二性，正是乾坤二卦義」，認為「太極圖」出自孔門；
唯此視為熊氏一家之言即可。然而，濂溪卻於「太極圖之上加一圓圈」，而於
其下「復加五行及兩圓圈」，熊氏認為其上所加之圓圈，乃「表示虛無」，即
受有道家「無」的思想之影響，而其下所加之五行及兩圓圈，此與《尚書‧
洪範》「五行」水火木金土之說頗有淵源，但與《大易》則全然無關。至於〈太
極圖說〉，朱子以為濂溪作，熊氏則贊成二陸之說，以為非濂溪作。方東美《新
儒家哲學十八講》亦曰：「『太極圖』同『太極圖說』不是出自他思想的創造，
而是抄襲與附會道教藏中之『上方大洞真元妙經品』圖中之『太極先天之圖』」
（頁 166），案方氏雖未明言，卻頗懷疑〈太極圖說〉同「太極圖」皆非濂溪
之作，曾春海《朱熹易學析論》亦曰：「是以太極圖及太極圖說，不是周子創
作性的作品。……而有人懷疑周子未有圖說之作」（頁 156），蓋承方氏之說。
然據牟宗三《心體與性體（一）》曰：「此〈圖說〉全文，無論思理或語脈，
皆同于《通書》，大體是根據〈動靜〉章、〈理性命〉章、〈道〉章、〈聖學〉
章而寫成。……依此觀之，〈圖說〉義理骨幹不外此四章，不可謂非濂溪之手
筆也」（《牟宗三先生全集》5，頁 376），若此，則〈太極圖說〉應為濂溪所作，
而熊氏之贊成二陸之說，誠值商榷，故牟氏《心體與性體（一）》曰：「吾以
為陸氏兄弟之疑是一時不成熟之疑，此場辯論，客觀地說，象山是失敗者」（同
上，頁 425）。而更須注意者，〈太極圖說〉雖據《通書》而作，但開頭「無極
而太極，太極動而生陽」，則為《通書》所無之觀念；牟氏《心體與性體（一）》
即曰：「《通書》只言『太極』，未有『無極』；《通書》未有『太極動而生陽』
之觀念」（同上，頁 376）。今就其內容言，濂溪曰：「無極而太極」，但未詳作
解釋，實易令人以為「太極」之上更有一「無極」為之主，而雜有道家「無」
之思想，蓋「無極」一詞，出自《老子》二十八章：「知其白，守其黑，為天
下式。為天下式，常德不忒，復歸於無極」，據王弼《老子注》曰：「不可窮
也」，則「無極」乃狀詞也，而非名詞，即無可窮極之意，故濂溪之言無極，
亦極可能乃狀詞意。且朱子〈太極圖說解〉曰：「『上天之載，無聲無臭』，而
實造化之樞紐，品彙之根柢也。故曰『無極而太極』，非太極之外，復有無極
也」，又〈答陸子靜五〉亦曰：「周子所以謂之無極，正以其無方所，無形狀，
以為在無物之前，而未嘗不立於有物之後；以為在陰陽之外，而未嘗不行乎
陰陽之中；以為通貫全體，無乎不在，則又初無聲臭影響之可言也」（《朱子
文集》卷第三十六），〈答王子合十三〉亦曰：「周子所謂『無極而太極』，非

謂太極之上，別有無極也；但言太極非有物耳，如云『上天之載，無聲無臭。』」（同上卷第四十九）皆以太極之上，並非更有一無極。唐君毅《中國哲學原論·導論篇》曰：「濂溪於此，未嘗謂太極之先另有無極，亦無太極不能有動之意，復未嘗對太極另作其為理為氣為心之規定」（《唐君毅全集》卷十二，頁 436），牟宗三《心體與性體（一）》亦曰：「太極是實體詞，無極是狀詞，實只是無聲無臭、無形無狀、無方所（神無方）、無定體（易無體）、一無所有之『寂然不動感而遂通』寂感一如之誠體本身，而此即是極至之理，故曰『無極而太極』，此語意不是無極與太極」（《牟宗三先生全集》5，頁 376），蔡仁厚《宋明理學（北宋篇）》亦承其師牟氏之說曰：「依據此一肯斷，可知『太極』是個獨立的概念，它是極至之理。而『無極』則不是一個獨立概念，它只是『無有窮極』『無有限極』之意」（頁 62），勞思光《新編中國哲學史（三上）》亦曰：「朱說實謂『無極』與『太極』分別標示『本體』之兩面；『無極』表『超越義』（即本體『超越』現象界），而太極則表『創生義』（即本體又創生現象界）」（頁 102），王邦雄等之《中國哲學史》小曰：「據周子《通書》之意，太極決是一形上的道體。……因此『無極而太極』句不可解釋為從無極而生出太極來，即不可將無極看作是太極的上一層存有」（頁 460），案諸氏所言，極為合理，所謂「未嘗謂太極之先另有無極」、「此語意不是無極與太極」，蓋無極與太極並非同一層次之觀念，「太極是實體詞」，為一獨立之概念，故「太極則表『創生義』」，乃可作為本體之目，而「無極是狀詞」，實非一獨立概念，其只是一形容詞，形容太極本體乃無有窮極，故「『無極』表『超越義』」，亦是着重於表示太極之所以為形上的道體之意，則「不可解釋為從無極而生出太極來，即不可將無極看作是太極的上一層存有」，是以「無極而太極」，並非太極之上更有一無極之謂〔註7〕。然此語縱較無爭議，但濂溪又曰：「主

〔註7〕陳郁夫《周敦頤》則持異解，其曰：「朱子認為『無極而太極』一句只在說明『太極無方所、無形狀，無聲臭、無影響之可言也』，稱『無極』是為避免把『太極』當一物看。這話固然有助於為濂溪脫離『入於老』的嫌疑，但決不是濂溪的意思。照朱子的說法，『無極』只不過是『太極』的同位語，但是依照濂溪〈太極圖說〉的學理，『無極』二字不可能只是『太極』的同位語」（頁38）、「如此說來，『無極而太極』一語解說成天地由『無』而『有』的一段過程，也是可以通的。筆者認為這種解說雖然通俗，但切合濂溪的本旨。只是有一點須加以釐清，不可把『無極』看成『生天地』的一物，宇宙間只是『渾淪』，只是一『氣』」（頁41），案陳氏蓋以無極乃在太極之上，乃生天地之一「氣」，此亦備一說可也。

靜立人極」，而於「主靜」下自注：「無欲故靜」，此則更易令人以其攙雜道家思想。熊氏對於此語，先褒後貶，《示要》即頗稱之：「則此靜，非與動相對之靜也。而以停止之靜譏之可乎？」（卷二，《全集》三，頁 818）「明此靜，乃邪欲不作，而動靜合一之謂，非屏動以求靜也」（卷三，《全集》三，頁 917）；然至《原儒》、《乾坤衍》，態度顯已然有變，《原儒·原內聖》曰：「濂溪之論，本乎老聃者也。老曰：『致虛極，守靜篤。』屏動，而一主於靜，其異於塊土之鈍然者幾何？而天道亦死矣」（《全集》六，頁675），《乾坤衍》且謂「其說之不足取」。錢穆〈正蒙大義發微〉即曰：「濂溪〈太極圖說〉大意，實本於老氏」（《中國學術思想史論叢（三）》，《錢賓四先生全集》20，頁185），戴君仁《談易》亦曰：「濂溪的太極圖說，顯然是受道家影響」（頁70，《戴靜山先生全集（一）》，頁 208），勞思光《新編中國哲學史（三上）》亦曰：「濂溪思想雖成一頗為特殊之系統，但所含觀念論點確有極近於道家路數之處」（頁143）、「濂溪依圖立說時，並未取道教之特殊理論。但濂溪思想中常有道家思想成分」（頁145）；且除道家外，甚至亦含有其他家思想，錢穆〈濂溪百源橫渠之理學〉即曰：「濂溪〈太極圖說〉，乃把先秦儒、道、陰陽三派融合，而始完成其自創的宇宙論」（《中國學術思想史論叢（三）》，《錢賓四先生全集》20，頁 141），方東美《中國哲學精神及其發展（下）》亦曰：「余謂周敦頤之思想系統乃是道教、陰陽家、與雜家等眾說匯聚之集合論，而厝諸儒家思想間架之上者也」（頁37～38）〔註8〕。此外，濂溪又有《通書》，更可見其思想所在。《通書·聖學》曰：「一為要。一者，無欲也。無欲則靜虛動直」，亦不免攙有道家「無」之意思，而有偏於靜之虞。又《通書·誠上》曰：「誠者，聖人之本。『大哉乾元，萬物資始』，誠之源也！『乾道變化，各正性命』，誠斯立焉。……『元亨』，誠之通；『利貞』，誠之復」，觀上所言，濂溪以〈中庸〉所謂之「誠」為主，而言「誠者，聖人之本」，欲以〈中庸〉之誠以與《易》之乾元加以聯繫會通，故《通書·誠下》直曰：「聖，誠而已矣」。然濂溪所言雖妙，卻非《易》之本義，蓋《易》中言及誠字者，唯〈乾文言〉曰：「閑邪存其誠」及「脩辭立其誠」二處，然皆非指本體而言，實不可與乾元等同，更與〈中庸〉之「誠」字同義異。《朱子語類》卷第七十一即曰：「如『元亨利貞』，濂溪就『利貞』上說『復』字，伊川就『元』字頭說『復』字。以《周

〔註8〕關於〈太極圖說〉全文之疏解，請參閱牟宗三《心體與性體（一）》（《牟宗三先生全集》5，頁375～436）及蔡仁厚《宋明理學（北宋篇）》（頁68～75）。

易》卦爻之義推之，則伊川之說為正」，星野恒《周易經翼通解》卷之七亦曰：
「至周濂溪則云：無欲主靜；乃云：元亨誠之通也，利貞誠之復也。此與王
氏之旨不異」，可見濂溪畢竟皆就歸來處說，而非正就動處說，不免攙雜道家
「無」之思想，是以與王弼之說實無異也，而王弼乃以道家思想注《易》，從
而可知濂溪於《易》實較為疏遠，反而轉相近於道家。要之，濂溪縱不近於
道家，而《通書》乃對於儒家思想之發揮，固有其造詣，然實仍有不足之處。
牟宗三《心體與性體（一）》即曰：「自體現誠體之工夫說，必須言及心，而
濂溪對于孔子之踐仁以知天，孟子之盡心知性以知天，總之對于孟子之心學，
並無真切的理解。彼自〈洪範〉之『思曰睿，睿作聖』以言聖功，不自孟子
之『道德的實體性之體義』的心以言聖，即示其對于心之了解並不真切」（《牟
宗三先生全集》5，頁 374），蓋濂溪受《尚書・洪範》「五事」中「思曰睿、
睿作聖」之說影響甚深，只着重道體之永恒性，雖亦求作聖人，而忽略「道
德的實體性之體義」此一能動性之心體，故不能真透徹此心之功用，則所謂
聖功殆亦無從得致焉。故牟氏《心體與性體（一）》續曰：「對于通于誠體之
性並無積極之正視，對于氣質之性與天地之性（義理之性）之分別亦無顯明
之意識。天地之性或通于誠體之性或超越之性如不能挺立起，則『變化剛柔
善惡之氣性以使之為合于中道之純善』之工夫便無超越之根據。既挺立矣，
而不能通于孟子『道德的實體性之體義』的心而一之，則道德踐履之工夫亦
不能真切而得其必然」（同上，頁 374～375），可見濂溪之學，仍有不圓滿者，
其於孔子之「仁」、孟子之「心」，誠未能真正透徹契悟，更遑論其能真挺立
得起。是以熊氏不贊同濂溪，蓋非無故。

　　而於二程，即程顥與程頤，二人之學，固有相異處，但大致上，熊氏則
一體視之。熊氏亦如對濂溪一般，於《示要》皆頗稱之，卷二曰：「明道〈識
仁篇〉，證之《大易》、《論語》及群經。……伊川、朱子之學，居敬為主。敬，
則徹動靜，而一於仁矣」（《全集》三，頁 818～819），案明道於《易》雖無多
說，而〈識仁篇〉，頗與《大易》、《論語》及群經相通；伊川則有《易傳》，
乃其畢生心血所在，《示要》卷三又曰：「伊川《易傳》，兩宋以來學者宗之。
清儒攻宋，無所不至，獨於伊川《易》，猶多遵守」（《全集》三，頁 914）。然
至《乾坤衍》，則皆予否定：

> 伊川《易傳》乾卦注，首提出天帝。明道有吾儒本天之說。〔本天者，
> 言儒學以天帝為其大本也。……〕（《全集》七，頁 574～575）

程頤《易傳》，無識者謂其反對漢《易》。實則程氏乾卦注，明明將
天帝當作乾。(《全集》七，頁592)

案熊氏認為明道「吾儒本天」之說，亦即「以天帝為其大本」，此從《河南程
氏遺書》卷第十一載明道之言：「氣外無神，神外無氣。或者謂清者神，則濁
者非神乎？」「天者理也，神者妙萬物而為言者也。帝者以主宰事而名」，即
可明熊說之非無所根據也。唯明道更盛言「仁體」與「一本」，誠如牟宗三《心
體與性體（二）》曰：「所謂『一本』者，無論主觀面說，或從客觀面說，總
只是這『本體宇宙論的實體』之道德創造或宇宙生化之立體地直貫。……在
此直貫創生之『一本』之下，心性天是一，心理是一。心與神決不可一條鞭
地視為氣，天心本心不是氣，誠體之神不是氣」(《牟宗三先生全集》6，頁20
～22)，故熊氏之說頗值商榷，而此亦視之乃其一家之言可也。而伊川於《易
傳》卷第一乾卦注曰：「天者天之形體，乾者天之性情」、「分而言之，則以形
體謂之天，以主宰謂之帝」，亦即伊川「首提出天帝」，而「將天帝當作乾」，
《河南程氏遺書》卷第十五亦載伊川之說：「『一陰一陽之謂道』，此理固深，
說則無可說。所以陰陽者道，既曰氣，則便是二。言開闔，已是感，既二則
便有感。所以開闔者道，開闔便是陰陽」、「離了陰陽更無道，所以陰陽者是
道也。陰陽，氣也。氣是形而下者，道是形而上者。形而上者則是密也」。故
就內容而論，實與漢《易》無異。且伊川《易傳・序》曰：「體用一源，顯微
無間」，看似體即是用，用亦即體，然既以體用為一源，則由此源而來之體用，
其來源雖同，而體用則為不同之異物，亦即體用畢竟有殊，以靜為體，以動
為用，而體用一歸於理，此則無可疑也。熊氏則以伊川此說，洵有體用斷為
兩橛之虞，《新論（語體文本）》即曰：「伊川說體用一原，似欠妥。以體與用
對舉，而更云一原，豈別有為體用之原者耶？」(《全集》三，頁406)方東美
《中國哲學精神及其發展（下）》亦曰：「伊川治《易》甚久，……惜為王弼
所誤，致忽略《大易》主旨」(頁72)、「《易經》『乾』卦，明示乾元大生之德，
渠則誤視作咎兆不祥，所謂『亢而無克、凶！』故必須防患於先，庶免咎戾」
(頁73)。又伊川《易傳》頗詳人事，熊氏對此亦極批評：

程《傳》多徵引歷代君臣行事得失，其取義只是以帝制為依據耳。(《原
儒・原學統》，《全集》六，頁443)

昔人稱伊川詳于人事，實則擁護大君耳。(《乾坤衍》，《全集》七，
頁592)

宋以來治《易》者，其所謂人事皆繼承漢人擁護統治之主張，提倡
忠君思想。（《乾坤衍》，《全集》七，頁 679）

案《易傳》卷第一乾卦注即曰：「乾者萬物之始，故為天，為陽，為父，為君」、
「天為萬物之祖，王為萬邦之宗。乾道首出庶物而萬彙亨，君道尊臨天位而
四海從」，此中「為父，為君」，「王為萬邦之宗」、「君道尊臨天位而四海從」，
乃以君主統治為言，即「擁護大君」而已。案以人事談《易》，其源甚早，如
《史記》、《漢書》及諸子等所載諸《易》說，即多有明人事者，此從楊樹達
所集《周易古義》更可見出，爰至干寶更是如此，其於乾初九曰：「此文王在
羑里之爻也」（見李氏《周易集解》卷第一），於九二曰：「此文王免於羑里之
日也」（同上）……等，故《乾坤衍》曰：「治《易》而談人事者，並不始於
唐以下之伊川」（《全集》七，頁 679），洵無可疑耳。伊川則承干寶而起，其
《易傳》亦詳于人事，而楊萬里《誠齋易傳》即師法程氏之意，亦重在談人
事，直是一部史論。如伊川《易傳》於乾初九曰：「聖人側微，若龍之潛隱，
未可自用，當晦養以俟時」，楊氏《誠齋易傳》卷一亦曰：「干寶謂文王在羑
里之爻，非也。羑里，聖人之不幸也，非潛也。程子謂舜之側微，是也」；《易
傳》於九二曰：「以聖人言之，舜之田漁時也」，《誠齋易傳》卷一亦曰：「程
子謂舜之田漁時也」……等。此即可見伊川亦談人事，而誠齋確實師法程氏。
又《誠齋易傳》卷一開頭即曰：「故君德體天，天德主剛。風霆烈日，天之剛
也；剛明果斷，君之剛也。君惟剛則勇於進德，力於行道，明於見善，決於
改過」云云，更是宗主程氏而發揮其說，而此實皆繼承漢人擁護統治之主張，
乃在提倡忠君思想。又司馬光既為《太玄》作注，並有《潛虛》之作，所謂
「萬物皆祖于虛，生于氣」（見《宋元學案》卷八〈涑水學案下〉），大抵不脫
古術數及漢《易》家卦氣之說，深受天帝與陰陽二氣之影響；而《資治通鑑》
最可表明其政治立場，其於開頭周威烈王二十三年「初命晉大夫魏斯、趙籍、
韓虔為諸侯」之「臣光曰」：「臣聞天子之職莫大於禮，禮莫大於分，分莫大
於名」云云，亦以擁護統治為言，純為帝制之書，實與伊川、誠齋無異，廣
陳人主用人行政之得失，欲子孫垂為鑒戒，以世守天下。故《乾坤衍》曰：「宋
賢何足談《易》，何濟於人事」（《全集》七，頁 679），誠非無的放矢。

至於橫渠，雖有《易說》，但其思想所寄則在《正蒙》。熊氏對於橫渠，
不像對濂溪、明道及伊川之重視，《原儒·原內聖》曰：

惟張橫渠《正蒙》昌言氣化，近世或以唯物稱之，其實橫渠未嘗以

氣為元也。〈太和篇〉曰：「太虛無形，氣之本體。」又曰：「由太虛，有天之名；由氣化，有道之名；合虛與氣，有性之名；合性與知覺，有心之名。」詳此所云，固明明承前聖體用之分。太虛是氣之本體，氣是太虛之功用，何嘗以氣為元乎？獨惜其虛與氣未嘗融而為一。即體非用之體，而用亦非體之用，是其體用互相離異無可救也。橫渠思想本出於老，……〈太和篇〉又曰：「太虛為清，清則無礙，無礙故神。」〈大心篇〉曰：「成吾身者，天之神也。」舉此一二條，亦以神氣俱依太虛而有，但不謂神氣與虛混然為一，是其所以求異於老，而適乃自成其短也。（《全集》六，頁630～631）

案橫渠之學，與濂溪等皆頗不同，其所謂「太虛」，實即以「氣」為主，乃氣一元論者。蓋世界本是空空蕩蕩之太虛，即「太虛惟清」，此太虛乃以氣為主，而「清則無礙」，氣之中即涵有變化之對立性質，而能相互作用以成運動，即「一故神，兩故化」（〈參兩篇〉）、「氣有陰陽，推行有漸為化，合一不測為神」（〈神化篇〉），故能變化運動出品物流行之萬物，是以「無礙故神」。要之，宇宙萬有，乃「由太虛，有天之名」故；而「成吾身者，天之神也」，即萬物品彙皆為一氣之變化所形成，故皆統一於此氣。橫渠並反對佛、老之說，《正蒙・太和篇》曰：「若謂虛能生氣，則虛無窮，氣有限，體用殊絕，入老氏『有生於無』自然之論，不識所謂有無混一之常；若謂萬象為太虛中所見之物，則物與虛不相資，形自形，性自性，形性、天人不相待而有，陷於浮屠以山河大地為見病之說」，朱建民《張載思想研究》即曰：「如果我們能夠正視張載對治佛老之用心，則不必硬把張載之『虛』類比於佛老之『空』與『無』」（頁61）。雖然，熊氏則認為橫渠所言「太虛」、「氣」，蓋本於老子，其雖反對佛、老，但仍未完全擺脫兩家之影響；朱子即曰：「《正蒙》說道體處，如『太和』、『太虛』、『虛空』云者，止是說氣。說聚散處，其流乃是箇大輪廻」、「然其說聚散屈伸處，其弊却是大輪回。蓋釋氏是箇箇各自輪回，橫渠是一發和了，依舊一大輪回」（《朱子語類》卷第九十九），錢穆〈濂溪百源橫渠之理學〉亦曰：「橫渠雖闢佛，實深受佛書影響，謂『太虛為氣之體』，『無感為性之源』」（《中國學術思想史論叢（三）》，《錢賓四先生全集》20，頁157），〈正蒙大義發微〉亦曰：「橫渠乃主張唯氣一元論者，其大體頗近莊、老」（同上，頁212），方東美《中國哲學精神及其發展（下）》亦曰：「故張載多少徘徊於儒道之間。一則謂『靜為善根』，『動為靜本』，『動靜兩立，其究一也。唯虛

為太極。』再則謂『天地之性本於虛，純粹至善。』『虛者、天地之祖。天地從虛中來。』復曰：『人亦出於太虛。』凡此一切，直道家之宇宙論耳」（頁53）。且橫渠又特重太虛，以太虛為體，即「由太虛，有天之名」，而以氣為用，即「由氣化，有道之名」，雖云以「虛空即氣」（〈太和篇〉），誠如黃秀璣《張載》曰：「『太虛』不是『無』，而是『氣』」（頁 47），亦即「太虛不能無氣」（〈太和篇〉），但所謂「太虛無形，氣之本體」，則太虛與氣乃不同層次之兩物，即「太虛是氣之本體，氣是太虛之功用」，如此一來，既「何嘗以氣為元乎」，即以太虛乃在氣之上或之外之一獨立自存者，而為宇宙萬物之本源，則其必為「體非用之體，而用亦非體之用」，頗有體用斷為兩橛之虞。故熊氏對於橫渠，亦亟予批判。〔註9〕

又朱子則有《周易本義》，而其對濂溪〈太極圖說〉更稱讚不已，此觀《朱子語類》卷第九十四「周子之書」可見，《朱子文集》中亦多處論及，並將之採入《近思錄》，且居卷一〈道體〉之首，而其「理一分殊」之思想體系，即憑藉於此而得以完成。熊氏於《示要》卷三且讚曰：「〈太極圖說〉雖未盡精微，自朱子為之注，乃多所發揮，根極理要」（《全集》三，頁914），然至《乾坤衍》，其既反對〈太極圖說〉，而於朱子之注亦不認可，其曰：

　　朱子為〈圖說〉作注，尊之如六經，甚矣其愚也。（《全集》七，頁
　　510）

朱子雖極尊〈太極圖說〉而為之作注，但其注則頗與之有異，牟宗三《心體與性體（一）》曰：「朱子分解中之問題，不在理氣之分與理先氣後，乃在其對於太極之理不依據《通書》之誠體之神與寂感真幾而理解之。朱子之理解是依據伊川對于『一陰一陽之謂道』之分解表示而進行」（《牟宗三先生全集》5，頁387），即朱子雖為〈太極圖說〉作注，然卻不依濂溪《通書》之「誠體之神與寂感真幾」，以理解太極，從而導正濂溪〈太極圖說〉之內涵，反而順伊川「陰陽氣也」之理路而予分解地說，視太極為陰陽二氣，此實與漢《易》亦無以異。是以牟氏《心體與性體（一）》續曰：「大抵朱子是理氣不離不雜之撐開的說法，其基本原則是伊川『陰陽氣也，所以陰陽道也』之語。其最

〔註9〕又船山推崇橫渠，《周易內傳》、《周易外傳》頗本於《正蒙》，皆為重「氣」思想，但誠如《示要》卷三曰：「橫渠《正蒙》為船山《易傳》之所本。而船山宏闊，非《正蒙》比」（《全集》三，頁 914），《原儒・原內聖》亦曰：「漢以下，有哲學天才者，莫如橫渠、船山。船山偉大，尤過橫渠矣」（《全集》六，頁 631），熊氏既以船山實較橫渠「宏闊」、「偉大」，亦可見其對橫渠並不認可。

初之洞見即是對于此語之真切而清澈的把握，其對于誠體、神體、天命流行之體並無洞悟；或者說其洞悟勁力于此用不上，而只能用于伊川之原則」（同上，頁 399），方東美《中國哲學精神及其發展（下）》亦曰：「朱熹於其〈周子太極圖說解〉反復力陳：太極之先，別無無極，是理遍在，而太極終不可見。無極謂之粹然至純，無一毫形體之雜。然此種強調，頓成無用之具文矣」（頁 92）。又朱子以伊川《易傳》詳義理而略象數，故作《周易本義》，義理象數兼備，冀補其缺。其既以《易》本為卜筮之書，則與古術數家言，自不免有相近處；且亦有些許道家之影子在，並受有濂溪〈太極圖說〉之影響。如《周易本義‧序》曰：「太極者，道也；兩儀者，陰陽也。陰陽，一道也；太極，无極也。萬物之生，負陰而抱陽，莫不有太極，莫不有兩儀，絪縕交感，變化不窮」，此中「太極，无極也」，實承濂溪〈太極圖說〉而來，而「萬物之生，負陰而抱陽」，更與老子之說極相似。誠如顏元《四存編‧存性編》卷一「性理評」曰：「周子〈太極圖〉，原本之道士陳希夷、禪僧壽涯，豈其論性亦從此誤，而諸儒遂皆宗之歟？」案所謂「諸儒遂皆宗之」，朱子自亦包含其中。可見熊氏認為朱子亦與濂溪無異，皆與六國小儒之倡唯神一元論者同，欲扶古術數之墜緒，實則大叛孔子《周易》之教，故亦不予認同。總之，對於宋儒，熊氏於《示要》雖頗稱之：「大抵宋儒為學，……故其治《易》也，一方面超脫漢師，一方面排斥輔嗣，其精神氣魄，不可不謂之偉大」（卷三，《全集》三，頁915），然至《原儒》，即不以之為究竟，《乾坤衍》更曰：「宋儒頗欲自別于漢世小儒，其實乃漢人之支流耳」（《全集》七，頁 575），亦彰明矣。

三、對明、清《易》之批評

至於陸、王學派，熊氏既亟稱象山「本心」之說，復盛讚陽明「良知」之學。象山專尚孟子，以究明本心為務，《示要》卷二曰：「陸子之學，以先立乎其大為宗。……陸學遠紹孔門，復何疑」（《全集》三，頁 819）。然象山於《易》無多說，唯〈易說〉、〈易數〉及〈三五以變錯綜其數〉等而已，且不尚談體用，而熊氏自《原儒》即視孟子為小康學派，則於專尚孟子之象山，亦不再推崇。且象山雖受孟子、明道及謝良佐等影響甚深，然方東美《中國哲學精神及其發展（下）》即謂象山「其宗教之精神，由超越之彼界，直射至當下世界之結構上。所崇信者，為理性神，其權能高出天地，大過天地。……

就某義言，轉乃甚合乎《尚書》所載之哲學傳統，蓋其同肯定心、理，皆為宇宙精神之究極永恆本體，而特重洪荒時代之永恆本體論也」（頁127～128），可見象山偏重於超越性之「永恆本體論」，此乃儒家傳統思想中保守襲舊之一面，猶不免以超越之理想界與卑陋之現實界為二元對峙之虞，而於《大易》「動健生生」之內在性生命價值理想原理，未能浹洽而俱化。故熊氏之不以象山為究竟，要非無故。而陽明於《易》亦無專書，然頗談及體用，《傳習錄》上曰：「心不可以動靜為體用，動靜時也，即體而言用在體，即用而言體在用，是謂體用一源」，〈答陸原靜書〉亦曰：「所謂動亦定，靜亦定，體用一原者也」、「動靜者，所遇之時，心之本體，固無分於動靜也」（《傳習錄》中）等，蓋心兼動靜，並無前後內外之分，而有事無事之時，固可以言動靜，然心則無分於有事無事，乃渾然一體也。靜指其未發之中，動指其既發已發而言，而靜無不中，即寂然不動是也，此乃心之體也，而動無不和，即感而遂通是也，此乃心之用也，故而動無不和亦即靜無不中，而未發之中即是已發之和，是以謂「體用一源」。熊氏對此極為服膺，《體用論》曰：

> 〈姚江學案〉中有「即體即用、即用即體」二語。向見聰明人皆自以為易解，吾知其必不解。（〈贅語〉，《全集》七，頁8）
>
> 王陽明有言，即體而言，用在體；即用而言，體在用。此乃證真之談。所以體用可分而實不可分。（《全集》七，頁53）

熊氏認為陽明「即體即用、即用即體」二語，乃「證真」之談，此意在《新論（語體文本）》（《全集》三，頁179）及《新論（刪定本）》（《全集》六，頁120）即已提及。兩「即」字之意，實非一般人所能理解，而其於此當有會心，蓋即「所以體用可分而實不可分」，此亦其「體用不二」說之意也。但熊氏認為陽明仍未為圓融，其所謂「體用一源」，與己之「體用不二」，仍有差別，《乾坤衍》曰：

> 王陽明以人類之有同情，乃本乎一體之流露。……陽明以身作則，繼述孔子《大易》之道也。獨惜其雜染禪法，喪失孔子提倡格物之宏大規模，王學終無好影響。此陽明之鉅謬也。（《全集》七，頁582～583）

《存齋隨筆》亦曰：

> 王陽明雖張天地萬物一體之義，頗有得於孔子，而於裁輔之大用，則茫然無體會。……陽明當理學禪學交流之世，簡單狹礙之唯心主

義盛行於時。陽明受其影響，宜乎莫睹孔子之大也。(《全集》七，
頁 836)

案陽明以「心不可以動靜為體用」，即良知非可以動靜言，蓋「動靜時也」，
良知則不可以動靜為體用，若以動靜為體用，而有動之時、有靜之時，則良
知成一忽動忽靜之物，亦不成其為良知矣。是以良知不可以動靜為體用，即
「動亦定，靜亦定」，不為動靜所限制，而超越於動靜，方是良知之體用，「即
體而言用在體，即用而言體在用」，則又何有分於動與靜，此「體用一源」故
也，故熊氏讚其此乃「繼述孔子《大易》之道」，且直視之其可與孔子同等地
位。雖然，但熊氏認為其亦有「鉅謬」。蓋陽明所言「即體而言用在體，即用
而言體在用」，與禪宗「即慧之時定在慧，即定之時慧在定」頗相近，而「體
用一源」說，雖與伊川「體用一源」不同，蓋伊川雖言體用一源，然體用畢
竟有殊，以靜為體，以動為用，而體用一歸於理，陽明則不以動靜為體用，「即
體而言用在體，即用而言體在用」，即體即用，即用即體，但畢竟仍偏重於體，
而忽略於用。誠如《傳習錄》上曰：「蓋體用一源，有是體即有是用」，又曰：
「體用一源，體未立，用安從生？」則體先於用，由體而有用，無體則亦無
用，故體仍較用受到重視。楊國榮《王學通論──從王陽明到熊十力》即曰：
「與王氏著重強調『即體而言用在體』不同，熊十力更多地側重於『即用而
言體在用』」（頁 263），即熊氏重在用，即用而識體，陽明則猶有體為先在之
觀念，故偏重於體而忽略於用，雖有內聖而缺外王，此與禪家只求明心見性，
而不注重世法，實相近矣。案陽明本人縱使習禪，所言與老莊亦頗相似，但
其終非禪家宗子，而與老莊實亦有異，此從其龍場驛之貶謫，而後深曉良知
本體人人具足，誠能徵明物我本來一體，又經宸濠、張忠、許泰之變，而後
益信良知真足以忘患難、出生死，已將道德與事業融成一貫，可見其「良知」
之說，實從此百死千難中而得之。然龍場驛一悟，其亦曰：「聖人處此，更有
何道？」則頗有禪宗頓悟成佛之餘意，實易令人以為其已己身成佛，而勝過
聖人如孔子者，則流弊誠不可勝言。且其後學，既無陽明之資，又倡言「見
滿街人都是聖人」，洵不免空談道德而疏於實踐，知行未能合一，以為有「見
成良知」，而無事於實踐修行，以致流於狂禪，近於道家，此亦不爭之事實。
或謂陽明本非專治《易》者，其所言本體，並非立足於宇宙論立場，而乃就
孟子良知此一心體以言，實易誤落入於禪宗空寂之本心上，熊氏對此應甚瞭
然，何以又對之極予駁斥？案此雖亦成說；但不論如何，陽明之言良知本體，

似仍未臻究竟理境，故熊氏終不印可之也。

由於陽明於體用之說仍未為圓融，是以其「致良知」之教，熊氏又是如何看法，即至關緊要。《原儒・原內聖》曰：

> 陽明《語錄》有曰：「目無體，以萬物之色為體；⋯⋯心無體，以天地萬物感應之是非為體。」⋯⋯據此，則心物本來俱有，而不可相無。心無形而體物，物凝質而從心。涵受乎心者物，引發乎心者物，從心之化裁而與之俱轉者亦物。心則默運乎物，主領乎物，認識體察乎物，化裁改造乎物。二者相需以成用，不可相無。實則所云，心物二者祇是本體流行之兩方面，此乃《大易》乾坤之奧義，而陽明子猶秉之弗失也。（《全集》六，頁632～633）

陽明之良知學說，乃「致吾心之天理於事事物物」，若萬事萬物一切滅盡，則無目見、耳聞、鼻嗅、口嚐可言，自亦無心知之可得，故心體唯在萬物之感應上，可知「心物本來俱有，而不可相無」，此誠合外內之道也。是以「物凝質而從心」，即「涵受乎心者物，引發乎心者物，從心之化裁而與之俱轉者亦物」，此即翕闢成變也，蓋心不能離物而獨存，物則有力以引起心，故由心物之相交，而坤物必承乾以起化，即可見此心之作用；而「心無形而體物」，即「心則默運乎物，主領乎物，認識體察乎物，化裁改造乎物」，斯則乾統坤承也，蓋心之作用殊特，其有力主動以符於物則，而動不失宜，故乾神必主動以導坤，即可推知此心之體，此即所謂即用見體者也。可見熊氏之受陽明影響誠深矣，由此且可覘二者之所以極相近之故。又陽明良知學說之重點，尤在一「致」字上。《明心篇》曰：

> 余最喜陽明為求智者指示用力之要在一「致」字。致者，推擴之謂。
> 吾人於所本有之智必盡力推動與擴大之。（《全集》七，頁237）

熊氏認為陽明致良知之教，重在推充擴養，乃實有諸己也，而致吾心之天理於事事物物上，即以工夫為主，由工夫上體認本體，此乃孔門之教，故於陽明良知學說，誠然佩服。然則，熊氏最終是否肯定陽明之說？是又不然。《尊聞錄》即曰：

> 良知一詞，似偏重天事，明智則特顯人能。⋯⋯故吾言明智與陽明良知說有不同者。彼以良知為固有具足，純依天事立言，而明智則亦賴人之自創，特就人能言也。故陽明可以說草木瓦石有良知，而吾不能謂草木瓦石有明智也，此其與陽明異也。（《全集》一，頁

605～608）

案陽明詠良知詩「無聲無臭獨知時，此是乾坤萬有基」，又〈答歐陽崇一〉曰：
「良知是天理之昭明靈覺處」（《傳習錄》中），〈答聶文蔚〉亦曰：「蓋良知，
只是一箇天理自然明覺發見處」（同上），〈大學問〉亦曰：「良知者，……吾
心之本體自然靈昭明覺者也」，此皆自是真實語、了義語，熊氏亦極予稱讚，
《示要》卷二曰：「陽明言致良知，《易》曰乾知大始。又曰乾以易知。是良
知即乾元也。乾元亦說為仁，良知與仁，非二也」（《全集》三，頁819）。又
《傳習錄》下曰：「良知只是箇是非之心，是非只是箇好惡」、「知善知惡是良
知」，蓋所謂「良知」，固不離於感官知覺、理性知識等作用，然亦非此之謂，
而乃一形而上之直觀睿知而能發為道德慧見之吾人所固有本能之靈昭不昧之
心體者也。誠如吳光〈萬化根源在良知──陽明心學論綱〉曰：「第一，『良
知』既是主觀的，又是客觀的，是統一主觀與客觀的認識主體。……第二，『良
知』既是『知是知非』的『知識心』，又是『知善知惡』的『道德心』，但主
要是指道德本體」（《儒道論述》，頁172～173）。然而，陽明且以良知便是造
物主，《傳習錄》下曰：「良知是造化的精靈，這些精靈，生天生地，成鬼成
帝」，乃在天地萬物之上或之後之一絕對無匹之本體，洵與天帝無異〔註10〕。
又陽明以自己良知具足，亦謂草木瓦石皆有良知，《傳習錄》下曰：「人的良
知，就是草木瓦石的良知。若草木瓦石無人的良知，不可以為草木瓦石矣」，
此專就體言，未言及用，故萬物無有差別，然如此只言天事，未及人能，有
體而無用，少卻一段工夫論〔註11〕。熊氏雖心契陽明，但認為從體而言，萬
物固無差別，就用而言，則人有「明智」，草木瓦石則無，此人之所以為人而
顯其尊貴之處，故必體用並言，天事人能兼及，有工夫論之保證，本體論方
可無失。故熊氏認為陽明雖本於《大易》，猶秉之弗失，而於根源處，卻未能
得其要，蓋於「良知」一詞，尚或認識不清，《明心篇》曰：

> 但陽明有時將良知說為本體，此乃大謬，蓋為禪宗所誤耳。（《全集》
> 七，頁237）

仁是用，究不即是體，謂於用而識體可也，謂仁即是本體則未可。

〔註10〕錢穆〈陽明良知學述評〉即曰：「但陽明有時說良知，卻有墮入渺茫的本體論
之嫌。」（《中國學術思想史論叢（四）》，《錢賓四先生全集》21，頁105）
〔註11〕錢穆〈陽明良知學述評〉且曰：「此條與上條同義，而語更支離」（《中國學術
思想史論叢（四）》，《錢賓四先生全集》21，頁106），〈說良知四句教與三教
合一〉亦曰：「此條更無理致，更屬無可證成」（同上21，頁189）。

又復當知，仁心祇是萬德之端。〔……宋儒之於天理，王陽明之於良知，皆視為實體，固已不辨體用。（良知與天理之心，皆用也。）〕（《全集》七，頁274）

熊氏雖以陽明之言「良知」，固有其真理在，然更認為其既「將良知說為本體」，而熊氏則以「良知與天理之心，皆用也」，此乃其大異之處。陽明〈答陸原靜書〉曰：「良知者，心之本體，即前所謂恆照者也」（《傳習錄》中），此以良知有恆照作用，乃就其發用面而言；而《傳習錄》上曰：「定者，心之本體，天理也」、「心之本體原自不動；心之本體，即是性，性即是理」、「這心之本體，原只是箇天理，原無非禮」，〈啟問道通書〉〔註12〕亦曰：「心之本體即是天理，天理只是一箇，更有何可思慮得？」（《傳習錄》中）此以心之本體即天理，即是性也，亦即良知即天理，即是性也，乃「原自不動」，蓋就其主體面而言。是以陽明之言良知，雖兼體用而言，認為良知亦可屬於用，但其更以良知即天理，實乃一切存在之存有論的根源，具形而上的實體之意義，故其乃即本體，即存有而即活動，故可發用，而其之所以能發用，乃因其為本體故。可見陽明確有偏重以良知為本體之傾向〔註13〕。熊氏則認為良知亦是用，而非本體，致吾人之良知，即致吾人之大用，所謂即用識體，非可於用外而更立一體也。誠如孔子所謂之「仁」，雖可為本體之目，但究其實，「仁是用，究不即是體」，蓋「仁心祇是萬德之端」，好好發展此端，非用而何，而即於好好發展此端之時，即見得天理昭然，而吾人本體自然流露，故「謂於用而識體可也，謂仁即是本體則未可」。良知與天理之心亦然，皆用也，究不即是體，謂於用而識體可也，謂良知與天理之心即是本體則未可；若能努力推致良知與天理之心，非用而何，而即於推致良知與天理之心之時，即見得良知顯現，而天理之心隨處而在。故以良知為本體之目，雖無不可，然須知此乃「謂於用而識體可也」，《原儒・原內聖》即曰：「陽明良知，是就心作用上顯示本體，此與《論語》言仁似相近，而亦不必全同」（《全集》六，頁566），熊氏之稱讚陽明良知學，以其「是就心作用上顯示本體」言，而陽明

〔註12〕陳榮捷《王陽明傳習錄詳註集評》曰：「『周』，諸本作「問」，誤」（頁202註1），故〈啟問道通書〉，應作〈啟周道通書〉，而此或作〈答周道通書〉，亦可。又其人，《明儒學案》卷二十五有傳。

〔註13〕請參閱牟宗三《從陸象山到劉蕺山》（《牟宗三先生全集》8，頁177～188），劉述先《朱子哲學思想的發展與完成》（頁506～511）及鄧克銘〈良知與實體——明中葉羅欽順與歐陽崇一之論爭的意義〉（《鵝湖學誌》第37期，頁11～16）。

直以良知即本體，此則非熊氏所能認可；《存齋隨筆》亦曰：「然乾道有元，陽明未究。……陽明單提良知，亦未窺乾坤之蘊也」（《全集》七，頁 837）。案陽明於孔子之道深有所得，但亦受佛、道二家影響，且以深染禪風為最甚，此在其亦自所不諱，〈答陸原靜書〉即曰：「無所住而生其心，佛氏曾有是言，未為非也」（《傳習錄》中），故不免轉失孔子之旨。綜觀陽明一生，早年馳騁於辭章，為宋儒格物之學，卻無所得入，已而談養生，行導引，出入佛、老多年；至三十七歲，在龍場驛，忽悟「格物致知」，當自求諸心，不當求諸事物；翌年，始論「知行合一」，認為即知即行，未有知而不行者，故知、行誠不可分作兩事，然猶時時教人默坐澄心，以求真覺；五十之年，專揭「致良知」，強調「事上磨鍊」、「必有事焉」，直指本體，令學者於言下有悟；既而歸越以後，又每提「四句教」，所操益熟，所得益化，然首句「無善無惡心之體」，洵易啟爭端，蓋只云「良知」，不復言「致」，即以良知言本體，固易簡直捷，但頗有以空、無為體之嫌，實近於佛、老，尤與禪家「不思善，不思惡」之說相似，直令人以之乃沒溺於禪，且既不重在工夫上，反而愈向虛玄處求，則流弊亦從此而生。可見陽明早年深受佛、老影響，晚年似又走回禪宗老路，熊氏之批評之，要非無故〔註14〕。然此皆屬枝節末微，其自本亦深曉佛、道二家之非，《傳習錄》上即曰：「吾亦自幼篤志二氏，自謂既有所得，謂儒者為不足學。其後居夷三載，見得聖人之學若是其簡易廣大，始自嘆悔，

〔註14〕顧憲成《小心齋箚記》卷四即曰：「獨其揭無善無惡四字為性宗，愚不能釋然耳」，陸世儀〈高顧兩公語錄大旨〉亦曰：「陽明之意，亦以為天命之性不落形跡，不可以善惡言，……遂至胥天下而為告子、為禪學也」（《桴亭先生文集》卷一），船山（《張子正蒙注·序論》）、呂留良（見《呂晚村先生文集·附錄「行畧」》）、陸隴其（《陸稼書先生文集》卷之二〈舊本四書大全序〉）等皆以陽明乃「陽儒陰釋」，而張烈《王學質疑》攻擊益屬，其附錄〈讀史質疑〉四更曰：「陽明一出，而盡變天下之學術，盡壞天下之人心」，顏元〈閱張氏王學質疑評〉亦曰：「王學誠有近禪，僕亦非敢黨王者」（《習齋記餘》卷六），戴震《孟子字義疏證》卷上亦曰：「陸子靜、王文成諸人就老、莊、釋氏所指者，即以理實之，是乃援儒以入於釋者也」。方東美《中國哲學精神及其發展（下）》亦曰：「陽明及其前輩象山，均較近於道家精神。蓋兩氏皆同重『修身以道，修道以仁』，而不尚唯聞見之知與繁文縟節之是求」（頁151），此言其溺於道；又曰：「『無善無惡是心之體』，然由於外界種種環境因素之影響，此心可能有所垢染。故必須『時時勤拂拭，毋使著塵埃』，以復其心體之本然，純淨無垢」（頁152），此言其溺於禪；唯方氏認為陽明雖受道、佛影響，但終仍回歸真正儒家精神，故復以「六大宗趣」以明之（頁153～155）。又以上方氏之說，其〈從歷史透視看陽明哲學精義〉（《生生之德》，頁459～464）亦已言及。

錯用了三十年氣力」；而其受禪宗影響甚深，但對之之批駁亦最多，此觀其文集、語錄可見，《傳習錄》更着力於此〔註15〕。可見陽明終究回歸於儒家聖賢之旨，力斥佛、道及禪宗之說，而其專提「致良知」，洵乃一生宗旨所在，實踐吾人良知之所知者，致吾心之天理於事事物物上，即知即行，即行即知，誠如其〈拔本塞源論〉（見〈答顧東橋書〉末節）所言，乃以天地萬物一體之仁為其骨幹，冀以達致一理想境地，此誠孔孟相承一貫之道，有體有用，內聖外王兼備，可見其說絕非空疏，亦不玄虛。然而，在熊氏觀來，陽明以良知為本體，必至體用分立，斷為二橛，而體在用先，茲與以天帝存在而超越乎萬有之上或潛藏於萬有之後，而為吾人之本源者，又有何異？此則皆不明即用識體，而有以致此。又熊氏是否認為陽明有「反知」傾向？誠如《尊聞錄》曰：「他下一致字，是要致之於事事物物的。如此，卻未棄知，只是由本及末」（《全集》一，頁 600），案陽明縱不反知、棄知，但甚強調「由本及末」，以踐履為本，先須識得良知本體，由此方可談及知識，而其後學則頗憚於求知，不免流為狂禪；且至《明心篇》，熊氏更曰：「然陽明反對格物，即排斥知識」（《全集》七，頁 254），直以陽明即反知、棄知。至於熊氏，則屢言欲著〈量論〉，而牟宗三《圓善論・序言》亦曰：「熊先生每常勸人為學進德勿輕忽知識，勿低視思辨」、「熊先生非無空靈造極之大智者，而猶諄諄於下學」（《牟宗三先生全集》22，頁(16)），此又較然而可見者也。〔註16〕

除陽明外，熊氏最心契船山，頗受其啟發，《心書・船山學自記》曰：「乃忽讀《王船山遺書》，得悟道器一元，幽明一物」（《全集》一，頁 5），並稱讚船山深於談變（見《唯識學概論（1923 年）》，《全集》一，頁 59），及其「性日生日成」說（見《唯識學概論（1926 年）》，《全集》一，頁 466～468；又《唯識論》，《全集》一，頁 546～548）。而船山對於體用之說，如《周易內傳》卷一上曰：「天無自體，盡出其用以行四時、生百物，無體不用，無用非其體」，《周易外傳》卷二亦曰：「天下之用，皆其有者也。吾從其用而知其體之有，豈待疑哉！用有以為功效，體有以為性情，體用胥有而相胥以實，故盈天下而皆持循之道」，卷五亦曰：「是故性情相需者也，始終相成者也，體用相函

〔註15〕陳榮捷〈王陽明與禪〉即撮合之為四點：一、禪宗心說之不能成立；二、佛家云不著相，亦實著相；三、佛之頓悟與常惺惺，皆非心之全體大用；四、佛家養心之方，於世無補。（《王陽明與禪》，頁 78～80）

〔註16〕請參閱筆者〈王陽明成學與立教平議〉（《鵝湖》第 433 期）。

者也。……體以致用，用以備體」，《讀四書大全說》卷三亦曰：「〈中庸〉一部書，大綱在用上說。即有言體者，亦用之體也。乃至言天，亦言天之用；即言天體，亦天用之體」，《張子正蒙注》卷四亦曰：「天無體，用即其體。範圍者，大心以廣運之，則天之用顯而天體可知矣」，《思問錄·內篇》亦曰：「太虛，一實者也。故曰『誠者天之道也』。用者，皆其體也。故曰『誠之者人之道也』」，由上所言，可知船山雖云「體用相函」，但實更着重於「用」，而由用才有「體」，所謂「吾從其用而知其體之有」也，若無用則必無其體之可言，蓋一切皆由此用而有，而此體亦即在此用中而得顯見，誠如勞思光《新編中國哲學史（三下）》曰：「案此即表示船山視一切存有皆由其『用』或功能決定其自身之為如此之存有；另一面，一切功能又皆是實現之功能——非指潛存功能。由此，用外不可言體，有體亦必有用；所謂『相函』，即以無用外之『體』為其主旨所在也」（頁 698），可見熊氏「體用不二」、「即用識體」之說，蓋亦得於船山之啟發甚多，其於船山《周易內傳》、《周易外傳》，甚為重視，《示要》即曰：

> 船山《易內、外傳》宗主橫渠，……其學，尊生，以箴寂滅。明有，以反空無。主動，以起頹廢。率性，以一情欲。（卷二，《全集》三，頁 838）

> 船山《易內、外傳》確甚重要。吾所舉四義，〔即生、動、有與情一於性，四大基本觀念。此吾綜其全書而言之也。〕（卷二，《全集》三，頁 839）

> 尊生、彰有、健動、率性，此四義者，……王船山《易外傳》頗得此旨。（卷三，《全集》三，頁 916）

案船山《周易內傳》、《周易外傳》，熊氏認為可以「生、動、有與情一於性」四大基本觀念綜括之，即「尊生、彰有、健動、率性」。尊生則「以箴寂滅」，誠所謂「生生之謂《易》」也；彰有則「以反空無」，而《易》之大有卦，即特明此也；健動則「以起頹廢」，无妄卦亦曰：「動而健，天之命也」，蓋即謂此也；率性則「以一情欲」，此與〈中庸〉「天命之謂性，率性之謂教」可相通也。對此，熊氏則頗致稱讚，且直視之其可與孔子同等地位。然船山《易》學更有「乾坤並建」之說〔註 17〕，誠如《周易內傳·發例》曰：「乾坤並建，

〔註 17〕案船山《周易內傳》卷一上、《周易外傳》卷五及《張子正蒙注》卷七，此諸重要著作皆致力於闡明「乾坤並建」之說，可見此乃其《易》學中心思想所在，亦其全部思想體系之核心所繫。

為《周易》之綱宗，篇中及《外傳》廣論之，蓋所謂『《易》有太極』也」，其意即乾坤二卦為六十四卦之首，所謂「《周易》之書，乾、坤並建以為首」（《周易內傳》卷一上）、「《周易》並建乾、坤為太始」（同上）、「《周易》並建乾、坤於首」（《張子正蒙注》卷七），此乃「《易》之體也」（《周易內傳》卷一上），「故《周易》並建乾坤為諸卦之統宗，不孤立也」（同上），而由此乾坤並建，「以陰陽至足者統六十二卦之變通」（同上），則「陽有獨運之神，陰有自立之體；天入地中，地函天化，而抑各效其功能」（同上），即「天下濟而行，地上承而合。下行之極于重淵，而天恆入以施。上合之極于層霄，而地恆蒸以應」（《周易外傳》卷五），故而「六十二卦錯綜乎三十四象而交列焉」（《周易內傳》卷一上），此乃「《易》之用也」（同上）。是以乾坤二卦，誠為首出，故「陰陽二氣絪縕於宇宙，融結於萬彙，不相離，不相勝」（同上）、「無有先後，天地一成之象也」（《張子正蒙注》卷七），此乃是純理，用以構作諸卦之語言結構以詮表人事，與其他六十二卦純是象徵人事，在本質上誠然有異，而益可見乾坤之重要。然〈繫辭傳〉曰：「是故《易》有太極，是生兩儀」，歷來《易》家皆以太極為首出，而無有以乾坤為首出者，船山則以「純乾純坤，未有《易》也，而相峙以並立，則《易》之道在」（《周易內傳》卷一上），即以乾坤相峙並立而後有《易》，故乾坤最為首要；誠如唐君毅《中國哲學原論・原教篇》曰：「惟船山以太極為乾坤之合撰，陰陽之渾合，太極不先于乾坤陰陽，必有乾坤陰陽之合同而化，乃見易有太極。故船山主乾坤並建，不取漢人乾元、坤元只是一乾元之說，亦不取宋儒一氣流行成二氣之說。而主乾坤陰陽，自始即相待而有」（《唐君毅全集》卷十七，頁 528），船山既「不取漢人乾元、坤元只是一乾元之說」，且「亦不取宋儒一氣流行成二氣之說」，蓋此等皆主唯乾一元論，以乾坤只是一氣之流行，至於其極，則以陰陽二氣以言太極，視太極為「主氣之神」，而推原於天帝，則必成「唯神一元論」，即以天帝為最首出，只成一宇宙演化說、宇宙開闢論而已；而此皆由於不識《大易》實乃承體起用，本就涵著本體論，乃一道德創生義下之形而上學或存有論，故船山於漢宋群儒之說，自是不予贊同，然如此一來，則易令人以其不贊同一元論，即其似為二元論者；而所謂「太極不先于乾坤陰陽，必有乾坤陰陽之合同而化，乃見易有太極」，即乾坤並建而後《易》有太極，則乾坤尤較太極為首要，故「主乾坤陰陽，自始即相待而有」，乾坤既自始相待而有，此則易啟人以船山有二元論傾向。案唐氏絕非謂船山乃二元論者，

然熊氏卻如此認為，於其「乾坤並建」說，極予批判：

> 船山說《易》，頗有二元論的意思。(《新論（語體文本）》，《全集》
> 三，頁 356）

> 王船山《易內、外傳》極多精義，然其言「乾坤並建」，頗近二元，
> 根本處卻未透。(《新論（語體文本）》「附錄」〈答問難〉，《全集》三，
> 頁 495）

> 船山於本原處，不能無誤。其言乾坤並建，蓋未達體用不二之旨，
> 遂有此失。(《示要》卷二，《全集》三，頁 839）〔註18〕

熊氏認為船山「乾坤並建」之說，「頗有二元論的意思」，即不以之為究竟。
誠然，《原儒・原內聖》亦曰：「船山亦承認太極是陰陽之本體，究非二元論。
祇惜其解悟有未透，理論欠圓明耳」(《全集》六，頁 631)，《乾坤衍》亦曰：
「船山《易傳》在漢、宋群儒中獨有精采。雖有二元之嫌，其猶白日有時而
蝕，終無損於大明之光也」(《全集》七，頁 524)，案熊氏於此等處雖以船山
「究非二元論」、「終無損於大明之光」，此無疑乃口氣稍緩耳，實與其一貫之
主張，並無矛盾，故應予善觀，方不致誤。要之，在熊氏看來，船山於體用
之說，終是未究其極，乃為二元論者，此則始終一致，甚至以其「於本原處，
不能無誤」，可謂篤矣。關於船山「乾坤並建」之說，茲據唐君毅《中國哲學
原論・原教篇》、方東美《中國哲學精神及其發展（下）》及曾昭旭《王船山
哲學》等相關論述〔註19〕，綜述如下。案船山承橫渠重「氣」之思想，「則是

〔註18〕類此之說，所在多有。如「晚明王船山作《易外傳》，欲振其緒，然於體用之
義未融，情性之分莫究，天人之故，猶未昭晰」(《示要》卷三，《全集》三，
頁 916)、「王船山《易內、外傳》，其言『乾坤並建』，頗近二元，根本處未透
在」(《新論（刪定本）・附錄》，《全集》六，頁 277)、「王船山《易傳》，乾坤
並建之說，殊未安」、「船山《易》學主張『乾坤並建』，故謂陰陽異體。余議
其失之粗者，即此可見」、「王船山《易內、外傳》不悟乾元坤元，是以乾坤
之本體而言，乃有『乾坤並建』之說，頗有二元論之嫌」(《原儒・原內聖》，
《全集》六，頁 607、頁 631、頁 686～687)、「晚明王船山，作《周易內、外
傳》。倡乾坤並建之說，頗近于二元論」、「王船山《易傳》便有二元之過」、「王
船山屏棄漢《易》之唯乾，而主張乾坤並建，又不免二元之失」、「晚明王《傳》，
失在二元。〔王船山有《周易內傳》及《外傳》。主乾坤並建，未免二元。〕」
「王船山不識乾元、坤元二名之義例而謬主二元。……〔船山《易傳》主乾
坤並建，成二元之論。……乃歎曰：船山祇是二元論。……〕」「王船山乾
坤並建之主張，根本錯誤」(《乾坤衍》，《全集》七，頁 517、頁 524、頁 545、
頁 556、頁 572、頁 643)。

〔註19〕唐君毅《中國哲學原論・原教篇》曰：「乾坤並建而後有易有太極，故乾坤稱

一種物理宇宙觀」，認為氣即是心，心即是氣，只不過一就客觀地說，一就主觀地說，但終究只是一元，乾坤（陰陽）只是「氣化所現之二理」、「人心所用之二理」，職是之故，「故任何器物皆有此乾坤合撰之太極，以為其蘊」、「凡此皆乾坤合撰之太極之道，為之主持分劑」，則乾坤陰陽無異即太極之顯現，而乾坤合撰即太極也。就其「元氣浩浩，流行不息，特字之『乾元』」，此則「以象天，取其德健也」；就其「乃順承乾元大生之力，攝入其元藏，而迭造神奇，化生萬物，以具形體，特字之『坤元』」，此則「以象地，取其德順也」。是以乾坤只是用，不可視為體，氣（太極）或心才是體，只不過船山略而不提，而言乾坤並建，直從用說起，「故通過人心之分析作用」，而特將之現為二理，既「摘出其獨運之神以謂之乾」，復「摘出其自立之體以謂之坤」，是

為易之蘊。……由天地之互著，乾坤之必交，即知天地皆各蘊乾坤合撰之太極。而太極亦若分二，為天地各各之所具有。萬物萬有之由動而靜，即著其乾以交坤；其由靜而動，即著其坤以交乾。故任何器物皆有此乾坤合撰之太極，以為其蘊。……凡此皆乾坤合撰之太極之道，為之主持分劑，以成此一動一靜之大易。故由器之虛，即以見道之實，而乾坤與易，相為保合。所以言乾坤與易，相為保合者，因由乾坤之道而後有易，有易而後見乾坤之道之真實，為器物之蘊也」（《唐君毅全集》卷十七，頁528～529），方東美《中國哲學精神及其發展（下）》亦曰：「然而船山之宇宙論，則是一種物理宇宙觀，可藉氣化流行以闡釋之。太初之始，原具實有之可能，惟其尚非實有，但為太始元氣，發為氣化流行，亹亹而弗竭，顯於自然變化，涵具萬有，復藉旁通交感，以各成其本質之精耳。元氣浩浩，流行不息，特字之『乾元』，以象天，取其德健也。而與之俱起者，尚另有氣化所在，乃順承乾元大生之力，攝入其元藏，而迭造神奇，化生萬物，以具形體，特字之『坤元』，以象地，取其德順也。故曰：『易為天地之門』，乃天地之所由生」（頁172），曾昭旭《王船山哲學》亦曰：「故船山易學，其主在君子之心，即所謂以陽為主也。於是在乾坤並建說中之所謂乾坤者，遂只是二抽象之純理或曰純德，映現於君子之心上，以為君子明得失，成德業之所據，而非是客觀實存之二元也。……故乾坤者只是人心所用之二理，而非客觀宇宙之二元。至此宇宙之元，依船山，則客觀地說是氣（陰陽是氣化所現之二理），主觀地說是心（陰陽是人心所用之二理），皆只是一元也」（頁53～54）、「按此說周易並建乾坤，首先即謂二卦原非孤立，實為合撰。而所以分為二者，實因就人心之需要，要明白此二種純德以為行道之所法，故通過人心之分析作用，將此凝合為一之天地統體，摘出其獨運之神以謂之乾，摘出其自立之體以謂之坤，以各著其性情功效耳。非謂宇宙間真有此實存之二元，可以此純陽純陰象之也。故所謂乾坤之二元，實只是人心中之暫時分析而實非二元者明矣」（頁58），又曾氏《在說與不說之間》（頁58～60）亦言及船山「乾坤並建」之說，請參閱。又王龍川《王船山〈乾〉〈坤〉並建」理論研究》第二章〈〈乾〉〈坤〉並建〉（頁18～49）論及「並建」的意義、「〈乾〉〈坤〉」的特質及「〈乾〉〈坤〉並建」的原因等，請參閱。

以乾坤二卦「原非孤立，實為合撰」，而乾坤並建洵「非是客觀實存之二元」，即「非謂宇宙間真有此實存之二元」，亦明矣。故船山「乾坤並建」說，實為一元論，此即「乾自有其體用焉」，且是「即氣言體」的一元論，而「以陰陽至足者統六十二卦之變通」，是以能成此一動一靜生生不已之《大易》矣。然船山縱使非二元論者，但在熊氏看來，其終究未能盡曉體用之義也。蓋船山以「乾坤並建」，既視乾坤尤重於太極，故由「乾坤並建而捷立」，其《周易內傳‧發例》曰：「乾明則坤處於幽，坤明則乾處於幽。誠如《周易》並列之，示不相離，實則一卦之嚮背而乾坤皆在焉」，《周易外傳》卷七亦曰：「故陽節以六，陰節以六，十二為陰陽之大節而數皆備；見者半，不見者半，十二位隱見俱存，而用其見之六位，彼六位之隱者亦猶是也。故乾坤有嚮背，六十二卦有錯綜，眾變而不舍乾坤之大宗。闢於此闔，闔於此闢，節既不過，情不必復為之期」，此乾坤嚮背陰陽十二位半見半隱之說，誠有其精意，一切現象不論或見或隱，皆在「闢於此闔，闔於此闢」之下，故有六十二卦之參伍錯綜，而一切現象亦在此變化下而顯其真實而無妄也。但此洵亦已超出、甚或不合於《易》說，蓋《易》以一卦六爻為說，誠已足矣，此則乾坤並列，「示不相離」，須擴至於十二爻，即「十二位隱見俱存」，此無怪乎熊氏視之乃二元論，而極予駁斥。且究其實，熊氏與船山皆從用說起，特重乾坤，而之所以如此相似，蓋皆從《易經》而來。此猶楊簡《楊氏易傳》卷一曰：「自其統括無外、運行無息言之，故曰乾；自其勢專而博厚、承天而發生言之，故曰坤」，亦對乾坤特予說明，蓋《大易》本身即以乾坤為首，而為六十二卦之父母之故。但船山承橫渠重氣系統，重在即氣言體，熊氏則接近象山、陽明，重在就本心、良知而言體。故兩者之思想畢竟有異，則為不爭之事實。熊氏由乾坤翕闢成變而即用識體，然乾坤皆收攝於乾元，乾元亦即坤元，唯是一元，而由乾元之開顯，即顯現為乾坤兩大勢用，洵可謂為「乾元開顯」，乃着重在乾元，此與船山之主「乾坤並建」，而着重於乾坤，自是大異其趣。故熊氏認為船山仍「未達體用不二之旨」，是以《示要》卷三曰：「《新論》之作，庶幾船山之志耳」（《全集》三，頁 916），可見其不以船山為究竟，而直欲補其失以取而代之。且船山上承橫渠，而熊氏既不滿於橫渠，則於船山，誠如《原儒‧原內聖》曰：「王船山宗橫渠，故其學於本源殊未徹」（《全集》六，頁 631），案熊氏原即認為橫渠雖闢佛，但亦深受佛家影響，雖反對道家之說，但所言「太虛」及「氣」等，則又頗本於老子，仍未完全擺脫道家「無」之

思想，故於孔子之道尚有間隔，而船山既宗橫渠，則宜其於儒學本源未能徹悟。方東美《中國哲學精神及其發展（下）》亦曰：「船山此種玄想，……乍視之，此乃原乎《大易》之宇宙論也。實則，其思想之型態，已為陰陽家所變竄矣」（頁 171～172），案船山之思想，誠然宏闊、偉大，其既本於橫渠之重「氣」思想，視乾坤乃陰陽二氣，而氣即是心，心即是氣，乃「即氣言體」之一元論，但此實亦已含多種成分在內，方氏即以其雜有陰陽家說，甚為駁雜紛亂，洵非《大易》原本之意矣。是以熊氏不認可船山之學，蓋亦理所必至也。〔註20〕

最後，熊氏對於清諸《易》家，雖提及惠棟、張惠言及李道平，然諸氏只是疏釋漢《易》，未能有所創見，故不重視。而於胡煦，誠如〈易一佛一儒（答薛生）〉曰：「清人胡煦《函書》，推原圖象，極言穿鑿能事，然不無創見可喜者」（《全集》八，頁84），有褒有貶，《示要》卷三亦曰：

> 清世《易》家，獨胡煦猶承宋學一脈，其《周易函書》，頗有新義。
> 足以羽翼前賢，治《易》者不可不究心於其書也。（《全集》三，頁
> 915）

> 乾坤二卦，有用九用六之文。向來《易》家解此，似均欠正確。惟
> 清儒胡煦《周易函書》別創一義。頗覺新穎。余昔頗主其說，後漸
> 懷疑。（《全集》三，頁943）

案胡煦《周易函書約註》卷一「用九」下曰：「九之用，即亨也，此節全發亨字之妙，蓋亨字上由元來，下及利貞，皆其用也。元而不用，何由有六十四卦三百八十四爻。向說作乾化而坤不用其剛，竟是九之不用，不知此節特標

〔註20〕案熊氏盛稱陽明及船山，直視之與孔子同等地位，所謂「一聖二王」也，誠如郭齊勇《熊十力與中國傳統文化》所載，熊氏晚年在「牆上貼有三張白紙條，中間寫着『孔子』，左右一邊寫着『王陽明』，一邊寫着『王船山』。這就是他供的牌位」（頁46），此可見其學問之歸趣所在，其於二王固多讚賞，但在最終之本源處，則只歸心孔子，而以二王尚有一間之隔，終不以之為究竟，亦明矣。誠如《尊聞錄》曰：「謂吾自陽明入，不若謂吾自得而後於陽明之言有深入也」（《全集》一，頁570），此即與其說熊氏之學乃承自二王，不如說乃其自有所得而間亦有合於二王也；又如象山《年譜》淳熙十二年條載：「子南嘗問：『先生之學，亦有所受乎？』曰：『因讀《孟子》，而自得之於心也。』」（《象山全集》卷之三十六）熊氏蓋亦如是，乃讀《大易》，深會於心而後自有所得耳。又郭齊勇《熊十力思想研究》（頁264～277）及王汝華《熊十力學術思想中的一聖二王》第三、四兩章，皆論及熊氏與二王之關係，請參閱。

陽九之大用,為此後諸卦所由各成其體者,皆由元之一亨而來。乾坤為諸卦之大父母,乾坤不交,何能肇生六子,故周公於乾坤兩卦中,特出用九用六兩節。九何用?用於坤。六何用?用於乾。此即乾坤相依,陰陽兩不相離之義」,所謂「乾坤不交,何能肇生六子」、「乾坤相依,陰陽兩不相離」,實不出伊川、朱子之範圍。伊川《易傳》曰:「剛柔相濟為中,而乃以純剛,是過乎剛也,見羣龍,謂觀諸陽之義,无為首則吉也」,案伊川乃以義理為主,不及象數,只論陰陽,不分老少,蓋乾六爻皆陽,陽則有老陽少陽之分,然其並不措意及此,而以其有陰陽即成變化,故只論陰陽之別,而無老少之分,此〈繫辭〉之所以云「一陰一陽之謂道」。朱子《周易本義》則曰:「蓋六陽皆變,剛而能柔,吉之道也,故為羣龍无首之象,而其占為如是則吉也」,案朱子乃從占筮以言,一以象數為本,陰陽之外,又分老少,老變而少不變,蓋乾六爻皆陽,唯有六陽皆變,方得用九之占,則六爻必皆為老陽,此老變而少不變,故六爻之中,只要有一爻以上是少陽,即無用九之占。此二說法,頗難遽斷何者乃為正解,歷代諸《易》家亦有不同看法,然大抵不出此兩途也〔註 21〕。又胡煦以用九用六乃周公所特出,此恐未可遽定,蓋歷來言卦爻辭等,或文王、或周公、或孔子所作者夥矣,眾說紛紜,純屬臆測,顧頡剛編《古史辨》第三冊上編相關諸作已多辨其非,況用九用六是否為爻辭,或是可視為卦辭,其性質既未定,何可遽謂出自周公?而所言「九之用,即亨也」、「亨字上由元來,下及利貞,皆其用也」,此或即「頗有新義」者,然從而可知其非本義,故熊氏終不予贊同,《十力語要》卷一〈與張申府〉曰:「胡煦之《易》,……其人確具有哲學頭腦,而其立說則毛病極多」(《全集》四,頁 32)。牟宗三《周易的自然哲學與道德函義》總結胡煦全部思想曰:「以分合為根本觀念,進而以始終微盛初上內外諸根本範疇以解析自然之生成,而復以往來相交諸關係以解析時位爻之構成,以體卦主爻之說解析實體之形成因而引申出時空之構造而同時又顯示世界之真變以批駁卦變之假變」(《牟宗三先生全集》1,頁 292),可見其大抵以科學的自然主義之「生成哲學」以言,乃漢《易》象數之學而發展至最高峰者,雖自成一家言,但於《大易》道德

〔註21〕 關於「用九用六」之說,詳見筆者〈程朱學派「用九用六」說研究〉(見淡江大學「第二屆文學與文化學術研討會」)及〈《易》「用九用六」解〉(《鵝湖》第 457 期)。又第四章〈理論設準〉第三節「以乾坤兩大勢用取代陰陽二氣」相關部分,亦論及此,請參閱。

的形上學之義理思想方面，尚未能深入觸及。

綜觀清諸《易》家，最為熊氏所重視者，厥唯焦循。《示要》卷三曰：「清儒治漢《易》而不欲蹈術數家之術，思就經文別有創發者，焦循其人也」（《全集》三，頁 907），固頗稱讚之矣；但隨即曰：「焦氏之《易》，穿鑿至纖巧」（《全集》三，頁907），批評誠復不少。要之，熊氏認為焦循之治《易》固甚專精，然亦不免有失。蓋其亦治漢《易》，雖能不蹈術數家之術，但其旁通、相錯、時行及比例之說，縱自成說，要不外貫穿六十四卦、三百八十四爻以言，實與漢《易》亦無異也。焦循既基於旁通、相錯、時行及比例等說以解《易》，此觀《易章句》乾卦辭之釋即可知，其釋乾曰：「行之不已，故健」，固無不可，然其釋元曰：「二先之坤五，為乾元」，釋亨曰：「二先行，四從之，為亨。二先行，上從之，亦為亨」，案以「二先之坤五，為乾元」，亦不盡恰當，蓋此處之乾乃指卦名，元乃卦辭，何可釋元而卻以釋連稱之乾元？至於利、貞之釋，則更愈說愈玄，若不瞭然其旁通諸說，則無由入，而即使對旁通諸說有相當了解，亦甚難如理地知曉乾卦之意，更何況對於全《易》之整體瞭解？方東美〈易之邏輯問題〉即曰：「焦氏循依據旁通求通易辭，義據精深，頗可採取，但他解說旁通，又證以辭之所之，未免自陷於邏輯上之循環論證也」（《生生之德》，頁20～21），《中國哲學精神及其發展（上）》亦曰：「好學深思且富創見如焦氏者，惜猶不免陷於『丐題』或『循環論證』之謬誤」（頁200），程石泉〈雕菰樓易義〉承其師方氏之說而詳之，對焦循《易》例加以推闡，但亦曰：「惟焦氏易例，亦有雜而不純之處」（《易學新探·附錄》，頁336），賴貴三《焦循雕菰樓易學研究》乃對焦循《易》學之全面探討，稱讚雖多，亦以焦循「但其解說旁通，輾轉證之以辭，反復假借引申其義，雖能自圓其說，終不免穿鑿附會，強以為解者，自陷於邏輯上之循環論證而不自知，恐亦師心自用耳」（頁179～180）、「里堂之比例，……復證以其例，以為通辭之方便法門，實則不覺自陷於邏輯循環之論證，此其悖謬者也」（頁236）、「里堂論時行之義，……自邏輯言乃為循環論證。故里堂之用心雖深，《易》例誠密，而終有所格而未通者也」（頁295～296），此皆可見焦循之說，縱有精意，而其缺失，亦是無可諱也。《示要》卷三續曰：

> 焦循固不識乾元。其《易通釋》有曰：「元之義為始，自乾六爻，依其序推之，初三五已定，所動而行者，二四上也。乾二之坤五為始，乾四之坤初應之，乾上之坤三亦應之。……凡六十四卦之生生，皆

> 從八卦而起。而八卦之生生,則從二五而起。初四三上未行,而二
> 五先行,乃謂之元。」據此,則焦循徒以之卦義,與旁通義釋元。(《全
> 集》三,頁912)

焦循之以「二五先行,乃謂之元」,此乃以卦變為說,實與荀爽之言升降、虞
翻之言旁通無以異也。所謂卦變,與變卦(即之卦)有異。「卦變」乃就一卦
單爻升降之變化,即得另一卦,爻位雖變,爻性之合不變;即一爻各別而變,
其餘五爻不變,即成另一卦,此即卦變。荀、虞之升降、旁通皆卦變也。衡
之朱子《周易本義》前之「卦變圖」,六十二卦非純陰純陽,不論其為幾陰幾
陽之卦,只要爻位升降,即有卦變,成另一卦,唯乾坤無卦變,因六爻純陰
純陽,不論爻位如何升降變化,仍與本卦相同,不能成另一卦。而「變卦」
則因爻性變化,陰變陽,陽變陰,而成另一卦,此與卦變不同,與升降、旁
通無關。卦變與變卦雖皆成另一卦,但其中實有極大差異。漢《易》家蓋甚
少言變卦,其於本卦之象,無法自圓其說,則求之互體;互體仍不足以釋之,
則更求諸卦變,所謂升降、旁通皆是。熊氏於此似未能區分清楚,直將荀爽
之升降、虞翻之旁通視為乃變卦,即之卦也,故《示要》卷三曰:「初學治焦
氏《易》,須先究漢儒之卦,與旁通、升降諸說。之卦本諸〈彖傳〉,荀慈明、
虞翻等皆用之,而其說皆不能畫一」、「焦氏承漢人之卦之說,而異其運用,
本荀、虞旁通與升降之意,而兼用比例之法,以觀其會通」(《全集》三,頁
907、頁910),即焦循縱不守漢《易》之術數,但不知不覺卻承荀、虞旁通與
升降之意,與漢《易》實極相近。然焦循既思就經文而別有創發,則與漢《易》
亦自不同,故熊氏最重視之;何澤恒《焦循研究》即曰:「里堂之易學,苟袪
其表相,求其裏真,則不惟與漢儒不相侔,即在宋儒中,亦毋寧更近程伊川
之易傳,而與朱子易本義之宗旨較相遠」(頁86～87)。雖然,但熊氏且認為
焦循於《周易》之義理部分,根本不相應。《示要》卷三續曰:

> 又只詳人事,焦氏〈當位失道圖說〉有云「六十四卦,本諸乾、坤、
> 坎、離、震、巽、艮、兌之八卦,而八卦之生生,不外元亨利貞四
> 字。而所以元亨利貞,則窮則變,變則通,通則久,九字盡。……
> 焦氏言變通,實只就人事言,而闇於天道。(《全集》三,頁913)

案《易》本卜筮,而卜筮即人事之一端,故《易》本言人而不言天,其明人
事而近義理者實多,唯自〈十翼〉出,《大易》一經即富含形上思想,深明天
道之理,是以只知人事,而略於天道,洵不足以盡《易》之精髓。漢《易》

家多參天象，頗言天道，王弼《周易注》則專釋人事，罕及天道，既各有所重，亦各有所偏。焦循則以文王十二言之教，即「元、亨、利、貞、吉、凶、悔、吝、厲、孚、无咎」為教，認為《易》乃聖人教人改過之書，確有偏重人事而忽天道之虞，若此，則又何可識得《周易》旨要？故《示要》卷三曰：「焦循只穿鑿以求卦與卦爻與爻之比例，而短於超悟，闇於天道」（《全集》三，頁 913），《乾坤衍》亦曰：「焦氏治《易》，其腦袋裏對於宇宙人生諸大問題全不探究」、「焦氏猶是漢《易》之支流耳」（《全集》七，頁 475～476、頁 556）。牟宗三《周易的自然哲學與道德函義》即曰：「焦氏……由此五根本原則鉤貫了一部《周易》之錯綜。以經解經，就《易》論《易》，不假《易》外一字，乾淨得多了，漂亮得多了。可是此亦不必《易》中所有也」（《牟宗三先生全集》1，頁 294～295），何澤恒《焦循研究》亦曰：「然則其所為易學，固亦不妨謂之清之義理」（頁 87）、「竊意以為與其直謂之周易，不如直謂之為里堂之易之更為允愜也」（頁 88），可見焦循《易》學縱「乾淨」、「漂亮」得多了，但「此亦不必《易》中所有」，故其旁通、相錯、時行及比例等說，頗富精義，亦直是「清之義理」、「里堂之易」而已。高亨《周易古經通說·述例》且曰：「焦循易學三書，素稱絕作，而最為荒濫」（頁 2），王瓊珊《易學通論》亦曰：「信如焦氏說，則聖人作易，幾於限字作文，其拘礙且甚於限韻賦詩矣。且焦氏之說止於揣測聖人作辭用字之意，於經文之奧義則無所發明」（頁 116），以上二評，不可謂不重。總之，對於清諸《易》家，誠如《示要》卷三曰：「清人治《易》，確守漢學。雖有稽古之績，而宣尼窮神知化之妙，廣大悉備之蘊，乃愈晦而不可明」（《全集》三，頁 907），此熊氏對其之定論，皆不予認可。〔註22〕

第五節　結語

　　以上第二、三兩章所言，乃熊氏對於孔子《周易》之「溯源」、「宗孔」及「辨流」，即對於《易》之辨偽學。其辨偽是否精確無誤，自可進一步加以評判，但其自有一套辨偽標準，則無可置疑。熊氏辨偽之標準，乃以古術數家之兩大根本信念為依據，即一、「信有天帝」，二、「擁護統治」。古術數家

─────────────
〔註22〕案由於清《易》亦多為漢《易》之流衍，故可從熊氏對清《易》家之批評，窺一斑而知全豹，其對清《易》之駁斥，不啻即不滿於漢《易》也。

利用伏羲古《易》於體用之義尚未完全解決，仍有些微天帝觀念存在，而予竄亂成深含宗教性質之卜筮經典。「信有天帝」從本體論、宇宙論而言，即在內聖方面，以為冥冥之中皆有天帝為之主宰，以事天為教，毫無個人道德意志可言。由此信有天帝之迷謬而來者，則以天帝之形體乃為太空穹窿至高之大圓，而充塞於天地之間者，即陰陽二氣也。而「擁護統治」從人生論而言，即外王方面；此亦從前一根本信念而來，兩者互相關聯。既已信有天帝，即以天帝為主宰，乃為事天之教，而於人生現實上，亦必以帝王為主宰，擁護君主統治，以為終生信仰。唯孔子於伏羲古《易》見得真確，據之以成《周易》，並對古術數家之兩大根本信念，予以捨棄，進而改造天帝觀念，廢除君主統治，並改象為譬喻，一掃古術數家取象雜多之弊。故凡以信有天帝與擁護統治為根本信念者，即是以古術數家為宗，其與伏羲古《易》既已相異，而與孔子《周易》更是大相徑庭。然此種信有天帝、擁護統治之思想，影響實深且遠，漢《易》家既完全承襲之，而歷經有宋以迄於清，亦皆如是，遂使孔子《周易》亦遭竄亂，是以熊氏不得不予以辨正也。

　　熊氏首先加以溯源，認為孔子於伏羲古《易》既有所承而予創新發明，於古帝王遺教，即古術數家事天垂教之說，亦有所破除且予吸收融攝，對兩派思想加以會通，並進而創明革命思想，廢除君主統治，以天下一家、羣龍无首為終極目標。其次，則以欲明《易》道，唯有以孔子為宗，認為孔子《周易》源於伏羲古《易》，法天之用，不法天之體，是以不近神道，絕無宗教意味，根本無君主統治之觀念可言。而古帝王術數家卻利用伏羲古《易》，使之成為以卜筮為主之事天之教，創立君主制度，擁護帝王統治，嚴分貴賤階級，以為自固之道。唯有孔子真明瞭《大易》之道，對兩派思想予以批判之繼承，並進而加以創造之詮釋。最後，則更予以辨流，認為自漢以來之群儒，皆誤解孔子，故不得《易》旨，而成信奉天帝，以陰陽為二氣，並且極力擁護君主統治之小儒而已，是以熊氏皆一一予以駁斥。

　　誠然，熊氏之辨正是否客觀正確，不無疑問，然此可先勿論。熊氏顯乃有感於自漢以來儒學遭致竄亂，六經已失其真，孔子經世濟民之意喪失殆盡，而經學亦淪為餖飣考據而已。是以透過其本心證會，予以還原孔子《大易》之真面目，而於歷代群儒則加貶斥。其所還原之孔子，是否為歷史上之孔子，並不重要，而無疑地，乃其心中理想之孔子，亦即真正儒者，應是胸懷廣大、悲天憫人之經世濟民者，而絕非以信有天帝為教條，以擁護統治為信念之怯

儒小儒耳。熊氏此種辨正，主觀成分固重，但非全然無據。其於字句間之餖飣考據，容或有失，但在大根大本上，顯然掌握得住。故研究熊氏之學，應瞭然其苦心孤詣，方能與之相應，以體認其精神之所在。

第四章 理論設準

第一節 前言

　　熊氏經由對孔子《周易》之「溯源」、「宗孔」及「辨流」，以說明孔子《周易》有取於伏羲古《易》，但亦予批判與改造，並辨明伏羲古《易》與孔子《周易》，遭致古術數家與漢《易》家竄亂之來龍去脈。伏羲古《易》雖法用不法體，然於天帝觀念猶未消除殆盡，而古術數家承繼天帝思想，完全陷於迷謬，《乾坤衍》曰：

> 第一件根本迷謬者，古術數之《易》信有天帝。……第二件根本迷謬者，術數之《易》其言陰陽則云二氣。……第三件根本迷謬者，古術數家之《易》以保守君主制度、擁護統治為萬古不易之常。……第四件根本迷謬者，古術數家為占卜而取象，無可免於雜亂之失，已非伏羲本旨。……（《全集》七，頁 476〜492）

案古術數家之四件根本迷謬，已於第二章〈《易》學辨正（上）〉論之。熊氏在揭穿、駁斥古術數家迷謬之同時，實已提出孔子《周易》之理論基準何在，而此亦即其《易》學之「理論設準」也。且復須知，此所謂「基準」或「設準」，非個人主觀之假定，其乃事實即是如此耳。首先，古術數家之《易》信有天帝，此「信有天帝」，乃古術數家之兩大根本信念之一，即使伏羲古《易》亦在所不免，古術數家即從而利用之。孔子《周易》則明白廢除天帝，揭示乾元，即於本體論上廢除天帝，以乾元取代天帝，乾元亦即宇宙實體，方可將天帝迷思消除殆盡，而體用之義才能明白無疑。故熊氏認為孔子以乾元取

代天帝,即從天帝到宇宙實體,誠乃其最根本之理論基準也。其次,古術數家之《易》,其言陰陽則云二氣,此「陰陽二氣」之說,乃根據信有天帝之迷謬而來,以乾是陽氣,坤是陰氣,遂使宇宙只成充塞於天地之間之陰陽二氣而已。孔子《周易》則以乾為生命、心靈,坤為物質、能力,乾坤乃兩大勢用,以取代陰陽為二氣之說。是以熊氏認為孔子以乾坤兩大勢用取代陰陽二氣,即從陰陽二氣到心物二勢用,亦是其理論基準之一也。以上兩理論基準,乃從本體論、宇宙論以言,亦即從內聖方面而論。至於第三件根本迷謬,古術數家之《易》以保守君主制度、擁護統治為萬古不易之常,此「擁護統治」,亦為古術數家之兩大根本信念之一,乃從人生論以言,亦即從外王方面而論。此從外王方面而論,既是順著內聖而來,故而前面兩理論基準若能明瞭,則此亦無須多言,蓋前面兩理論基準,亦即其理論基準也。最後,古術數家為占卜而取象,無可免於雜亂之失,已非伏羲本旨。此「取象」問題,雖與內聖外王無直接關聯,然若不解取象之理,則將如古術數家陷於取象多端,而有雜亂之失。孔子《周易》則改象為譬喻,即假象以顯此理而已。由此而來,熊氏認為孔子《周易》亦可歸納出若干「義例」。是以若是不解象與義例,於孔子《周易》不得其門而入,固不待言,而於內聖外王之道,更遑論會有所悟得。故熊氏認為孔子《周易》之象與義例,自有其意,與他人絕異,而亦應是其理論基準也。

以上種種之理論基準,熊氏認為乃孔子《周易》改造伏羲古《易》之重點所在,而與古術數家之《易》根本相異之處。熊氏亦即以此為其「體用不二」論之詮釋進路。本章將順此以言,第二節「以乾元取代天帝」,即從天帝到宇宙實體,言熊氏闡明孔子《周易》明白廢除天帝,揭示乾元之故;第三節「以乾坤兩大勢用取代陰陽二氣」,即從陰陽二氣到心物二勢用,言熊氏對於孔子《周易》乾坤心物兩大勢用深有體認之故;以上兩理論基準,若果真能理解,則於孔子之本體論、宇宙論,亦即內聖方面,自當徹悟無疑,而於熊氏「體用不二」之論,則亦可思過半矣!第四節「象與義例」,則言熊氏歸納孔子《周易》之制作凡例之故。此一理論基準,如能確實明瞭,則於一部《周易》自可提其綱、挈其領,知其門徑所在,循此而進,則於內聖外王之道,必能完全明瞭![註1]

〔註1〕案後人對熊氏《易》學之理論設準之研究,除廖崇斐〈熊十力《讀經示要》易
學思想之方法論省察〉稍涉及外,尚不多見。

第二節　以乾元取代天帝

熊氏認為孔子《周易》最根本之理論基準，即以乾元取代天帝，亦即改變上古以來之天帝觀念，而以乾元為宇宙實體。《乾坤衍》曰：

> 太古先民，睹萬有而莫明其原。於是起迷情，妄指太空穹窿之形為天帝之形體。孔子之內聖學便掃除天帝，而將天字之義改易為宇宙實體之稱，亦名為萬有之元。但元，不在萬有之外，而是萬有之實體。（《全集》七，頁449）

由於古人對於天之認識，「睹萬有而莫明其原」，故只能就天之形體加以想像，「於是起迷情」，而有蓋天、宣夜及渾天三說。宣夜失傳，渾天說影響不大，而《周髀》所持之蓋天說，以為天似覆盆，中高而四邊低下，則最盛行。蓋天說之主要意義大部分落在宗教信仰上，即「妄指太空穹窿之形為天帝之形體」，此宗教意義上之天，乃富含意志，可為人間禍福，而為一有權威性、主宰性之人格神。誠如傅偉勳〈儒家思想的時代課題及其解決線索〉曰：「『上帝』觀念很可能是『帝王』觀念的擬人化，人間皇帝（如三皇五帝）的政治權威無限制地神聖化後，即成至高無上的主宰，管制宇宙與人事的終極命運」（《批判的繼承與創造的發展》，頁34），此一有權威性、主宰性之人格神，亦即所謂上帝、天帝，而「『上帝』觀念很可能是『帝王』觀念的擬人化」，蓋初民仰首望天，蒼然穹窿，遠而不可測其所極者，故以之為天之中央最高所在，而此中高其實本無定所，人各以其視線所向以擬之，而四邊低下者，即天之四邊皆下垂於地，初民對天而起超越感，恒仰望中高而呼，是以謂之上帝、天帝。此蓋以人間之帝王，以比擬於上天，故視之亦如人間帝王一般，有權威性、主宰性，乃一人格神也。此一觀念，或可溯源自伏羲古《易》，而至殷商時代，則最為盛行。而周人受殷人之影響，此人格神之信仰，仍是非常普遍，此從《詩》、《書》、《左傳》、《穀梁傳》、《管子》、《墨子》及《孟子》等古籍記載中即可見。然就在此之同時，周人實亦已將殷人之人格神之信仰加以轉化，發展成含有道德之超越意義。蓋周人既以宗法制度為主，從而又創設封建政體，將兩者緊密結合，使中原各民族結合成一龐大共同體，而籠罩於其上而成為西周普世共同精神之信念者，即「天命」觀念。誠如許倬雲《中國文化的發展過程》曰：「敬天的觀念令所有神祇最後都被放在天的權威之下。天異於宗神、部落神；天沒有面目，沒有獨特姓名；天沒有位格，是

一個觀念的神。那麼，周初發展天命觀念，更重要的是『天命靡常，唯德是依』；天本身變成一個裁判人間好壞、善惡的裁判者」（頁 4），案周人所謂之天，已非單單只是可作威作福之人格神，而是富含道德意義之一觀念而已，亦即「天沒有位格，是一個觀念的神」。此一富含道德意義之一觀念，亦即「天命」，此天命觀念實已漸漸取代人格神，所謂「天命靡常，唯德是依」，故天之本身，即成為裁判人間好壞、善惡之裁判者，而孰為有德者，天即降命於其身上。此時所謂「天命」，既指帝王之受天所命，同時更意謂著天之命於有德。天命觀念既漸彰顯，人格神之權威亦相對地漸漸消退，而就在厲、幽之時，更受到挑戰而迅速沒落，誠如徐復觀《中國人性論史（先秦篇）》曰：「及到了幽王時代（西紀前七八一～七七一），反映在《詩小雅》裏面的天，幾乎可說是權威掃地；周初所繼承轉化的宗教觀念，幾乎可以說是完全瓦解了」（頁38）、「西周末，人格神地天命既逐漸垮掉，於是過去信託在神身上的天命，自然轉變而為命運之命」（頁 39）。而人格神之權威，其之所以遭致鬆動而迅速沒落，固由於殷人、周人在政治上失德之故，然更要者，厥唯周人之人文精神之躍動，亦如徐氏《中國人性論史（先秦篇）》曰：「西周厲幽時代，天命權威的墜落，一方面由現實政治所逼成，同時也受到人文之光的照射，在一種明確的意識下，體驗到天命已經墜落，因而逼向人文精神更進一步的發展」（頁 41），案周人畢竟有其自己之文化傳統，故在承繼殷人之原始宗教觀念時，亦在在顯現出其人文精神之躍動，此一人文精神之躍動，即人格神權威沒落最主要之因也。至春秋、戰國時，人格神之信仰，雖仍有相當勢力，但其意味已趨於淡薄，對於天本身之意義而言，已非只是人格神而已，乃轉化之之為多重意義，尤其諸子並興，經由理性思考而予推闡，自是之後，天在中國思想中，其涵義更形豐富。誠如馮友蘭《中國哲學史》曰：

> 在中國文字中，所謂天有五義：曰物質之天，即與地相對之天；曰主宰之天，即所謂皇天上帝，有人格的天、帝；曰運命之天，乃指人生中吾人所無奈何者，如孟子所謂「若夫成功則天也」之天是也；曰自然之天，乃指自然之運行，如《荀子‧天論篇》所說之天是也；曰義理之天，乃謂宇宙之最高原理，如《中庸》所說「天命之為性」之天是也。《詩》《書》《左傳》《國語》中所謂之天，除指物質之天外，似皆指主宰之天。《論語》中孔子所說之天，亦皆主宰之天也。
> （《三松堂全集》第二卷，頁 281）

案馮氏對「天」之概念所作之分析,可謂近代以來最早者,但所言仍嫌太簡〔註2〕。熊氏對「天」之涵義,亦有所說,《原儒·原內聖》曰:

> 六經中天字有時單用,有時聯道字成複詞。……其一,古以穹高在
> 上,蒼然而不知其所極者,呼之為天,詩云「悠悠蒼天」是也。……
> 其二,古陰陽家以日月星辰之麗乎太空,亦名為天。……其三,渾
> 天之說,……此天即以六合為一大環,無內無外,無封無畛,無始
> 無終,無高無下,無古無今,而渾然一氣流動充滿於此大環中,即
> 名之曰渾天。……渾天說出,始有哲學意義,自老、莊至於周張皆
> 受其影響。其四,以自然名天。……以訓詁言之,自者自己,然者
> 如此;自己如此,曰自然。(《全集》六,頁 557~558)

案熊氏認為天之涵義有:一、「詩云『悠悠蒼天』是也」,此即以為有一上帝赫然鑒觀在上,即馮氏之「主宰之天」,此亦即由蓋天說而來也;二、「古陰陽家以日月星辰之麗乎太空」,蓋即馮氏之「自然之天」,此乃宇宙自然現象,毋庸多論;三、渾天說,即以「天形似卵,地如卵黃,天包地外」,熊氏且以「渾天說出,始有哲學意義」,並認為老子以至於濂溪、橫渠皆主此說(見《原儒·原內聖》,《全集》六,頁 558、頁 620),而鄭萬耕《揚雄及其太玄》(頁31)及李周龍〈從周易到太玄〉(《易學拾遺》,頁 230)且以揚雄亦主此說〔註3〕,然渾天說雖與蓋天說有異,而富含哲學意義,但此亦只表一種見解可也;四、「以自然名天」,此乍視之,似即馮氏之「物質之天」,但誠如《原儒·原內

〔註2〕傅偉勳〈儒家思想的時代課題及其解決線索〉曰:「馮友蘭在『中國哲學史』曾提出過『天』的五義,這恐怕是戰前中國學者對於『天』字所試最詳細的語意分析。以馮氏五義為初步參考,我認為『天』字應有下列六義:(1)天地之天;(2)天然之天;(3)皇天之天;(4)天命之天;(5)天道之天;以及(6)天理之天。除具有蒼天、蒼穹等物質意義的『天地之天』外,其他五義如果聯貫起來,可以大致說明原始宗教信仰漸成早期儒家的初步形上學思想,而終又形成徹底哲理化的宋明理學的整個儒家形上學發展歷程的來龍去脈」(《批判的繼承與創造的發展》,頁 35),又其〈馮友蘭的學思歷程與生命坎坷〉(《「文化中國」與中國文化》,頁 128~129)亦再重複此意。案傅氏在馮氏之基礎上詳加分析,大抵與之相同而加詳,而從天地之天、天然之天一直向著天道之天、天理之天發展前進,即意謂著古人一步步地加深內化「天」之德性意義,使其擺脫人格神之意味,從而賦予其理性之光。又李杜《中西哲學思想中的天道與上帝》(頁 31~34)認為《詩》、《書》中所記述之天,可有下面四種不同涵義,一、神性義的天,二、天字前面加上了形容字眼而具有主宰性的天,三、自然義的天,四、天堂義的天,請參閱。

〔註3〕請參閱第二章《《易》學辨正(上)》第二節「溯源」相關部分。

聖》續曰：

> 所謂宇宙本體，則字之曰道，亦字之曰天，此處所云天，即是自然
> 義。夫於萬物而透徹其本體，則至極無上，於穆深遠，不可詰其所
> 由然。不可詰其所由然，則命之曰自然。彼乃自己如此，非更有因
> 方成如此，故曰自然。（《全集》六，頁 558～559）

若此，則熊氏所謂自然之天，非指馮氏之「物質之天」，而應為馮氏所謂「義
理之天」也。此中最重要者，乃孔子對於天之看法為何？馮氏認為「《論語》
中孔子所說之天，亦皆主宰之天也」，蓋以孔子似仍未脫殷周以來人格神之影
響。熊氏則認為「孔子之內聖學便掃除天帝，而將天字之義改易為宇宙實體
之稱，亦名為萬有之元」，更是關鍵所在，一掃天帝迷思，賦予理性精神，將
天之意義改造為「宇宙實體」，亦即「萬有之元」。而宇宙實體既非如人格神
之高高在上或獨立於吾人之外，是以萬有之元亦即是吾人內在之元，乃在吾
人之內，非是離吾人之外而另有一元也；故熊氏隨即曰：「但元，不在萬有之
外，而是萬有之實體」，此義實重要至極，蓋萬有之元的元，並非在萬有之外，
而實即萬有之實體。至是而體用之義備矣，體乃用之體，用乃體之用，即體
即用，即用即體，所謂「體用不二」是也。要之，天之涵義，經由孔子之改
造，洵已將其人格神之意義，消滅殆盡，遂富含理性之光，而深具德性意義。

此後，天之涵義更向著孔子所提示方向前進而發展。金春峰《周易》經
傳梳理與郭店楚簡思想新釋》曰：

> 孟子思想中，天有四重涵義：（一）主宰或意志之天，這是西周以來
> 的傳統觀念，孔子與孟子都承繼了下來。孟子說：「天不言，以行與
> 事示之而已。」這是主宰意志之天。（二）命運之天。「五百年必有
> 王者興。」這是命運之天。（三）「有天爵有人爵。」「盡心知性以知
> 天。」這是道德之天。（四）也有從自然意義上說天的。其中，道德
> 之天是孟子強調的。《象傳》之天亦有四種含義。革《象傳》：「湯武
> 革命，順乎天而應乎人。」「自天佑之，吉無不利。」……這是主宰
> 意志之天。天地對講的是自然之天。道德之天，如乾《象傳》：「大
> 哉乾元，萬物資始，乃統天。」……所以恰當的較好的理解，是把
> 乾元理解成獨立于自然之天而能統率、統率〔註4〕自然之天的一種
> 東西，這也就是「義理之天」。乾元對天的統率是道德性的，也就是

〔註4〕案「、統率」，蓋衍文也，當是手民誤植，應刪。

使之具有一種道德的屬性，以規範其活動方向，使之生物而不是殘
物。以後《繫辭》說：「天地之大德曰生。」就道出了天的這一道德
屬性，而這屬性在《彖傳》的作者看來，正是乾元所賦予的。臨卦
《彖傳》：「大亨以正，天之道也。」這也是道德之天。（頁61）〔註5〕
案《孟子》及〈彖傳〉中，雖含有四重涵義之天的概念，即一、「主宰或意志
之天」，二、「命運之天」，三、「道德之天」或「義理之天」，四、「自然意義
上之天」；然而，「道德之天是孟子強調的」、「乾元對天的統率是道德性的」，
亦即真正為孟子及〈彖傳〉所重視者，無疑乃「道德之天」、「義理之天」。此
從皇天之天，即主宰或意志之天，到天命之天、天道之天，以至於到道德之
天、義理之天，自是對於天之涵義之一大轉化〔註6〕。而孔子「五十而知天命」，

〔註5〕金氏《《周易》經傳梳理與郭店楚簡思想新釋》又曰：「高亨《周易大傳今注》
以乾元為『天德之善』，坤元為『地德之善』。將乾元講成天的德性。但既是天
的德性，如何能統天？主體的屬性依附于主體，不能反轉來又成為主體的統率
者，這是很顯然的」（頁61），案高亨《周易大傳今注》卷一曰：「《乾》卦象
天，故《彖傳》以天之德釋卦辭。資猶賴也。『大哉乾元，萬物資始』，謂大哉
天德之善，萬物賴之而有始。《坤象傳》曰：『至哉坤元，萬物資生』，謂至哉
地德之善，萬物賴之以生長」（頁42），誠如金氏所云：「將乾元講成天的德性。
但既是天的德性，如何能統天？」故高亨之說，有待商榷。

〔註6〕傅偉勳〈儒家思想的時代課題及其解決線索〉亦曰：「孔孟承繼原始宗教信仰
以來的『皇天之天』為主宰神，却祇是全善而非全能，蓋非西方一神教所云宇
宙創造主之故。孔孟皆謂『天不言』，始終避免直接的描述，而『中庸』亦引
『詩經』中『上天之載，無聲無臭』之語，可見早期儒家思想已有從純粹宗教
轉向形上學理路的趨勢。第一步驟即不外是轉化『皇天之天』為『天命之天』。
孟子更進一步以『行與事』（『萬章』上）去理解天命，而此『行與事』在人間
世的具現化，又理解之為君王的仁政（故謂『受天之命』）與人民的公意（故
自『尚書』引用『天視自我民視，天聽自我民聽』之語）。天命除在人事界（政
治社會層面）的彰顯之外，又在內在世界（本心本性層面）與外在世界（自然
宇宙層面）分別顯現之為道德正命與『天道之天』。『中庸』開頭一句『天命之
謂性』，即不外指謂孟子基於『人性本善』的『正命』，這是天命的內在道德化，
構成孟子一系的性善論或良知論的正統儒家心性論（而荀子的性惡論終被漢
視）。『中庸』又有『誠者天之道也』之語，與『易傳』所云『神無方而易無體，
一陰一陽之謂道』相得益彰，不外指謂天命的外在宇宙化，而為陰陽生生、至
誠無息的所謂『天道』。如此，原具宗教超越性的皇天上帝轉成天命，而天命
又在政治社會（群體）、內在性命（個體）與自然宇宙（天地之體）三大層面
化（天地之道），這就是『易』、『庸』所代表的『道德的形上學』，在早期儒家
思想的發展首次完成了原始宗教的哲理化工作」（《批判的繼承與創造的發展》，
頁35～36），案傅氏認為孔孟雖承繼古代「皇天」思想，但其所謂之「天」，
實非西方一神教之宇宙創造主，此即孔子已擺脫人格神之影響，掃除宗教迷思，

故天命觀念之轉變，尤為關鍵所在。由周初至孔子，天命思想在此數百年中之新發展，可就《左傳》、《國語》等加以考察，且據唐君毅《中國哲學原論·導論篇》所云，蓋有四者可言：（一）直接承周初命隨德定之思想，而加以擴充者；（二）承命隨德定之思想而發展，又略異其義，而以命涵預定之義者；（三）引申「命」之義，而為近於所謂「壽命」之義、及當為之「義」之義者；（四）以命為動作禮義威儀之則者（《唐君毅全集》卷十二，頁528～532），可見天命之意涵，確甚複雜紛歧，且呈現多義性。而誠如牟宗三《中國哲學的特質》曰：「天的降命則由人的道德決定。……在中國思想中，天命、天道乃通過憂患意識所生的『敬』而步步下貫，貫注到人的身上，便作為人的主體。因此，在『敬』之中，我們的主體並未投注到上帝那裡去，我們所作的不是自我否定，而是自我肯定」（《牟宗三先生全集》28，頁16），蔡仁厚《孔孟荀哲學》亦曰：「在中國的思想裏，天之降命是取決於人的道德；天命天道是通過憂患意識所生的敬而步步下貫到人的身上，以作為人的主體。在『敬』的過程之中，我們的主體，並沒有投注到超越的人格神那裏去。因為中國思想所重視的，是『能敬』的主體（人），而不是『所敬』的客體（神、上帝）」（頁100）、「天命天道不但在人的『敬之功能』中被肯定，亦在人的『主體』中被肯定。因為天降命於人，即是天命天道下貫於人。天命天道既下貫而成為人的主體，則人的『真實主宰性』乃立即形成」（頁101～102），案天之降命既取決於人之道德，而人之道德即由憂患意識所生之敬而展現，是以人格神意義之天即告隱退，蓋吾人所重視的乃是能敬之主體，亦即人也，而非所敬之客體，即神或上帝也。而人格神意義之天一告隱退，則天命天道之道德意義即更加朗現，而吾人之主體性亦愈加自我肯定。故此天命、天道，實非人格神意義之天，而乃含道德意義之天，亦可視為宇宙實體、萬有之元。孔子所言之「仁」，孟子所謂「性善」，皆由此真實主體性而導出者，而中國思

轉向理性思考。誠如傅氏又言：「孟子更進一步以『行與事』去理解天命」，則於其前之第一步驟，即「轉化『皇天之天』為『天命之天』」，蓋乃指孔子而言，可見孔子已擺脫上帝觀念，而向理性之路前進。是以熊氏認為孔子以乾元取代天帝，即改變上古以來之天帝觀念，以乾元為宇宙實體，誠有理據。而此轉化皇天之天為天命之天，即從天帝到宇宙實體，則乃孔子創作之功，以下遂開出孟子及《易傳》、《中庸》等之義理規模。又李杜《中西哲學思想中的天道與上帝》（頁73～84）認為孟子思想中之天，可從五方面論述，一、神性義的天，二、運命義的天，三、自然義的天，四、即自然天地以說德，五、天為理氣的本源，請參閱。

想中之人性論，即由此而形成為一主流；牟宗三《心體與性體（一）》即曰：「孔子此步『踐仁知天』之提供，一方豁醒人之真實主體性，一方解放了王者政權得失意識中之帝、天或天命」（《牟宗三先生全集》5，頁 24）。可見孔子實已突破時代局限，將古代受天所命而天命有德者，乃專指帝王而言，予以打破，蓋人人皆可誠敬有德而知天命，皆能踐行無上之道德意志，亦即成己立德，人人有份，並非帝王專利，故天命亦非只降於王者，乃降於每一有德者之身上。唐氏《中國哲學原論・導論篇》即曰：「至如孔子之所謂天命，唯是人內心所安之自命，……唯是孔子先認定義之所在，為人之所當以自命，而天命斯在。此見孔子所謂天命，亦即合於詩書所謂天所命人之當為之『則』，而與人之所當以自命之『義』，在內容上為同一者」（《唐君毅全集》卷十二，頁 535～536），徐復觀《中國人性論史（先秦篇）》亦曰：「孔子的所謂天命或天道或天，用最簡捷的語言表達出來，實際是指道德的超經驗地性格而言；因為是超經驗的，所以才有其普遍性、永恒性。因為是超經驗的，所以在當時只能用傳統的天、天命、天道來加以徵表。道德的普遍性、永恒性，正是孔子所說的天、天命、天道的真實內容」（頁 86），是以孔子實已將傳統所謂之天，轉化為「道德的超經驗地性格」、「道德的普遍性、永恒性」而言，其所謂天命，乃就「唯是人內心所安之自命」，即根於義命合一之旨而言，故爾人才是主要者，由人來決定天，而非天來決定人〔註7〕。孔子既知天命，而此觀念亦已釐清，則天道觀念亦可隨之而定，唐氏《中國哲學原論・原道篇（一）》即曰：「在中國哲學思想中最具通貫意義之名詞觀念，蓋『天命』之觀念最先出，人必有德乃能承天命，而『德』之觀念，即繼天命之觀念而出。德依於心而有，由節自然之性而成，而『心』與『性』之觀念更繼之。至周之禮教立，而德與『禮』相連。……最後乃有統天道人道之道。由是而有孔子以仁言道，墨子以義言道，老莊以道言道」（《唐君毅全集》卷十四，頁 67），至是則天道亦即人道，由人道以實踐天道，而孔子則以仁而言道，則所謂天道，即以仁為主要意涵之人道，故天即成為道德之天、義理之天也。

　　至此可見，天字不論單用，或與命字、道字聯用，而成天命、天道，而究其實，其意皆同，天即是道，故道字亦即宇宙實體、萬有之元之意。熊氏對此深有體會，並予闡釋，《原儒・原內聖》曰：

〔註7〕陳來《古代宗教與倫理》第五章〈天命〉（頁 169～232）對古代天命思想亦多論及，請參閱。

儒家用道字為本體之名，其明文首見於《大戴禮》，曰：「大道者，
所以變化而凝成萬物者也。」道者萬物之本體，此語說得最明白，
蓋七十子展轉傳來，而戴氏採之入《記》耳。（《全集》六，頁560）

案「大道者，所以變化而凝成萬物者也」，見《大戴禮記·哀公問五義》，而
此蓋承《荀子·哀公》「大道者，所以變化遂成萬物也」而來。以「道」字為
本體之義，道家自老子已然，《老子》首章曰：「道可道，非常道」即是；至
於儒家，《論語》、《孟子》中雖有「道」字，但為人生論之意味較重，而〈繫
辭傳〉「一陰一陽之謂道」之「道」字，似又偏重於宇宙論，至於《大戴禮記》
此處「道」字，作為本體之名，則可無疑。而此實亦熊氏經由一番慎思明辨，
而有以知之，《原儒·原內聖》續曰：

余少讀《論語》至〈里仁篇〉，子曰「朝聞道，夕死可矣」，余驚奮
曰：聖言朝聞而夕死無恨者，道也。死生亦大矣，何謂道？……余
因讀朱《注》此章道字云「道者，事物當然之理」，余苦思久之，殊
不契。……其後讀〈易大傳〉至「一陰一陽之謂道」，注家下語，令
人茅塞。旋讀《二程遺書》，程子曰：「一陰一陽之謂道；道非陰陽
也，所以一陰一陽者，道也」。余喜曰：所以二字下得好，與《戴記》
所以變化之旨通矣。變化者一陰一陽也，其所以變化者道也，道不
即是陰陽，而陰陽之外無道。故《易》曰「一陰一陽之謂道」。余以
《大戴禮》與〈易大傳〉互證，而始信道者萬化之根源。（《全集》
六，頁560～561）

案熊氏少時因讀《論語·里仁》「朝聞道，夕死可矣」，於「道」字有所悟，
而對朱《注》：「道者，事物當然之理」，蓋其只是「實然之理」，而非「應然
之理」，並無價值意義在內，是以道字並無本體之義，自是「殊不契」。後因
讀〈易大傳〉，即〈繫辭傳〉，至「一陰一陽之謂道」，而諸家注語，如韓康
伯注曰：「道者何？无之稱也。无不通也，无不由也，況之曰道。……故窮
變以盡神，因神以明道，陰陽雖殊，无一以待之。在陰為无陰，陰以之生；
在陽為无陽，陽以之成，故曰一陰一陽也」，孔穎達《周易正義》疏曰：「一
謂无也，无陰无陽，乃謂之道。一得為无者，无是虛无，虛无是大虛，不可
分別，唯一而已，故以一為无也」，案此以道者「无之稱也」，實乃道家「無」
之思路也，而其以「一謂无也」，即一陰一陽乃「无陰无陽」，以「无」釋「一」，
誠如熊氏所言：「令人茅塞」，范良光《易傳道德的形上學》亦曰：「韓注視

『一陰一陽』為『无陰无陽』，……此顯與乾象『各正性命』之義理不合，不能盡此語之實蘊與內容。故以『无陰无陽』解『一陰一陽』必不諦」（頁50～51）。其後，熊氏於《二程遺書》中，伊川「『一陰一陽之謂道』，道非陰陽也，所以一陰一陽道也，如一闔一闢謂之變」（《河南程氏遺書》卷第三）之語，而有所悟入。案〈繫辭傳〉並非曰：「陰陽之謂道」，可見「道非陰陽也」；而乃曰：「一陰一陽之謂道」，其於陰陽之前皆加「一」字，即可見必得一陰一陽以成變，猶「一闔一闢謂之變」，而於此一陰一陽中即見出道之作用，而道體亦因而得以彰顯，此所謂「所以一陰一陽者，道也」。熊氏認為程子「所以二字下得好」，蓋「所以」者，即一陰一陽之所以成變化者也，而此亦即《大戴禮記》「大道者，所以變化而凝成萬物者也」之「所以」也。是以道即一陰一陽之謂，亦必得一陰一陰方可成變，亦即「變化者一陰一陽也，其所以變化者道也」。然而，一陰一陽方謂之道，是以道非即陰陽也，但於陰陽之外，亦無所謂道也，亦即「道不即是陰陽，而陰陽之外無道」。熊氏既經由〈繫辭傳〉與《大戴禮記》互證，及伊川之語，而對道字體會甚深，此道字，即「萬物之本體」之謂也。牟宗三《心體與性體（一）》亦曰：「『分於道』即分得于道之命（命令之命），因分得此道之命乃成個體生命之方向，即吾人之大分。『形於一』即將此道之命形著之于一個體中便叫做是『性』。此亦是從正面說性命之源也。此與《易傳》為同一思理模式」（《牟宗三先生全集》5，頁24）。且在熊氏之觀念中，〈繫辭傳〉雖為孔子弟子所作，而其大義微言要皆出自於孔子，《大戴禮記》蓋亦由七十子輾轉傳來，則亦可視為孔子之作，此與《論語》乃孔子弟子相與輯而論纂編次意同，而其內容則以孔子應答弟子、時人之語為主。故此皆為孔子著作，而《周易》更是孔子自己制作，其於《周易》以乾元取代天帝，門弟子則稱之為道，而皆為本體之義。是以道者，即乾元，亦即太極，亦是宇宙實體、萬有之元，若與天字聯用成複詞，即天道也。〔註8〕

　　此道既是宇宙實體、萬有之元，故最受重視，誠如《大戴禮記‧哀公問於孔子》曰：「公曰：『敢問君何貴乎天道也？』孔子對曰：『貴其不已。如日

〔註8〕請參閱李杜《中西哲學思想中的天道與上帝》甲部〈中國古代思想中的天帝與天道〉、《中國古代天道思想論》，傅佩榮《儒道天論發微》、〈對孔子「天」概念的再評價〉（見新亞學術集刊第十七期《天人之際與人禽之辨──比較與多元的觀點》，頁93～106）及陳來《古代思想文化的世界》第三章〈天道〉（頁79～100）等。

月西東相從而不已也，是天道也。不閉其久也，是天道也。無為物成，是天道也。已成而明，是天道也。」熊氏《原儒・原內聖》（《全集》六，頁563）亦引及此說，並詳予疏解。究其實，天道之所以受到重視，即因「貴其不已」。而正由於天道「貴其不已」，是以必有作用，此即「所以一陰一陽也」之故。然而，熊氏認為此語並非人人可解，誠如《原儒・原內聖》曰：

> 《大戴禮・本命篇》有曰「分於道謂之命」，戴東原最喜此語，以為一言而發造化之蘊，然東原於此語，殊無正解。道者，本體之目，是絕對而無匹，大全而不可剖。今云分於道何耶？倘誤解分字，將以為由一大性海起分化，而每一物皆攬取性海流出之一分，而受之為其本分。如此，則萬物雖由道之分流以生成，道實超越乎萬物而獨在，此本世間情見。（《全集》六，頁563～564）

案戴震〈答彭進士允初書〉曰：「僕愛《大戴禮記》『分於道謂之命』一語，道，即陰陽氣化，故可言分。惟分也，故成性不同。而《易》稱『一陰一陽之謂道』，〈中庸〉稱『天命之謂性』，孟子辨別『犬之性』、『牛之性』、『人之性』之不同，豁然貫通」（《東原文集》卷八），而於主要哲學著作《原善》卷上、《孟子私淑錄》卷中、《緒言》卷上及《孟子字義疏證》卷中、卷下皆提及之，可見其對「分於道謂之命」一語之重視。即如《孟子字義疏證》卷中曰：「《大戴禮記》曰：『分於道謂之命，形於一謂之性。』言分於陰陽五行以有人物，而人物各限於所分以成其性。陰陽五行，道之實體也；血氣心知，性之實體也。有實體，故可分；惟分也，故不齊。古人言性惟本於天道如此」，案戴震以「道，即陰陽氣化，故可言分」、「陰陽五行，道之實體也」，熊氏認為仍是不脫天帝與陰陽二氣之觀念，故以「東原於此語，殊無正解」。王聘珍《大戴禮記解詁・本命》曰：「分，制也。道者，天地自然之理。命，謂人物所稟受度也」，此以「道者，天地自然之理」，蓋與朱子「道者，事物當然之理」意同，亦未能彰顯道乃本體之義，故於「分於道謂之命」亦未能如理了解。蓋其皆「以為由一大性海起分化，而每一物皆攬取性海流出之一分，而受之為其本分」，職是之故，萬物既皆稟受道體之一分，則道乃超越於萬物之上，亦即「萬物雖由道之分流以生成，道實超越乎萬物而獨在」，然此實有莫大謬誤存於其間。熊氏則認為道者既為本體之目，其乃「絕對而無匹，大全而不可剖」，是以不可視之為超越乎萬物而高高在上之一物，亦不可視之為外在於吾人而與吾人隔絕為二之一物也。《原儒・原內聖》曰：

儒學掃除情見，其言「分于道謂之命」者，此命字是就萬物生成言。
凡有機物皆有生，有生之謂命；凡無機物皆有成，有成之謂命。物
之生也，道生之；其成也，道成也。故萬物皆以道為其本命。分之
一詞，自是就一切物各各稟受大道以生成而言，遂強名之曰分耳。
其實，天道是渾然大全，每一物皆稟受渾全之道以生成，易言之，
每一物皆以渾全之道為其實體。譬如大海水現作眾漚，自漚相言宛
爾各各都有自相。其實，每一漚皆攬大海水為其體。由此譬喻，可
悟每一物皆以渾全之道為實體，非攬取性海流出之一分，以為其本
命也。（《全集》六，頁 564）

案「分」之一詞，「自是就一切物各各稟受大道以生成而言」，而其之所以曰
分，乃強名耳，故「分於道謂之命」，其意乃「天道是渾然大全，每一物皆稟
受渾全之道以生成」，亦即「每一物皆以渾全之道為其實體」。是以《原儒·
原內聖》續曰：「夫惟萬物自性即是道，道不離一一物而獨在。易言之，道即
一一物也，一一物即道也，是故人生不須遺世而別求道，惟當即於現實世界
而發揚此道」（《全集》六，頁 565），案莊子亦言「道在瓦礫，道在屎尿」，佛
家亦云「一華一世界，一葉一如來」，可見每一物既皆以渾全之道為其實體，
則「萬物自性即是道，道不離一一物而獨在」，吾人既稟大道之全，而無一毫
虧欠，「道即一一物也，一一物即道也」，亦即道即在我，我即是道，故於此
人世間，亦無須離世別求，而「當即於現實世界而發揚此道」。此亦即孔子所
謂：「人能弘道，非道弘人」之意。《原儒·緒言》即曰：

道者，即本體或真性之稱，真性雖是吾人所固有，而吾人恒迷執小
己以障蔽之，則真性雖自存，卻不能使吾人弘大。必吾人內省而自
識本來面目，存養而擴充之，則日用云為之際皆是真性熾然流行，
是則人能弘大其道。（《全集》六，頁 320）

案天人本一貫，實無輕重先後之別，而弘道則在人，是以從道德之創生性上
言，人誠較為特出。蓋人乃能弘之主體，道乃所弘之客體，所弘之道必待能
弘之人之弘之，即客體必經由主體而攝收進來，而亦唯有能弘之人能弘所弘
之道，即主體通透至客體而且攝客以歸於主也。此所謂人能弘大其道，道則
不能弘大吾人，每一物皆以渾全之道為其實體，故天命天道下貫於人之道德
主體性，即彰顯無遺，既無人格神意義之天帝觀念在其中，而純是吾人內心
之乾元，效法天道「貴其不已」，以健動不息之精神，體現、展露此道。孔子

即本此意創作《周易》，以乾元取代天帝，從天帝到宇宙實體，徹底廢除天帝，明白揭示乾元，以作為人之道德主體性，而人亦唯稟之乾元，以弘大發揚此道。如此一來，道所代表之宇宙秩序，經由人所展露之道德秩序而一起顯現，而道德秩序亦即宇宙秩序，遂令人道與天道融合為一，不可於人之外而別覓天，蓋道不遠人，遠人則非道也，是以一切皆在吾人內心之乾元中穩立，而非在吾人之外所謂超然獨立而成一孤絕之體之天帝矣。

第三節　以乾坤兩大勢用取代陰陽二氣

熊氏認為孔子《周易》明白廢除天帝，揭示乾元，以乾元取代天帝，改變上古以來之天帝觀念，而以乾元為宇宙實體。然古術數家則信有天帝，故其言陰陽則謂之二氣，誠如《乾坤衍》曰：「近有篤守舊學者，復來難云：『乾為天，為陽氣；坤為地，為陰氣。是乃乾坤之本義，《大易》之宗主在是也。〔乾為天。天者，天帝也。坤為地，地神曰祇。地道配天，而合成化育。古占卜之《易》以此為骨髓也。乾為陽氣，坤為陰氣，二氣者，天地之造化。……〕……』」（《全集》七，頁 512）對於「篤守舊學者」之來難，熊氏加以說明，認為所謂「乾為天」、「坤為地」，其實亦即「天者，天帝也」、「地神曰祇」，此乃「古占卜之《易》以此為骨髓」；而乾為陽氣、坤為陰氣，其實亦即「二氣者，天地之造化」，此乃古術數家之《易》之綱要也。是以篤守舊學者之所以為乾坤之本義、《大易》之宗主者，其實乃古占卜、古術數家之《易》；亦即以乾坤之本義，即「乾為天，為陽氣；坤為地，為陰氣」，此乃古占卜、古術數家之《易》之宗主所在。至於孔子《周易》，既明白廢除天帝，揭示乾元，以乾元取代天帝，並以乾為生命、心靈，坤為物質、能力，乾坤乃兩大勢用，以取代陰陽為二氣之說，即從陰陽二氣轉化而為心物二勢用。《乾坤衍》曰：

古代術數之《易》，其言陰陽也，已有專稱與泛稱之分。如陰氣，乃專就寒涼肅殺之氣，而給予以陰之名。陽氣，乃專就和暖生長之氣，而給予以陽之名。此其名陰、名陽，皆專稱也。泛者，廣泛，本不為一事物之專稱，而可隨在應用者也。如以天地分陰陽，則因人皆見為天在上，地在下，遂說天為陽，地為陰。以物分陰陽，則生物為陽，無機物為陰。以人分陰陽，則男為陽，女為陰。以動物分陰陽，則雄為陽，雌為陰。以花蕊分陰陽，則雄蕊為陽，雌蕊為陰。

以君主與臣民分陰陽，則君主至尊說為陽，臣民卑賤說為陰。又如
官僚對君主則為陰，對小百姓則又為陽。……夫陰陽二名，所以有
作泛稱者，祇因類別事物之方便而起耳。(《全集》七，頁 644)

熊氏認為陰陽觀念，自古術數家起，即「已有專稱與泛稱之分」。專稱即指「氣」
言，陰氣「乃專就寒涼肅殺之氣」言，陽氣「乃專就和暖生長之氣」言，古
術數家之《易》即就此專稱而言，以乾坤為陰陽二氣。除專稱外，陰陽尚可
為泛稱，即「本不為一事物之專稱，而可隨在應用者」，如天地、君臣、男女
等皆可分陰陽，甚至花蕊亦可分陰陽，然此亦非一定而不可移，茲以官僚為
例，其為陰或陽，完全視與其相對者而定，「如官僚對君主則為陰，對小百姓
則又為陽」，可見其既可為陰，亦可為陽，是以陰陽觀念，並無一般所謂陽尊
而陰卑、陽貴而陰賤等義，乃是可隨在應用者，而其主要作用，無非「祇因
類別事物之方便而起」，故其並非一定而不可移。《乾坤衍》續曰：

凡泛稱之用以類別事物者，亦不無方便，但其取義之本於階級的觀
念者頗不少。如天陽而地陰、男陽而女陰、君主陽而臣民陰之類，
皆有尊陽卑陰、貴陽賤陰之意義存乎其間。(《全集》七，頁 644～
645)

案古術數家之《易》，其言乾坤，就專稱而言，固指為陰陽二氣，而就泛稱而
論，亦往往將祇因類別事物之方便而起之陰陽觀念，一變而為「其取義之本
於階級的觀念者頗不少」，將其限定而不可隨便移轉，亦即本只是為便於類別
天陽而地陰、男陽而女陰、君主陽而臣民陰等等而已，卻將之賦予「尊陽卑
陰」、「貴陽賤陰」等意義，是以乾坤不僅於宇宙論上而言乃陰陽二氣，而於
人生論上而言亦成天尊地卑、君貴臣賤之義。然《乾坤衍》又曰：

至孔子作《周易》，則陰陽仍有專稱及泛稱二種分別。……泛稱雖大
概照舊，而取義亦多變其舊。孔子主張「群龍無首」，則君臣貴賤之
分，早已不許存在。天之與地，本無上下尊卑可分。男女不妨分陰
陽，但古說別以尊卑貴賤。今據孔子群龍之義以正之，則男女平等。
此泛稱之有異乎古說也。(《全集》七，頁 645)

熊氏認為至孔子作《周易》，陰陽雖仍有專稱及泛稱二種，但於專稱方面，孔
子《周易》既揭示乾元，而廢除天帝，故以乾乃生命、心靈，坤乃物質、能
力，乾坤即兩大勢用，而非古術數家之陰陽二氣；而於泛稱方面，「雖大概照
舊，而取義亦多變其舊」，一掃古術數家尊陽卑陰、貴陽賤陰之義。如古術數

家嚴分君臣貴賤，熊氏則認為「孔子主張『群龍無首』」，蓋「天之與地，本無上下尊卑可分」，所謂天上地下，亦只是相對而言，若當初即謂天下地上，實亦無不可，則又何有尊卑之可言？君臣、男女，以至於花蕊、官僚，亦然。是以此君臣貴賤之分，亦「早已不許存在」，蓋其亦只是一種相對關係而已；又如「男女不妨分陰陽，但古說別以尊卑貴賤」，熊氏亦認為「今據孔子群龍之義以正之，則男女平等」，蓋男女之性別雖有異，此不得不有陰陽之別，但其皆是人也，所謂「眾生平等」，「人皆可以為堯舜」，則又何有尊卑貴賤之可分？要之，天地、君臣、男女及陰陽等，皆是相對而言，何有尊卑、貴賤及高下等之絕對判然分別？由此可見，孔子《周易》對於陰陽觀念，確與古術數家之《易》不同，然卻遭竄亂，以致古占卜、古術數家之《易》所宗主之說，仍然盛行不已。

熊氏認為古占卜、古術數家之《易》說，其影響既深且遠，自漢《易》家以下無不如此，此從其對乾坤兩〈象傳〉開端之辭之釋即可見。《乾坤衍》曰：

「大哉乾元。」漢《易》釋曰：「乾者純陽，眾卦所從生，天之象也。」〔此《九家易》〔註9〕之解釋。〕案彼以乾卦六爻皆陽，是為純陽。天者，天帝。……元者，氣之始也。〔此亦《九家易》之釋。……〕又曰：「元者，氣也。天地之始。」〔見何休偽《公羊春秋》注。〕（《全集》七，頁513）

「至哉坤元，萬物資生。」漢《易》釋曰：「謂乾氣至坤，萬物資受而以生也。坤者純陰，配乾生物，亦善之始，地之象也。故又嘆言至矣。」〔此見《九家易》。〕「獨陽不生，故必乾氣至坤，然後萬物

〔註9〕「九家易」，亦稱「九師易」、「荀九家易」，乃指荀爽、京房、馬融、鄭玄、宋衷、虞翻、陸績、姚信及翟子玄等九家《易》說。此或有兩說，《漢書·藝文志》曰：「《淮南道訓》二篇。（淮南王安聘明《易》者九人，號九師說。）」高誘〈叙目〉則曰：「於是遂與蘇飛、李尚、左吳、田由、雷被、毛被、伍被、晉昌等八人，及諸儒大山、小山之徒，共講論道德，總統仁義，而著此書。其旨近《老子》，……號曰《鴻烈》」；又陸德明《經典釋文·序錄》曰：「《荀爽九家集注》十卷。（不知何人所集，稱荀爽者，以為主故也。其序有荀爽、京房、馬融、鄭玄、宋衷、虞翻、陸績、姚信、翟子玄，……）」《隋書·經籍志》亦載有《周易荀爽九家注》，李鼎祚《周易集解》採漢至唐注《易》者三十五家，亦有荀爽等九家，而無蘇飛等人，且並有直引《九家易》耳。案班固與陸德明之說，完全不同，而熊氏所謂之《九家易》，當指後說而言。

資受以生也。獨陰不生，故坤必以純陰配于乾之純陽，然後能化生
萬物。所以亦為善之始，而象乎地也。」〔此李道平融會漢《易》眾
家之說。……〕「元氣初分，濁陰為地，萬物所成列也。」〔此《說
文》之言。……〕「地者，元氣所生，萬物之祖。」〔此《白虎通》
之說。〕（《全集》七，頁515）

以上對乾坤兩〈彖傳〉「大哉乾元，萬物資始」與「至哉坤元，萬物資生」之
釋，熊氏所引《九家易》說，見李鼎祚《周易集解》卷第一、卷第二，此外，
又引及何休《春秋公羊傳解詁》、班固《白虎通》及許慎《說文解字》等，並
及李道平《周易集解纂疏》。諸家所言，容或小異，如《九家易》曰：「元者，
氣之始也」，何休則曰：「元者，氣也。天地之始」，不論元為氣之始也，或氣
也，而其皆以元為氣而為天地之始，則無以異；又如班固《白虎通》與許慎
《說文解字》對於「至哉坤元，萬物資生」之釋，雖稍有別，但均以氣為元，
則亦無異。而最要者，即諸家所言，實皆祖述古術數家以天帝與陰陽二氣為
主之《易》說也。是以《乾坤衍》曰：

漢《易》家同以氣為元。至於問氣所由生，則漢《易》家皆推原於
天帝。……天帝與氣兩件魔物，在中國哲學思想界混亂幾千年。（《全
集》七，頁514）

要之，熊氏認為漢儒皆受古術數家影響，而天帝之信念與陰陽二氣之思想，
本乃古術數家《易》說之根柢，則漢《易》家自亦不能免，是以漢《易》家
「同以氣為元」，亦即以氣為最首出，然若再問及氣之所由生，則「皆推原於
天帝」，亦即以天帝為第一因；且不獨漢儒為然，即使宋儒如二程及朱子者，
亦皆深受古術數家影響，誠如《乾坤衍》續曰：「余按本天之教，興于上古，
盛行于漢以來之小儒。孔子之《周易》，根本不容天帝存在。程氏泛稱『吾儒
本天』，似將孔子亦隱含于其言之中」（《全集》七，頁515），所謂「吾儒本天」，
「天」即「天帝」之謂，乃以天為萬物萬事萬理之本，明道即有此意，伊川
《易傳》乾卦更發斯旨，朱子將之載入《近思錄》，皆以天帝為信念，以陰陽
二氣為說，此猶「佛氏本心」，蓋佛家以心為萬物萬事萬理之本，誠所謂「不
識本心，學佛無益」，是以儒者不識天帝，則學儒亦無益也。二程及朱子既重
視天帝，一切皆以天為本，而將「孔子之《周易》，根本不容天帝存在」之意，
亦隱含於其言之中。故熊氏認為「天帝與氣兩件魔物，在中國哲學思想界混
亂幾千年」，而此實至清代李道平，亦不能免。熊氏並加總結，《乾坤衍》曰：

「漢《易》釋乾元、坤元，蓋一致主張坤之元即是乾之元。……若詳究其說，則若輩實欲以坤元歸納於乾元之中，而成立唯乾一元之論」（《全集》七，頁515），熊氏認為漢《易》家既深受古術數家天帝與陰陽二氣之影響，而陰陽二氣之所由生，最後則必推原於天帝，是以其釋乾元、坤元，即以坤之元即是乾之元，而主唯乾一元論，但其乾元乃是天帝之謂，故成立其唯乾一元之論。且此唯乾一元之論，實則隱存神道，蓋將乾元視為上帝一般，故其即「唯神一元論」也。《乾坤衍》曰：

> 漢《易》之說，大概以為六十二卦皆乾坤之變化也。而坤又以乾為首，故坤之元即是乾之元。乾之元為何？太極是也。云何為太極？虞翻《易注》引馬氏云：「《易》有太極，謂北辰也。」又鄭玄注〈乾鑿度〉云：「太一者，北辰之神名也。居其所，曰太一。」鄭又引《星經》曰：「太一，主氣之神。」虞翻曰：「斗，寂然不動，感而遂通。」據馬、鄭、虞諸人所稱述，太極即是北辰，一名太一，所謂主氣之神，守寂不動，有感斯通，是為神也。李道平曰：「太一即乾元也，在天為北辰，在《易》為神。」云云。然則唯乾一元之論，實乃唯神一元論耳。（《全集》七，頁516～517）

案漢《易》家雖以乾元為太極，但其所謂之太極，實即「北辰」，一名「太一」，亦稱「斗」也，而此北辰乃「主氣之神」，既以中高、大圜中之北辰為天帝，則北辰即天帝之化身，故謂之「唯神一元論」。而此「唯神一元論」，其影響實深且遠，《乾坤衍》即曰：「程《傳》稱乾為天、為帝，實繼漢《易》之統。……程氏兄弟以孔子為號召，而實效法漢人，祖述古術數以滅絕孔子之道」（《全集》七，頁517），此即伊川「稱乾為天、為帝」，亦不能免於唯神一元論，故與漢《易》誠無以異。誠如牟宗三《周易哲學演講錄》曰：「《易傳》整個是 ontological，ontological 涵著 cosmological process。……如果太極是混然之氣，那麼，一往是氣的變化，就好像宇宙開闢，太陽系開始是星雲，一個大氣團。康德早期就這樣講星雲學。這叫做宇宙演化說，我們講哲學不採取這個方式。漢儒、漢朝的人喜歡把太極講成混然之氣，這樣演化出來的時候，這就叫做宇宙開闢論，……後來周濂溪作〈太極圖說〉也喜歡用這個方式講：……講五行生萬物。……《易傳》說：『是故易有太極，是生兩儀，……』這幾句話是一套 symbolism，假如你離開這個 symbolism 這一套，單講太極，假定你把太極看成 reality，看成 metaphysical reality，這個是 ontological being 涵著

cosmological process，承體起用。承體起用是 ontological 講法，這是儒家的基本精神，本來如此，後來也是這樣。絕沒有單純的宇宙演化論」(《牟宗三先生全集》31，頁217～218)，案確如牟氏所言，康德早期或漢儒以太極為混然之氣，此乃「宇宙演化說」、「宇宙開闢論」，而濂溪〈太極圖說〉講五行生萬物，蓋亦如是。凡此皆不善於體會〈易傳〉，不明瞭儒家基本精神。儒家之基本精神所在，即「《易傳》整個是 ontological，ontological 涵著 cosmological process」，亦即是本體論的，而本體論的才能涵著宇宙演化論的，此乃所謂「承體起用」，而「承體起用是 ontological 講法」。此本體論的講法，乃儒家基本精神所在，「本來如此，後來也是這樣」，誠然一以貫之。明乎此，則漢宋群儒以陰陽二氣以言太極，只成一宇宙演化說、宇宙開闢論，而此則無法涵著本體論，故其視太極為「主氣之神」，則必推原於天帝，而不識其乃承體起用，乃是 ontological 涵著 cosmological process。〔註10〕

　　熊氏認為漢《易》家既一切以北辰為中心，而眾星皆圍繞之而運轉，即一切皆以天帝為主，以之為至高無上者，此由對「乃統天」及「各正性命」之釋，更可見出。《乾坤衍》曰：

　　　　「乃統天」者。《九家易》曰：「乾之為德，乃統繼天道與天合化也。」
　　　　云云。案乾之一名，須隨文取義。如乾為天，此乾字即指天帝而稱
　　　　之也。此處，《九家注》曰：乾之為德，統繼天道。此乾字則指天之

〔註10〕牟氏《周易哲學演講錄》續曰：「但是，不喜歡儒家，或是不喜歡《易傳》的
　　　　人就喜歡用這些話來攻擊，好像勞思光先生就不喜歡《易傳》，他就拿《易傳》
　　　　裡面那幾句話來攻擊《易傳》。其實《易傳》不只這種 symbolism 的話，其他
　　　　的話多得很，你為甚麼不看看其他的話呢？《中庸》也不是宇宙演化論，照
　　　　《易傳》講，太極顯然不是很重要的觀念嘛。假定太極是 metaphysical reality，
　　　　就是那個本體，《易傳》中講那個本體的地方多得很呀。講『大哉乾元』啦，
　　　　講『神』啦，那些話不就是存有論嗎？」(《牟宗三先生全集》31，頁218～219)
　　　　案勞思光於其《新編中國哲學史(二)》即曰：「自漢代以下，儒者每喜尊『易』；
　　　　其實漢儒之學說基本上已與孔孟之心性論方向不同，後世雜取漢人理論以說
　　　　孔孟者，則愈說愈亂，將理論之大界限攪混不清。甚至宋儒亦不免此病（見
　　　　下）。但嚴格論之，則『心性論』之哲學，乃以『主體性』為本者；『形上學』
　　　　及『宇宙論』之哲學，皆以『客體性』為本者。二者乃類型完全不同之兩
　　　　系。孔孟之說，屬『心性論』立場。漢儒之說屬『宇宙論』立場，易傳及中
　　　　庸等文件所表現之思想，則以『形上學』為主，而雜有『宇宙論成分』。故易
　　　　傳之思想理論決不能與孔孟之學混為一談」（頁103～104），據此可見，勞氏
　　　　確不甚喜〈易傳〉，只強調其雜有「宇宙論成分」，而於其言本體之處，即「大
　　　　哉乾元」等，則予忽略，故牟氏對勞氏所作之評述，亦甚合理。

陽氣而稱之也。九家本以氣為元。漢《易》家皆如此,不獨九家也。
「統」字,九家訓為繼。言陽氣能繼承天道,發育萬物,以其是天
帝之發用故也。鄭康成訓統為本。李道平疑鄭氏謂乾為天之本,此
李氏誤解。鄭氏蓋以乾為陽氣,陽氣本於天帝耳。余謂鄭氏與九家
同宗古之術數,遂曲解此句,決不可從。證以下文,「時乘六龍以御
天」句,則統字當作統御解。統字,有主領及制馭兩義。御字,亦
有此兩義。如人御車馬,即以人力主領之與制馭之,使不紛亂也。(《全
集》七,頁 533～534)

熊氏既以漢《易》家對乾坤兩〈彖傳〉開端之辭之釋,已誤解重重,是以於
其後之解說亦無不充滿謬誤。以乾而言,乾之一名,可有多義,如乾為「天」,
此固可「即指天帝而稱之」,但乃統天之「天」,則不可以天帝釋之,否則,
即成天帝統天帝也,殊不成義,是以乃統天之「統」,即不可隨便以詁。《九
家易》訓為「繼」,鄭玄訓為「本」,其意皆為「陽氣能繼承天道,發育萬物,
以其是天帝之發用」、「乾為陽氣,陽氣本於天帝」,仍是天帝與氣兩件魔物在
作怪,以乾元乃繼承天或本於天,即以天帝與氣為其本。熊氏則據下文「時
乘六龍以御天」以衡之,認為統字應即為「御」字,兩字同義,「則統字當作
統御解」,是以「有主領及制馭兩義」,如此一來,則為乾元主領、制馭天,
此天蓋即宇宙萬有之謂,而絕無一毫天帝或氣居於最上而為最高主宰之義。
又《乾坤衍》曰:

「各正性命」一語,……如程氏《易傳》解此處云:「乾道變化,生
育萬物。洪纖高下,各以其類,各正性命也。天所賦為命,物所受
為性。保合太和,乃利貞。」云云。余少年時,初覽朱子《近思錄》,
開始便採錄程氏《易傳》乾卦篇第一段注文。……其首曰:「乾,天
也。」又曰:「以形體,謂之天。以主宰,謂之帝。以功用,謂之鬼
神。」程氏紹述古代事天之教,乃於注釋各正性命處,妄將乾道改
作天帝來說。直以天帝生育萬物,或洪或纖,或高或下,各以其類,
是為各正性命。……程氏此說,如可信乎,則萬物惟有遵守天帝之
安排,無可盡自力以致於進化,無可盡自力以致於發展,而萬物皆
成殭固之死物耳。(《全集》七,頁 614～615)

案熊氏認為不僅漢《易》家以「天帝與氣兩件魔物」為釋,即使宋儒伊川亦
是「紹述古代事天之教」,即「妄將乾道改作天帝來說」,正與孔子以乾元取

代天帝相反，而既以天帝為主，則必「直以天帝生育萬物」，此亦漢《易》家以乾元為繼承天或本於天之意。熊氏認為伊川此說若是可信，「則萬物惟有遵守天帝之安排」，而無可自盡己力，以致於進化、發展，故「萬物皆成殭固之死物」；且伊川所言：「天所賦為命，物所受為性」，萬物皆有待於天之所賦，天所賦予萬物者，即謂之命，若無天之所賦，萬物即無所受，而無可謂之為性，如此將性、命兩字各別，則於性命一詞，頓失其義。而此誠與孔子《周易》以萬物皆稟受於乾道，而成其性命之說，亦即乾元乃主領、制馭著天，實大相逕庭。故《示要》卷三曰：「伊川直以乾為天，則是泥於象，而不求象外之意矣」（《全集》三，頁 930）。朱子則將伊川之說採錄入《近思錄》，而不辨《易傳》之誤；范良光《易傳道德的形上學》即曰：「程云『乾道變化，生育萬物』，只是彷彿之言，此『生』字斷無『創生』之實義，此語即無必然性之證立，以其非一本體宇宙論之陳述。因此可斷言：程朱皆不能掌握本體宇宙論地自『乾道變化』而言『各正性命』之縱貫創生的、動態的生成終始義」（頁 46）。且究其實，又何止伊川、朱子而已，《乾坤衍》曰：「顧亭林、戴東原……二公莫辨程《傳》之失，是其缺也」（《全集》七，頁 616），案顧、戴二氏，亦生於帝制時代，且以治《易》宜宗伊川《易傳》，故皆不免有天帝思想在其心中。

　　熊氏既以漢宋群儒一切既以天帝為中心，是以落實於政治上，亦必以主張擁護統治為極則。此從「用九，見羣龍无首，吉」，更可見出。王弼《周易注》於「用九」曰：「夫以剛健而居人之首，則物之所不興也；以柔順而為不正，則佞邪之道也。故乾吉在无首，坤利在永貞矣」，伊川《易傳》亦承王弼之說而曰：「剛柔相濟為中，而乃以純剛，是過乎剛也。見羣龍，謂觀諸陽之義，无為首則吉也」，案王弼之言：「乾吉在无首」，伊川之言：「无為首則吉」，此實與老子「不敢為天下先」之思想極相似；而就其餘而論，王弼、伊川蓋視乾卦六爻為一人之所經歷，至九五已至其極，應予「剛柔相濟為中」，而若六爻皆陽，「以剛健而居人之首」，此無疑乃「過乎剛」，必致亢龍有悔，而為「物之所不興」，是以應見羣龍无首，方為吉也。誠然，王弼、伊川之說，雖有其理，但終究義淺，只就一人而言。夫用九既言「見羣龍无首」，所謂「羣龍」，即非視六爻為一人之意，而是六爻皆是龍也，即就全體人類而言，一部分人或為潛龍，一部分人或為見龍，以至飛龍、亢龍等等，然彼此皆是龍也，應互相尊重，無有特出而為首者，如此而言，其義方深，而羣龍之意，始可

彰顯。蓋乾卦六爻，不論為潛、見、躍、飛，以至於亢，皆因時位不同故，而無尊卑高下之分，初之潛、二之見等，固須尊重九五之已飛龍在天，而五之飛龍，對於初之潛、二之見等，同樣亦須予尊重，因初之潛、二之見等只要努力，亦可有飛龍在天之時，而九五若不能持盈保泰，亦不可能永遠飛龍在天。故「見羣龍无首，吉」，即於全體人類之中，無有最高之統治者也。王弼、伊川之所以不敢以六龍皆平等，必以九五為至尊，故於「无首」之義有所未達，蓋生於帝制故。王弼《周易注》於乾〈象〉曰：「萬國所以寧，各以有君也」，伊川《易傳》於同人卦辭及九五爻曰：「夫同人者，以天下大同之道，則聖賢大公之心也」、「人君當與天下大同，而獨私一人，非君道也」，案縱使「人君」為聖賢，但仍不免有此一觀念存在。熊氏則生於帝制將終之時，而已入民國，故無此顧慮，而於「用九」特有領會。《示要》卷三曰：

> 竊意乾坤二卦，所以有用九用六之文者，蓋乾坤實非可分折為二片。言乾，而坤在其中也。言坤，而乾在其中也。今乾卦六爻皆陽，則於乾坤大備之全作用中，而特舉乾以言，故曰用九。坤卦六爻皆陰，則亦於乾坤大備之全作用中，而特舉坤以言，故曰用六。故用九用六云者，明乾坤皆用也。其體則太極也。太極本寂然無形，而其顯為大用，則有乾坤二方面可言。（《全集》三，頁943～944）

案「用九用六」之說，歷代諸儒頗多異說，難有定解。王弼、伊川之說如上，而朱子《周易本義》則曰：「蓋六陽皆變，剛而能柔，吉之道也，故為羣龍无首之象，而其占為如是則吉也」。夷考諸儒之說，大抵不出伊川《易傳》以義理說之與朱子《周易本義》以象數說之兩途。伊川義理一路，只論陰陽，不分老少，就一卦六爻而言用九；而朱子象數一路，則陰陽之外，又分老少，老變而少不變，有就用九所繫之辭占之，亦有合本卦變卦而占者〔註11〕。熊氏則頗能出此窠臼，並不以伊川、朱子所言為究竟，亦不由此兩途以言之。熊氏認為「乾坤實非可分折為二片」，乾坤既不可分折為二片，亦即「乾坤互含」，此乃孔子《大易》之第一義例（詳下節「象與義例」），而所謂乾坤互含，亦即乾卦中有坤象，故「言乾，而坤在其中也」，而坤卦中有乾象，故「言坤，

〔註11〕請參閱范良光《易傳道德的形上學》第三章〈乾傳用九道德的形上學之證成〉及筆者〈程朱學派「用九用六」說研究〉、〈《易》「用九用六」解〉與《熊十力春秋外王學研究》（頁78～81）。又筆者〈李光地《周易折中》發微〉「二、乾卦示例——用九用六」，亦論及此義，請參閱。又第三章〈《易》學辨正（下）〉第四節「辨流」三、「對明、清《易》之批評」相關部分，亦論及此，請參閱。

而乾在其中也」。是以所謂「用九」者,即「乾卦六爻皆陽,則於乾坤大備之全作用中,而特舉乾以言」;至於「用六」,亦然。故乾坤即非如古術數家、漢《易》家所謂之陰陽二氣,而是「太極本寂然無形,而其顯為大用,則有乾坤二方面可言」之謂,亦即乃大用流行之兩勢用也。「用九用六」之說既明,則可進一步探究「見羣龍无首,吉」之義,《示要》卷三曰:

> 見群龍無首者,於大用流行,而特舉乾之方面以言。則見眾陽俱為君長,更無有超越眾陽而為首出之上神者,故以群龍無首象之。如乾卦,自初九,九二,乃至上九,是謂眾陽。且不獨乾卦而已,坤之元即乾元,是坤卦六爻,所表之一切動端,或為一切物事,皆乾陽隱為之主。陰非離乾陽而獨在也。六十二卦,皆陰陽相待成變。而凡陰皆以陽為主。故乾卦眾陽,已統攝六十三卦之陽。易言之,三百八十四爻。所表一切動端,或一切物事,莫非乾元也。故以群龍象眾陽焉。既於一切動端,或一切物事,而皆見為乾元。則非獨不承認有超越萬有之上神,即亦不可離現象而覓本體,乃即於一切現象而識本體,故為群龍無首之象。(《全集》三,頁945~946)

熊氏以太極,亦即乾元,取代天帝,而此太極、乾元,則可顯為乾坤兩大勢用,即以此乾坤兩大勢用取代陰陽二氣之說。太極既本寂然無形,則其必於乾坤兩大勢用之作用上見,是以用九而見羣龍无首吉者,即「於大用流行,而特舉乾之方面以言」,乾卦六爻,雖有潛、見、躍、飛等等,然其一律平等,無有貴賤尊卑之分,「則見眾陽俱為君長」,即人人皆有士君子之行,所謂「人皆可以為堯舜」、「有為者,亦若是」,人人平等,個個堯舜,是以「更無有超越眾陽而為首出之上神者」。且究其實,又何止乾卦六爻「更無有超越眾陽而為首出之上神者」,即使六十四卦三百八十四爻亦然。誠如朱子《周易本義》曰:「用九,言凡筮得陽爻者,皆用九而不用七,蓋諸卦百九十二爻之通例也」、「用六,言凡筮得陰爻者,皆用六而不用八,亦通例也」,朱子於用九用六仍有區別,故只有百九十二陽爻皆用九也,餘則用六也。熊氏既以「坤之元即乾元,是坤卦六爻,所表之一切動端,或為一切物事,皆乾陽隱為之主」,亦即坤陰不可離乾陽而獨在,而坤卦六爻實亦用九也,甚至其餘六十二卦,亦皆「凡陰皆以陽為主」,是以乾卦眾陽實已統攝六十三卦之陰、陽,故六十四卦三百八十四爻亦皆用九也,此即其「莫非乾元也」;孫奇逢《語錄》即曰:「六十四卦之中無一卦非太極也,三百八十四爻之內無一爻非太極也」(《夏

峰先生集》卷十四）。三百八十四爻既皆莫非乾元，則其必無有超越眾陽而為首出之上神者。此從〈禮運〉所載：「大道之行也，天下為公」，即天下乃天下人之天下，非君主一人之天下，且徵諸史實，則堯舜禪讓，傳賢而不傳子，唯賢能者是尚，可見熊說實有其理據。而《論語・泰伯》曰：「唯天為大，唯堯則之」、「舜、禹之有天下也，而不與焉」，孔子且盛讚之如此，則謂孔子有此思想，亦復誰云不宜？故熊氏以「无首」乃無有首出之上神，即無有首出之君主者，誠合理之至；黃慶萱《新譯乾坤經傳通釋》且謂：「熊氏由『无首』導出『本體不離現象』、『平等』等義，灼見卓識」（頁 183）。又劉向《說苑・至公》曰：「古有行大公者，帝堯是也。……孔子曰：『巍巍乎，惟天為大，惟堯則之。』《易》曰：『無首，吉。』此蓋人君之公也」，宋翔鳳《過庭錄》卷一亦曰：「乾之六爻，明禪讓之法也，此堯舜之事也。……此眾陽之象，羣聖人之相繼有治而無亂，故乾元用九，天下治也」，案劉向、宋氏雖亦引堯舜禪讓為言，但乃在強調「此蓋人君之公也」、「羣聖人之相繼有治而無亂」，猶存君主觀念，極力擁護統治；熊氏則連此觀念亦予破除，而必以无首為吉，即無有統治者此一階層也。黃元炳《易學探原經傳解》上卷亦曰：「无首者，無首出於羣眾之驕泰人也」；周錫韋复《易經詳解與應用》亦曰：「无首：沒有領頭的」、「『无首』，是指諸爻在這裏都起同樣作用，並無主次之分」（頁 8）。此「羣龍无首」之義既明，可見孔子《周易》堅決反對君主統治，誠如余英時〈「羣龍無首」，民主之始〉即曰：「《易經》的『羣龍無首』也可以象徵着民主秩序的開端，而不必解釋為天下大亂」（《民主與兩岸動向》，頁 14），而漢宋群儒則以擁護統治為極則，視君主猶如天帝一般，對之起皈仰之心，而此誠乃誤解孔子，且亦莫此為甚。

由上可見，熊氏認為孔子《周易》廢除天帝，揭示乾元，以乾元取代天帝，並以乾為生命、心靈，坤為物質、能力，乾坤乃兩大勢用，以取代陰陽為二氣之說，亦即從陰陽二氣轉化而為心物二勢用，實屬重要。誠如牟宗三《周易哲學演講錄》曰：

> 陰陽以氣言，乾坤以德言。乾坤代表「性德」，德者「得」也。陰陽屬氣，氣是動態字。西方自然哲學講地、水、風，水是靜態字；中國自然哲學講陰陽五行是動態字。陰陽是氣，是具體的；乾坤代表性德，是抽象的。從德方面了解這個乾，乾的本性是什麼呢？乾者健也，不是氣，這個「健」是精神的，不是健康的「健」。乾代表健

德，坤也是一德，坤者順也。「乾坤以德言」，這表示乾坤代表一個
原則。原則是理，只有德才可以轉進至原則。(《牟宗三先生全集》
31，頁 19)

案《大易》中，諸多名詞，如乾坤、天地、陰陽及剛柔等，雖可互相等同，
但其又各有所重，所謂「乾坤以德言」、「天地以位言」、「陰陽以氣言」及「剛
柔以質言」，亦各有其所指。「乾坤以德言」，如事親從兄也；「天地以位言」，
如貴賤上下也；「陰陽以氣言」，如寒暑往來也；「剛柔以質言」，如山峙川流
也。是以「陰陽以氣言」，即指寒暑往來之類而言，所謂流行者氣也，可見氣
乃動態字，故「陰陽是氣，是具體的」，而「陰陽」此一概念，在古代中國哲
學中，乃最原始之義，故乾坤兩卦之德雖須通過氣來表現，然其必進至於「乾
坤以德言」，即指事親從兄之類而言，所謂主宰者理也，可見德者亦即「得」
耳，蓋有所得於己而皆當於理，方謂之德，故「乾坤代表性德，是抽象的」，
至此方可完盡《周易》之義，蓋「只有德才可以轉進至原則」，而《大易》道
德的形上學之思想，亦才能完成。若此，則熊氏將陰陽二氣轉化而為心物二
勢用，以乾坤兩大勢用以取代陰陽二氣之說，誠然有理。熊氏認為若不明乎
此，則必至擁護統治而不已，漢宋群儒即對孔子《周易》乾坤兩〈象傳〉誤
解重重，是以於「羣龍无首」、「天下為公」之意，自亦永無了解之時。誠如
熊氏所言：「天帝與氣兩件魔物，在中國哲學思想界混亂幾千年」，繼此以往，
又依漢宋群儒之言，則勢必將繼續混亂下去。故熊氏揭明孔子《周易》以乾
元取代天帝，以乾坤兩大勢用取代陰陽二氣之理論基準，關係實屬重大，而
必如理了解，則天帝與氣才能除去，孔子《周易》方可大顯於世。

第四節　象與義例

　　熊氏認為孔子《周易》改造伏羲古《易》，首以乾元取代天帝，即從天帝
到宇宙實體，次以乾坤兩大勢用取代陰陽二氣，即從陰陽二氣到心物二勢用；
在此同時，亦對古術數家取象多端而有雜亂之失，予以修正，從而發凡起例。
此象與義例，雖與內聖外王無直接關聯，但在孔子《周易》而言，自有其意，
不容忽視，乃悟入孔子《周易》之重要關鍵所在。首先，關於「象」者，〈繫
辭傳〉下曰：「是故《易》者，象也」(第三章)，來知德《周易集註・序》即
曰：「若易則無此事，無此理，惟有此象而已。有象，則大小、遠近、精粗，
千蹊萬徑之理，咸寓乎其中，方可彌綸天地；無象，則所言止一理而已，何

以彌綸？」胡適《中國古代哲學史》亦曰：「『易也者，象也。』這五個字是一部《易》的關鍵。這是說一切變遷進化，都只是一個『象』的作用」（頁72），可見象乃《易》之根本，若失其傳，或不明其義，非僅無法通《易》，更復不可注《易》，而《易》亦且將亡矣。而象者，亦即「況」也，此猶《春秋》之「比」耳。孔子《周易》則改象為譬喻，即假象以顯此理，《乾坤衍》曰：

> 《易》之象有三期不同：伏羲觀萬物而悟陰陽變化，因作八卦直取天、地、雷、風、水、火、山、澤等象，欲人因象而悟變化之理也。此為第一期。上古術數家利用八卦為占卜之經典，其設卦問吉凶，則取象漸多矣。此為第二期。孔子作《周易》，始掃盡術數，發明內聖外王之大道。……是為第三期。（《全集》七，頁495～496）

熊氏認為《易》象可分三期：一、伏羲古《易》，直取「天、地、雷、風、水、火、山、澤」等象，此乾為天、坤為地等等，乃自然之象；二、古術數家之《易》，則將之視為占卜經典，其所取之象，具見〈說卦傳〉所載；三、孔子《周易》，盡掃術數，改象為譬喻，「發明內聖外王之大道」，即假象以顯此理。《乾坤衍》續曰：

> 孔子作《易》，其卦辭、爻辭，大概有採舊辭而脩正之以變其義，亦有新造之詞。採舊辭而改變其義者，因每卦必有〈彖辭〉，以斷定一卦之義。又有〈彖傳〉以發揮〈彖辭〉之沖旨。〈彖辭〉既定，則卦辭、爻辭之義旨，皆與〈彖辭〉一貫，必無相背或相反者。〈彖辭〉，孔子或有採舊象而修正之，亦有自取之象。但孔子雖用象之名而實變為譬喻，此與占卜家取象根本不同其旨。（《全集》七，頁495～496）

熊氏認為孔子作《易》，一方面「有採舊辭而脩正之以變其義」，此即「每卦必有〈彖辭〉，以斷定一卦之義」；一方面「亦有新造之詞」，則如「有〈彖傳〉以發揮〈彖辭〉之沖旨」。而〈彖辭〉（即〈彖傳〉）之取象亦然，一方面「有採舊象而修正之」，一方面「有自取之象」，其與古術數家之象截然有異。然不論採舊象而修正之或自取之象，皆是孔子之自得自創。案熊氏此說，當世《易》家鮮有信從，此無疑乃其一家之言，故寬泛視之可也。《乾坤衍》曰：

> 孔子《周易》，本諸自得自創。然其卦辭、爻辭之取象，頗托於古術數之《易》，而改變其義。此不必否認也。伏羲八卦為上古術數家所利用，其惑世也久矣。驟與之爭，不若托之以潛移其思想。後來諸

子著書，亦托古以為重，皆有所不獲已也。但孔子《周易》不純用古象，而多有自取之象。……如乾稱大、稱正、稱仁等等象，皆《周易》新增之象也。惟大與正與仁等象，則是直表乾之德，不可說為譬喻。（《全集》七，頁522）

案熊氏認為孔子《周易》取象之說，可從兩方面以言。關於孔子之所以採舊象而修正之，蓋欲「托之以潛移其思想」，其後如諸子之著書，亦是托古以為重，皆此意也；此雖「頗托於古術數之《易》」，但已改變其義，故可視為孔子自作也。至於「自取之象」，更是孔子之自作，「如乾稱大、稱正、稱仁等等象」，此等自取之象，其義重大，是以熊氏認為不可直以孔子改象為譬喻之「譬喻」視之，蓋其乃直表乾之德，而大、正、仁皆為乾德，乾即是大，即是正，亦即是仁，由此可見孔子自取之象，實含無量義。故不通象即不能解其辭，則何由悟入《周易》，更何由得知孔子內聖外王之道之所在。熊氏即以「各正性命」而論，以明此義，《乾坤衍》曰：

一、古人行文造句，多有伏詞。上句尾「化」字下，下句首「各」字上，伏有「萬物」二字，又下句「各」字下，伏有「稟受」兩字。此伏字之宜尋者也。二、……孔子欲托之以發抒自己創見，且解術數之迷。故其卦辭、爻辭，時有採用古《易》說之象，而改變其義，實乃其自作也。亦有其自取之象。……如上二事既明，則各正性命句，當詳定之，曰：「萬物各稟受乾道，以為其性命。」乾，稱「大生」，又主導坤以「廣生」。故萬物各資取乾道，為其性命。（《全集》七，頁616～617）

案「各正性命」一句，熊氏認為其中伏有「萬物」及「稟受」等字，而就「各正性命」之「正」字而言，其不直言之為乾而言正，即以正乃乾道之象故，是以「正」字正表乾德，即「乾，稱『大生』，又主導坤以『廣生』」之意，是以此句之意即：「萬物各稟受乾道，以為其性命」，此方是孔子取象之意所在。既明乎孔子取象之意，熊氏即加予發揮，《乾坤衍》曰：「余案《易經》无妄卦曰：『動而健，天之命也。』」（此處『天』字與乾卦天行健之『天』字，同是取諸天體之行也健，為乾道之象。）余據此二處，將『命』字與『生』字連合成詞，而定其義曰：『生生不已，動而恒健，故云生命。』」（《全集》七，頁617）案熊氏認為乾卦「天行健」與无妄卦「動而健，天之命也」之「天」字，皆是象也，乃同取諸「天體之行也健」之意，而非天帝之謂，進而將「命」

字與「生」字連合成詞，即「生命」也，此生命乃「生生不已，動而恒健」也。是以「天行健」與「動而健，天之命也」，即乾為生命、為心靈，而乾道即健而又健而無有不健之時之意，絕無一毫天帝觀念在其中。然而，孔子取象之意，後人卻不甚明瞭，即使專門講究象數之學之漢《易》家亦然，誠如《乾坤衍》曰：「漢《易》本是術數，而以象為譬喻，則襲取孔子之意，而兩方皆失」（《全集》七，頁 496），案漢《易》家之言象，亦見〈說卦傳〉，而其所載，頗難知悉，朱子《周易本義》即於〈說卦傳〉第十一章曰：「此章廣八卦之象，其間多不可曉者，求之於經，亦不盡合也」，而曹為霖《易學史鏡》卷一「八卦逸象附錄」及尚秉和《焦氏易林注》書前「易林逸象原本攷」、《焦氏易詁》附卷一「易象補遺」，所載尤多，更是愈說愈玄。至於王弼之掃象，熊氏認為其於廓清漢《易》象數浮濫之說，誠有功也，故《乾坤衍》曰：「王弼非不通象者」、「王弼通象」（《全集》七，頁 523、頁 617）；但其一味掃象，即於孔子之象，亦一掃而光，是亦非真能知孔子者。是以王弼雖有〈周易略例〉之作，熊氏亦先稱其「宏廓深遠」（《示要》卷三，《全集》三，頁 883），但終究以之為「妄作」（《存齋隨筆》，《全集》七，頁 871）。而於伊川，誠如《乾坤衍》曰：「程頤於象全不理會，其於古術數之《易》說，莫能辨其迷」、「程氏以掃象為賢，此學王弼而大謬者也」（《全集》七，頁 523、頁 617），案熊氏認為伊川既稱讚王弼「以掃象為賢」，但不知王弼實將孔子之象一掃而光，且其既不考象，則於《易》辭亦往往不可通，常有誤解之虞；誠如《乾坤衍》曰：「又理學家如程朱諸老解釋『命』字，必曰天所賦予于萬物者謂之『命』。此因有天帝在他腦中活動，故如此解」（《全集》七，頁617），案天之所賦，縱非謂上天以一定命賦予吾人以為行事之準則，而物之所受，亦可謂吾人有一創造生起以表現道德心性之意志；但總之，在於吾人之外，則有一高高在上者之「某物」，此亦無可否認。故熊氏認為程、朱「因有天帝在他腦中活動」，是以不知孔子取象之意，則於《易》辭亦往往不通，故將性、命兩字各別，萬物皆有待於天之所賦，天所賦予萬物者，即謂之命，若無天之所賦，萬物即無所受，而無可謂之為性也。程、朱既認為一切以天為主，萬物皆天命之所賦，必以「天所賦予于萬物者謂之『命』」，仍有天帝思想存其心中。故不通象即不能解其辭，不解其辭則又何能得聖人之意？是以明瞭孔子取象之說，誠乃悟入《大易》關鍵之鑰也。熊氏即舉坤上六為例以明之，《乾坤衍》曰：「一者，聖人已說明宇宙大變化，不得不經過戰鬥。恐世人聞之而

尚戰鬥。故設為雙方俱傷之辭，以為人事垂戒耳。二者，說到戰事，便描寫兩方流血。此為文學藝術，引人情趣」（《全集》七，頁 676），案坤上六「龍戰於野，其血玄黃」，其為取象無疑。之所以取「龍戰於野」之象，即因坤質之障礙乾道發展，而消剝乾道勢力，故乾不得不有以應之；而之所以言「其血玄黃」，乃「以為人事垂戒」，至於雙方俱傷、兩方流血之象，則「此為文學藝術」，亦即此乃一種修飾形容，故必得意忘象，切勿信以為真。是以若不明取象之意，則將以為真有雌雄雙龍大戰於野，血流遍地，而更進一步，以此乃真有其事，亦即確有雙方人馬於野地大戰，戰至天昏地暗，以致其血玄黃，而其後果，則世人將皆尚戰鬥，如此一來，則不僅不明《易》義，而其失轉甚鉅大也。是以經由熊氏之解說，益見若曉孔子《周易》取象之意，則於卦爻辭自當有所領會，而於〈彖傳〉、〈象傳〉、〈文言〉等，洵必能如理了解。

　　至於《易》之「義例」，熊氏歸納最重要者有三：一、乾坤互含；二、乾初爻二義，坤初爻三例；三、諸卦上爻往往別明他事。案歷代言《易》之義例者，如王弼〈周易略例〉、吳澄《易纂言外翼》、來知德《周易集註·易經字義》、船山《周易內傳·發例》、李光地《周易折中·義例》、惠棟《易例》、李銳《周易虞氏略例》、成蓉鏡《周易釋爻例》及屈萬里《先秦漢魏易例述評》等；此中，王弼、船山盡捨象數，而從義理方面以言，其餘則大抵皆就卦爻間之相應關係以言，唯較漢《易》象數之說更顯合理，而無其支離蔓延之弊。熊氏雖無《易》例專書，但亦歸納出三大義例，而其所言，與王弼等同從義理方面以論，雖只三例，卻頗能道出歷來《易》家之所未言及者，誠值予以探究。觀其所言三例中，「乾坤互含」，無疑乃最重要之義例，《乾坤衍》曰：

> 乾、坤雖是二卦，而確不是兩物。乾卦中有坤象，坤卦中有乾象，
> 於此可發見乾坤互含之例。譬如人身，五官四肢，五臟百體，都是
> 互相含受，成為一體。（《全集》七，頁 517～518）

> 孔子有乾坤互含之例。乾斡運乎坤，是乾含坤也。坤含載乎乾，是
> 坤含乾也。坤卦中有乾象，乾卦中有坤象。……互含者，誠以乾坤
> 本是完然全體之兩方面，不可視為各各獨立之兩物。（《全集》七，
> 頁 642～643）

案歷來儒者皆將乾坤二卦視為二物，如乾為天，坤即為地，乾為君，坤即為臣，乾為男，坤即為女等等，乾坤好似截然異趨，斷為兩橛，是以〈繫辭傳〉

有所謂「天尊地卑」等說法。熊氏則確認「孔子有乾坤互含之例」，由是可知「乾、坤雖是二卦，而確不是兩物」，譬如人身，雖有各個部位，但非各自獨立，而乃互相含受。若眼耳各自獨立，則視聽無由相通相濟，手足亦然，以至五臟百體莫不如此；而相反地，手、足必互相濟通，而後手方能持，足方能行，即因其互相含受故，眼耳亦然，以至五臟百體無不皆然。小至一人之身，大至萬物全體，於各方面無不互相含受，蓋「乾卦中有坤象，坤卦中有乾象」，所謂乾卦中有坤象，即「乾斡運乎坤，是乾含坤也」，而坤卦中有乾象，即「坤含載乎乾，是坤含乾也」，乾坤既互相含受，故「於此可發見乾坤互含之例」，而此乾坤互含之例，實無所不包通也。茲以男女為例，歷來說法皆以乾為男、坤為女，即男必為乾性、女必為坤性，即任何一人，不論其為男或為女，皆只具有一種勢用，即或乾或坤而已；熊氏則認為男女雖不妨分陰陽，但卻不能別以尊卑貴賤，且據孔子羣龍之義以言，則男女皆平等，蓋男、女皆是人也，男中有乾性、亦有坤性，女子亦然，即任何一人皆含有乾坤兩種勢用。是以熊氏「乾坤互含」之說，實與歷代諸儒大異其趣。由諸儒之說，則人人皆有所待也，而無由自足自立；由熊氏之說，則人人皆無所待也，且都能自足自立。要之，「乾坤互含」，乃孔子《大易》之第一義例，而為熊氏所常提及者，《乾坤衍》總結曰：「孔子《周易》有乾坤互含之例，明乾坤同本乎一元實體，故不可將乾坤剖作兩物也」（《全集》七，頁 564），是以乾元即是坤元，坤元亦即乾元，唯是一元，非有二元，而由乾坤互含而同本乎一元實體，即可見出熊氏之「體用不二」論。蓋乾元既非離乾而有，坤元亦非離坤而有，乾元、坤元乃即乾坤兩大勢用而有，而坤元亦即乾元，故於乾坤兩大勢用上即可識得乾元，此「即用識體」也；且由此「即用識體」以言，即可見乾雖不即是元，但乾必有元，而乾之外亦無元，是以乾元者，即是乾之元，而坤元者，亦即坤之元，而坤元即乾元也，是以乾坤既是乾元本體之兩大勢用，乃同本乎乾元本體，所謂即體即用、體即是用也，而由此乾坤兩大勢用翕闢成變而即用識體，所謂即用即體、用即是體也，是以即體即用，即用即體，亦即體即是用，用即是體，此即「體用不二」是也，斯乃熊氏所獨有會心者。案楊簡《楊氏易傳》卷一及〈己易〉皆曰：「坤者，兩畫之乾；乾者，一畫之坤也」，其雖以乾坤未始不一，但仍未有熊氏之以「乾坤互含」，而同為乾元本體之兩大勢用之意。而縱如船山，熊氏於其《周易內、外傳》固甚稱讚，但《存齋隨筆》曰：「船山未曾考見〈易例〉，故有每卦須

添六爻之臆說」(《全集》七，頁 871)，即認為船山實不解孔子《周易》義例之意。案船山《周易內傳・發例》曰：「《易》之乾坤並建，則以顯六畫卦之理。乃能顯者，爻之六陰六陽而為十二，所終不能顯者，一卦之中，嚮者背者，六幽六明，而位亦十二也」，此在船山而言，雖是陰陽隱顯互含，實乃「兩端而一致」之論，然在熊氏觀來，則須十二爻方可明乾坤並建之意，頗有以乾坤為二元之虞。熊氏則肯認乾坤互含，乾卦中即有坤象，坤卦中亦有乾象，六爻已足，是以無須增至十二爻也。方東美〈中國形上學中之宇宙與個人〉亦曰：「天道者，乾元也，即原始之創造力，謂之『創始原理』」、「地道者，坤元也，乃順承乾元（天道）之創始性而成就之，謂之『順成原理』」(《生生之德》，頁 357)，《新儒家哲學十八講》亦曰：「這個判卦就是把『乾』卦裡面的『乾元』，當作一個『創造的權力』(power of creation)，『坤』卦裡面的『坤元』，當生一個『滋生的權力』(power of pro-creation)」(頁 102)，牟宗三《周易哲學演講錄》亦曰：「乾健所代表的原則是『創生原則』，創生原則也就是創造性原則。……坤順所代表的基本原則是『保聚原則』，也叫做『終成原則』。……誰擔負終成的責任呢？就是坤順之卦，……『元、亨、利、貞』整個過程就藏有兩個原則，創生原則從『元、亨』二字看出來，終成原則從『利、貞』二字看出來。元亨裡面就藏有創生原則，利貞裡面就藏有終成原則」(《牟宗三先生全集》31，頁 19～20)〔註12〕，范良光《易傳道德的形上學》亦曰：「乾元是創造原理，坤元是凝聚原理」(頁 133)、「於乾道變化之利貞處，坤元之終成（凝聚）即含攝其中，於物之成處，即見性命之正」(頁 134)，案牟氏認為乾卦辭「元亨利貞」即藏有兩個原則：「創生原則」(即「創始原理」、「創造性原則」、「創造原理」)與「終成原則」(即「順成原理」、「保聚原則」、「凝聚原理」)。「創生原則從『元、亨』二字看出來」，故「元亨裡面就藏有創生原則」；「終成原則從『利、貞』二字看出來」，故「利貞裡面就藏有終成原則」。而終成原則既從「利貞」二字看出來，即「利貞」雖藏有終成原則，但切實以究，則「誰擔負終成的責任」？蓋即「坤順之卦」，亦即把終成原則特別提出來專講就是坤卦，坤卦即代表終成原則。是以乾卦「利貞」二字之意推擴出去即整個坤卦，而坤卦全卦之意即在說明「利貞」此一終成原則。可見就乾卦而言，「元亨利貞」即藏有「創生原則」與「終成原則」，若擴而

〔註12〕牟氏《才性與玄理》(《牟宗三先生全集》2，頁 122)與《心體與性體（二）》（同上 6，頁 153～154）已言及此意，請參閱。

言之,則乾卦為「創生原則」,坤卦乃「終成原則」,故乾坤雖為兩卦,實為一體,即乾坤互含,不可斷而為二。明乎此,則可進一步求此義例之意旨所在,《乾坤衍》曰:

> 蓋《周易》有乾坤互含之例,明示乾坤不是兩物。讀《易》者必先究明此例,方知乾〈彖〉之文,舉乾即含坤。言乾變,即含坤化。變者,乾主導坤也。化者,坤承乾而與之同功也。變化,即是乾坤合一,萬物由是稟乾以成性,稟坤以成形。(《全集》七,頁622)

> 聖人立乾坤互含之例,發變化之妙緼,會陰陽為一元。大哉乾坤互含之例!一元之義定於是。實體含藏複雜性,非一性,其義亦定於是。變無獨起,化不孤成,宇宙開闢之緼,盡於此兩言。乾變、坤化,陰陽合一,遂開宇宙。(《全集》七,頁643)

案熊氏認為聖人之所以立乾坤互含之例,即在「發變化之妙緼,會陰陽為一元」,故其直盛讚之曰:「一元之義定於是」,而之所以如此,即因乾坤雖是二卦,但確不是兩物,是以「實體含藏複雜性,非一性」。而實體既含藏複雜性,即乾、坤也,而「言乾變,即含坤化」,蓋乾坤互含故也,而「變者,乾主導坤也」,即乾坤雖相反而正相成,而「化者,坤承乾而與之同功也」,即乾幹運於坤中而轉之,坤則承乾而與之俱升,此即翕闢成變、乾統坤承,故「乾變、坤化,陰陽合一,遂開宇宙」。蓋乾既幹運乎坤,此是乾含坤也,所謂乾卦中有坤象,而坤含載乎乾,斯則坤含乾也,所謂坤卦中有乾象,是以乾變坤化,「萬物由是稟乾以成性,稟坤以成形」,而即顯現為繁然萬殊之宇宙萬象。熊氏之「體用不二」論,即其翕闢成變而即用識體之說,實即根基於此而導出者,而此亦其與諸儒大異其趣之所在。

其次,「乾初爻二義,坤初爻三例」。對於乾初爻及坤初爻,或以其居一卦之最下,最易受忽略;但熊氏認為其皆有特殊之義,應加以重視。然則,此義亦常遭致誤解,誠如《乾坤衍》曰:

> 張橫渠曰:「《大易》言幽明,不言有無。言有無,諸子之陋也。」云云。王船山極讚此論,吾殊不盡然之。夫隱藏之謂幽,顯著之謂明。(《全集》七,頁518)

案《易》言生生,言幽明,但不言有無,〈繫辭傳〉上曰:「仰以觀於天文,俯以察於地理,是故知幽明之故。原始反終,故知死生之說」(第四章),而「幽明」者,即「幽暗」與「光明」之意,所謂「隱藏之謂幽」、「顯著之謂

明」，且幽明乃通而為一，非是二物，乃不離不二，非互隔不通。此猶如人之
光芒萬丈時，固是顯明，而當其藏鋒不露，亦只是隱幽而已，不可即謂無此
人也。又如船山之以乾坤嚮背陰陽十二位半見半隱，蓋亦有見於幽明之說，
一卦六爻既見，即有六爻或隱，然不論其或見或隱，乃是一完整之體，不可
謂或隱之六爻，即不存在也。而更要者，《大易》之言幽明，其意為何？誠如
范良光《易傳道德的形上學》曰：「故此中幽明、死生、鬼神之陰陽變化成對
之語，是用以指稱道體（天地之道）的生化作用，而有此陰陽變化之實事者」
（頁30），是以道體之生化作用，其光明顯著之時，固是曉然可見，而縱使其
幽暗隱藏，亦不可即謂之為無，蓋幽明乃一體之兩面，故此洵與「有無」之
說無涉。而言有無者，則自王弼《周易注》始，其以老、莊解《易》，以「反
本」釋復，以「無」為天地之心，乃純粹道家之思路。張載《正蒙·大易篇》
即曰：「《大易》不言有無，言有無，諸子之陋也」；伊川雖讚賞《周易注》，《易
傳》中亦多引及，而於此關鍵點上，則絕不苟同，《河南程氏遺書》卷第一「二
先生語一」曰：「王弼注《易》，元不見道，但却以老、莊之意解說而已」，《河
南程氏外書》卷第五亦曰：「如王輔嗣、韓康伯，只以莊、老解之，是何道理。
某於《易傳》，殺曾下工夫」〔註13〕；晁說之《嵩山文集》卷第十三「有無」
條即承張載之說而曰：「以老氏有無論《易》者，自王弼始」，朱子亦承張載
之說，《朱子語類》卷第九十八曰：「老氏乃云『物生於有，有生於無』，和理
也無，便錯了！」而卷第七十一對王弼以《老》解《易》之說，微辭尤多；
船山《張子正蒙注·大易篇》對橫渠之說，亦「極讚此論」，其曰：「此篇廣
釋《周易》之指，有大義，有微言，旁及於訓詁，而皆必合於道」。而熊氏對
橫渠「《大易》不言有無」，自當認同，但於其「幽明」之說，則有所保留。《乾
坤衍》續曰：「按橫渠之學，本於老子，而所窺于老子者殊少。老子言神、言
氣，皆以太虛為本。橫渠粗識於老子者祇此耳」（《全集》七，頁521～522），
此即熊氏認為橫渠亦與王弼無異，皆祖述《老子》，故於《大易》幽明之說，
仍未達一間。蓋所謂幽明，亦即隱顯，《易》本隱之顯，《春秋》推顯至隱，
故《乾坤衍》曰：

　　《易》本隱之顯，「本隱」二字須着重。隱與顯，不是兩重世界。隱

〔註13〕案前條「二先生語」，雖未能遽斷為明道語或伊川語，然以乃伊川語較為可能，
　　　　蓋據後條之說故也。且縱使此條為明道語，實亦可作為伊川之意，蓋二程於
　　　　此點上，並無異見。

者,顯之端也。隱,從其出現以至發展不已,便是顯,亦說為明。(《全
集》七,頁 519)

熊氏認為「『本隱』二字須着重」,即「隱」字較「顯」字尤為重要。且此「隱」
字,可有特殊與寬泛二義。所謂「寬泛義」,誠如《乾坤衍》曰:「寬泛者,
任何事物當其將發生而尚未形時,則其生動之機方在隱藏」(《全集》七,頁
519),此蓋即一般所謂隱藏之意,只重在量上之隱與顯而已,量少則隱藏不
見,量多即顯現出來。熊氏並舉例以明之,《乾坤衍》曰:「如植物種子將生
芽猶未發露時,正是其隱藏以蓄養生機之時也。又如山崩之事,世間有時見
之。而其崩非驟潰,當由地體內部有變動,此山潰勢早在潛藏中進行,山未
崩時人莫覺耳。若以人事而論,則革命勢力早在潛藏中息息長大。一旦出潛
而顯,消滅舊制與其積毒,創造新制與新生命,一切力量皆自隱藏時培養得
來也」(《全集》七,頁 519),案所舉之例,即種子生芽、山崩之事及革命勢
力等,確皆取寬泛之義。至於「特殊義」,亦如《乾坤衍》曰:

> 特殊者,如乾卦以乾道〔即生命心靈〕始於隱藏,終於飛躍。坤卦
> 以坤道〔即物質與能力〕由流動性而開始微凝,取象於微霜。終乃
> 發展為固結與粗大的物質世界。猶如微霜馴至堅冰之象。乾道無形,
> 其幹運乎物質中誠是隱藏。質和能當其未成固結、粗大的實物時,
> 不必是隱藏,而其勢甚隱微。遂以微霜為譬,固其宜也。是故隱有
> 二義:曰隱藏,乾初以之。曰隱微,坤初以之。此乾道、坤道之辨
> 也。(《全集》七,頁 519~520)

熊氏認為唯《大易》乾坤之道,則為特殊義,蓋重在質上之變化,而乾初爻
與坤初爻之隱,仍稍有辨,蓋「隱有二義」,即隱藏與隱微也。何謂「隱藏」?
案乾初爻「潛龍勿用」,崔憬曰:「潛,隱也。龍下隱地,潛德不彰」(見李氏
《周易集解》卷第一),伊川《易傳》曰:「初九在一卦之下,為始物之端,
陽氣方萌。聖人側微,若龍之潛隱」,所謂「龍下隱地」、「龍之潛隱」,故其
為「隱藏」之意,而非「隱微」,蓋可無疑。是以熊氏曰:「乾卦以乾道〔即
生命心靈〕始於隱藏,終於飛躍」,故隱藏之義,則「乾初以之」。而何謂「隱
微」?案坤初爻「履霜,堅冰至」,朱子《周易本義》曰:「此爻陰始生於下,
其端甚微,而其勢必盛,故其象如履霜,則知堅冰之將至也。……不言其占
者,謹微之意,已可見於象中矣」,其乃謹微慎始、防微杜漸之意,朱子蓋強

調此義也〔註14〕；然要之，其為「隱微」之意，而非「隱藏」，此無可疑。然亦因其雖「隱微」，但必如朱子所云：「其勢必盛」，終將凝結成堅冰。是以熊氏曰：「坤卦以坤道〔即物質與能力〕由流動性而開始微凝，取象於微霜。終乃發展為固結與粗大的物質世界」，故隱微之義，則「坤初以之」。可見「隱藏」與「隱微」，似同而仍有辨，即乾初爻與坤初爻，仍稍有別。對於乾初爻之隱藏義，熊氏又以二義予以說明，《乾坤衍》曰：

> 一、太初洪荒，坤陰祇是輕微、流動之質，尚未凝成實物也。乾道「大生」之力，雖主變，導坤以成物。而物之凝成，究是坤之自力所為。乾之導坤，譬如人君主領宰輔，無為而已。是時，乾道隱藏於物質中無所作為，故取「潛龍勿用」為其象。二、坤陰雖承乾起化，而實自有權能。坤陰之動也剛猛，故其行使成物之權能時，常過分發展，乾道莫能限制之也。（《全集》七，頁670～671）

案乾道雖有大生之力以主變，導坤而成物，但於乾初之時，一則「乾道隱藏於物質中無所作為」，此見其默然無為，二則「坤陰雖承乾起化，而實自有權能」，此即「物之凝成，究是坤之自力所為」，更見其勢用為坤所掩，是以乾初亦只能如「潛龍勿用」，潛即隱藏之意，故取此為其象。此時，乾之導坤，因「坤陰之動也剛猛，故其行使成物之權能時，常過分發展」，則乾既莫能限制乎坤，亦只能如「人君主領宰輔，無為而已」，而即此默然無為以言，是以乾初確是隱藏之意。至於坤初爻之隱微義，熊氏亦以三例加以闡述，《乾坤衍》曰：

> 先聖《周易》釋坤卦初爻，本有三例甚深弘大。漢《易》僅襲取二例，見於《九家易》。二例者：一曰，乾氣加坤。二曰，坤始消乾，見於坤卦初爻。……如第一例云，「乾氣加坤」。其所云氣者，即古術數以乾為陽氣之謬說也。……余推聖意，此例原文定是「乾力加坤」。〔乾為生命、為心靈，有「大生」等力用，本為坤之主導者。故聖文當是力字。〕第二例，在漢《易》襲取之，自是別有用意。〔帝王之世以小人為坤陰，君子為乾陽。如小人勢盛，必消剝君子，以造大禍亂。……〕（《全集》七，頁675）

案熊氏認為坤初爻三例，已遭漢《易》家襲取二例而竄亂之，其一、「乾氣加坤」，其二、「坤始消乾」，此可於《九家易》見之。《九家易》曰：「霜者，乾

〔註14〕請參閱筆者〈朱熹《周易本義》發微〉「三、坤卦示例──（二）履霜堅冰至」。

之命也;堅冰者,陰功成也。謂坤初六之乾四,履乾命令而成堅冰也。此卦本乾,陰始消,陽起于此爻,故履霜也。馴,猶順也,言陽順陰之性,成堅冰也。初六始姤,姤為五月,盛夏而言堅冰,五月陰氣始生地中,言始于微霜,終至堅冰,以明漸順至也」,所謂「霜者,乾之命;堅冰者,陰功成也」、「此卦本乾,陰始消,陽起于此爻,故履霜也」,即「乾氣加坤」也;而「坤初六之乾四,履乾命令而成堅冰也」、「初六始姤,姤為五月,盛夏而言堅冰,五月陰氣始生地中,言始于微霜,終至堅冰,以明漸順至也」,即「坤始消乾」也。熊氏以為「乾氣加坤」應為「乾力加坤」,漢《易》家改「力」為「氣」,若此則「其所云氣者,即古術數以乾為陽氣之謬說」,仍陷於信有天帝此一根本迷謬之中。而「乾力加坤」,即「乾為生命、為心靈,有『大生』等力用,本為坤之主導者」,此方是孔子《周易》以乾元取代天帝,以乾坤兩大勢用取代陰陽二氣之意。至於「坤始消乾」,熊氏以為漢《易》家雖無改字,但卻竄亂其意,將之釋為「帝王之世以小人為坤陰,君子為乾陽」,職是之故,則「小人勢盛,必消剝君子」,而陷於擁護統治此一根本迷謬之中。蓋「坤始消乾」,其意應為於乾初、坤初之時,乾初既因隱藏於物質中而無所作為,坤初則承乾以起化,而實自有權能,是以坤陰之動甚剛猛,乾道則莫能限制之,而坤既漸長,乾則漸息,故謂之:「坤始消乾」。以上二例,漢《易》家雖襲取之,但因受古術數家之《易》「信有天帝」與「擁護統治」兩大根本信念之影響,而予竄亂;熊氏則力予糾正。至於第三例,已為漢《易》家所刪除;熊氏則為之補足。《乾坤衍》曰:

> 余今玩索坤初之爻辭及〈象傳〉而補之曰:坤質起化成物,其發展日盛,總是僅具實質的坤物,決定不會發展為非坤質或非有實質的東西。譬如微霜,坤物也。及其發展以至堅冰,還是坤物也。玩坤初之象可見。(《全集》七,頁675)

案此一例,即「坤質起化成物」也。蓋乾為生命、為心靈,有大生等力用,本為坤之主導者;坤為物質、為能力,有廣生等力用,乃承乾而起化者。乾固有主導之功,而坤物之所以凝成,亦是其自力之所為,是以坤初之時,只具輕微、流動之質,然其終必漸漸增長,而雖發展以至於堅冰,亦還是坤物,故取「履霜,堅冰至」為其象。「霜」,隱微也,雖尚未凝成實物,但為坤物無疑;「堅冰」,則已凝成實物,而還是坤物。故熊氏認為「坤質起化成物」,此例關係重大,宇宙萬有因此例而具現,孔子《周易》亦因此例而成其架構。

蓋若只有乾神、生命、心靈，而無坤質起化成物，則《周易》之思想體系，將陷於一片混亂，而人生、社會、世界等等更將無由成立。

最後，「諸卦上爻往往別明他事」，此一義例亦甚重要，由此最可見《大易》之所以強調變動不居、物極必反也。《乾坤衍》曰：

> 乾卦六爻，初爻為「潛龍」，以喻生命、心靈，太初隱而不見，後來
> 發展之基立于此矣。二爻為「見龍」，以龍之出潛而見于地面，譬喻
> 生物始生，即生命、心靈初出現也。三爻「乾乾」，以喻生命、心靈
> 健而進進，無已止也。四爻言龍將躍而上天，或又退而在淵，則以
> 發展達於較高之境，猶恐退墜。五爻「飛龍在天」，以喻生物進化至
> 於人類，即生命心靈之發展登峰造極。如人中聖智，既臻極上，定
> 不下墜也。《易》，六爻之例，從初爻進至五，便抵于極盛之地。六
> 為上爻，無以復加乎五，故諸卦上爻，往往別明他事。如乾卦上爻，
> 「亢龍」之象，即以譬喻君道已窮，統治階層必消滅，庶民首出而
> 共主萬國之事。（《全集》七，頁559～560）

案乾卦以龍為象，初爻潛龍，二爻見龍，三爻君子終日乾乾，四爻或躍，五爻飛龍，上爻六龍，由初爻潛龍以至五爻飛龍，確為一貫，已至其極，過此則物極必反，而成亢龍有悔。故前五爻與上爻，即使同以龍為言，而實可視為不同之兩階段。前五爻，誠如熊氏所言：「從初爻進至五，便抵于極盛之地」；上爻，亦如熊氏所言：「六為上爻，無以復加乎五」。可見上爻與前五爻，誠然大異，「故諸卦上爻，往往別明他事」。不只乾卦為然，如坤卦初爻履霜，二爻直方大，三爻含章可貞，四爻括囊，五爻黃裳，上爻龍戰于野，由初爻履霜以至五爻黃裳，確為一貫，其德已著，過此則物極必反，而成龍戰于野。其餘諸卦，亦多有此意。此「諸卦上爻往往別明他事」，熊氏認為亦是孔子《周易》之重要義例也。案熊氏此說，亦頗合理，蓋乾卦以龍為象，即以龍之潛、見、躍、飛等，以喻君子成德之歷程，經由潛、見、躍、飛，而其生命和心靈，即由隱藏而至顯明。是以前五爻，乃譬喻生命、心靈之始乎隱而不見，而終至於大顯也；而上爻，承九五之後，九五乃位之極中正者，上爻過乎此，乃位之極不中正也，有德君子必不如此，若必如此，則其必非明君可知，而物極必反，乃譬喻「君道已窮，統治階層必消滅，庶民首出而共主萬國」耳。誠然，熊氏對前五爻之說，誠如《乾坤衍》曰：「乾卦由初至五，發明生命、心靈從無始隱藏，以至無盡之未來，為發展不已之完形」（《全集》七，頁560），

此自無可議也；而於上爻，則以譬喻「君道已窮」為言，與前五爻之言生命、心靈之發展已至極者無關，此似易引起質疑，然揆之於用九「見羣龍无首，吉」，則甚合理矣。蓋不論為初之潛、二之見，以至五之飛、上之亢，乃因時位不同故也，而無尊卑高下之分，是以「見羣龍无首，吉」，即無有最高之統治者，故上爻往往別明他事，則上爻亢龍之象，其若非「統治階層必消滅」之意則為何？而其必為「庶民首出而共主萬國」之意，亦可無疑矣！可見「諸卦上爻往往別明他事」，實乃一重要義例，由此方見《大易》變動不居、物極必反之至理也！

第五節　結語

　　經由以上各節之探討，熊氏認為孔子《周易》有其理論基準，而此亦其《易》學之理論設準也，即一、以乾元取代天帝；二、以乾坤兩大勢用取代陰陽二氣；三、象與義例也。倘若不明乎此，則無由了解孔子《周易》之真意所在。故熊氏在破除古術數家與漢《易》家之迷謬後，從而揭示孔子《周易》之理論基準，即在彰顯孔子《周易》之要旨。誠如《原儒・原內聖》曰：

> 有問：「《周易》之宇宙論祖伏羲而談體用，但其言宇宙本體，則字之曰乾元，而斷然取消天帝，此伏羲在洪古時所不能為，而孔子創發之者也。然《易》六十四卦乾坤居首，總括大義，蓋莫備於乾坤。今觀二卦，其所發揮者，皆乾坤變化之妙，所以成萬物而起萬事者也。而於乾元則僅出其名，殊少置辭，然則《周易》之書似祇談用，而不曾談體矣。敢問孔子之意何居？」答曰：……略說二義：一者，體用不二義。二者，即用識體義。然此二義實惟一義，而分作兩方來說耳。一義者何？體用本不二，而不妨分，雖分而仍不二，此是第一義，汝如明了，則第二義可不言而喻。（《全集》六，頁 737～738）

熊氏既認為孔子《周易》所創發之者，即「其言宇宙本體，則字之曰乾元，而斷然取消天帝」此一根本理論基準，此外，尚有以乾坤兩大勢用取代陰陽二氣，以及象與義例等等。此是否即為孔子《周易》原意，自可加以探究。然經典本身乃一活體，只要所詮釋者不至於背離原意，皆可視為對經典之一種闡釋、發揮，且因時代不同，更應為經典道出符合其時代要求之意義。是以熊氏所言縱非孔子《周易》原意，但亦不至於背離太多。而就道出符合時

代要求之意義而言，熊氏以乾元取代天帝，即從天帝到宇宙實體，可見孔子
《周易》明白廢除天帝，揭示乾元，改變上古以來之天帝觀念，而以乾元為
宇宙實體；又以乾坤兩大勢用取代陰陽二氣，即從陰陽二氣到心物二勢用，
可見孔子《周易》乾坤心物實為兩大勢用，而非陰陽二氣；而孔子《周易》
改象為譬喻，即假象以顯此理而已，既免古術數家取象雜亂之失，且又賦予
象以新意，從而為《易》注入新生命；至於孔子《周易》義例則有三：一、
乾坤互含，二、乾初爻二義，坤初爻三例，三、諸卦上爻往往別明他事，明
乎此三義例，則於《周易》有所窺，而於孔子內聖外王之道亦可有所悟得。
而既明瞭孔子《周易》之理論基準，則其要旨亦將呼之而出，即「體用不二」
與「即用識體」，而此二義，實為一義，亦即「體用不二」尤為特出，實乃第
一義也，此義若能明瞭，則「即用識體」亦不言而喻。何謂「體用不二」？
即「體用本不二，而不妨分，雖分而仍不二」，即體即用，乾元本體即是乾坤
兩大勢用，即用即體，乾坤兩大勢用亦即乾元本體，而體即在用上見，因乾
坤兩大勢用翕闢成變，而識得乾元本體，故亦謂之「即用識體」。是以「體用
不二」與「即用識體」，雖是二義，而實一義，就其體與用本來不二言，故曰
「體用不二」，而就其着重於用上言，則曰「即用識體」。可見熊氏乃視經典
為一活體，而非死體，並已賦予經典與時俱進隨地皆宜之生命力，既符合孔
子之意，且富含時代精神。